INITIATION A LA COMPTABILITE AGRICOLE
adaptée au Système comptable OHADA révisé

Bernard HALIMANA HANGI

INITIATION A LA COMPTABILITE AGRICOLE
adaptée au Système comptable OHADA révisé

L'Harmattan

5-7, rue de l'École-Polytechnique   75005 Paris

http://www.librairieharmattan.com

ISBN : 978-2-343-19335-9
EAN : 9782343193359

Epigraphe

« Je conçois à peine qu'on ose s'engager, sans comptabilité, dans une grande exploitation agricole » (Élie-Victor-Benjamin Crud, 1820).

Dédicace

A tous les membres de la famille.

A tous les amis et surtout aux amis des sciences des chiffres.

Préface

L'Afrique est une potentielle puissance agricole mondiale[1]. L'auteur de l'« Initiation à la comptabilité agricole », l'a sans doute bien compris, lui qui commet un ouvrage de comptabilité agricole pour accompagner cette puissance continentale en devenir !

Dans le contexte actuel de l'intégration juridique et économique des pays africains avec le regroupement de dix-sept (17) Etats ayant adhéré au Traité de l'Organisation pour l'Harmonisation en Afrique du Droit des Affaires (OHADA), cet ouvrage de Bernard HALIMANA HANGI est un outil plus précieux. Il devra être apprécié à sa juste valeur non seulement par les communautés scientifiques et universitaires, les exploitants agricoles de ces Etats, mais aussi les milieux professionnels ou d'affaires de l'espace africain et au-delà.

En effet, depuis l'entrée en vigueur de l'Acte uniforme sur le droit comptable OHADA à partir du 1er janvier 2001 pour les comptes personnels des entreprises et au 1er janvier 2002 pour les comptes consolidés et les comptes combinés, on est contraint de constater la rareté pour ne pas dire l'inexistence d'ouvrage de comptabilité agricole OHADA. Le constat est le même depuis la révision de cet Acte uniforme et son entrée en vigueur au 1er janvier 2018 et au 1er janvier 2019 respectivement pour les comptes personnels et ceux consolidés et combinés.

L'ouvrage a donc le mérite de traiter une question inusitée voire ésotérique de par l'association de la comptabilité et de l'agriculture en contexte africain. La combinaison est cependant non seulement heureuse mais elle est d'une actualité, d'une nouveauté et d'une pertinence que nul ne saurait occulter. En témoignent l'acuité de l'épigraphe dont l'auteur orne son ouvrage ainsi que le rôle de premier plan que joue la comptabilité en tant qu'outil indispensable du développement de toute activité économique humaine.

---

[1]Koffi Annan, « Good reasons for optimism », *Digital Development Debates*, Issue N° 16, October 2015 dedicated to "Food and Farming" available on http://www.kofiannanfoundation.org/newsroom/news/2015/10/good-reason-optimism. Traduction contractée de l'auteur pour « Africa is a potential global agriculture powerhouse … ».

Sa publication facilitera désormais la compréhension et l'application des opérations spécifiques aux entités agricoles, grâce à la clarté des explications et aux exercices et travaux pratiques. Ils viennent combler à juste titre, un besoin réel ressenti aussi bien par les exploitants agricoles de l'espace OHADA, les élèves, les étudiants, les chercheurs, les enseignants des filières d'agronomie, de sciences vétérinaires et des sciences commerciales et de gestion, les comptables et moniteurs agricoles ainsi que tous les professionnels du droit et du chiffre de tous les horizons.

Evitant de surfer sur la matière, l'auteur prend en compte la dernière réforme de l'Acte uniforme relatif au droit comptable et à l'information financière (AUDCIF) du 26 janvier 2017, mais va plus loin en décortiquant le chapitre 37 du titre 8 de l'AUDCIF traitant des « *Opérations spécifiques des entités agricoles* ».

Il ne fait pas l'impasse sur les questions épineuses relatives, entre autres, à la différence entre le Plan Comptable Général OHADA et le Plan comptable dédié aux spéculations agricoles et animales ; les étapes de mise en valeur de terrain, des cultures annuelles et pérennes ; l'estimation des valeurs des actifs biologiques, des résultats agricoles annuels, des opérations en devises ainsi que la gestion des équipements, des animaux en leasing et droits similaires ; l'amortissement des concessions et des contrats d'emphytéose ; etc.

Loin de faire un exposé théorique, l'ouvrage est présenté dans un but didactique et surtout pratique. L'auteur prend le lecteur par la main et le conduit pédagogiquement dans l'univers des dispositions comptables appropriées aux exploitations agricoles, en tant qu'entités assujetties à la mise en place d'une comptabilité, en vertu de l'article 2 dudit Acte uniforme. L'exploration et la présentation approfondie s'étend -et c'est à saluer- aux méandres de l'AUDCIF en matière d'entités agricoles et nous restons convaincu que cet ouvrage s'inscrira désormais parmi les supports par excellence qui contribueront à une meilleure maîtrise de l'AUDCIF de l'OHADA en République Démocratique du Congo et partout ailleurs.

Gageons qu'en recommandant la lecture de l'ouvrage ou plutôt son usage pratique, ses destinataires s'approprieront les notions et mécanismes de base de la comptabilité agricole ainsi que les autres techniques comptables développées.

En réalité, il s'agit ni plus ni moins d'un véritable « abrégé théorique et pratique de la comptabilité agricole OHADA » auquel nous souhaitons plein succès !

Docteur Karel Osiris C. Dogué (LL.D. Montréal),
Enseignant-Chercheur, Université d'Abomey-Calavi, Bénin,
Directeur des Etudes à l'Ecole Régionale Supérieure de la Magistrature (ERSUMA) de l'OHADA.

Sommaire

Introduction

Ce manuel consacré à la comptabilité agricole aborde les réalités des activités agricoles[2], telles qu'elles sont effectuées au sein des exploitations agricoles, sous la gestion des dirigeants sociaux et rapportées aux propriétaires (associés/actionnaires) par les comptables. Ici, le comptable joue les rôles classiques de médiateur entre le(s) propriétaire(s)/associés-actionnaires et les dirigeants, tout en étant subordonné à ceux-ci. Ses rôles en sont qu'il fait partie de trois personnes que traduit excellemment le vocabulaire anglais qui offre un mot différent pour chacune d'elles. Il s'agit de : -l'*accountor (agent : dirigeant social ou mandant)* pour désigner celui qui a des comptes à rendre, -l'*accountee (principal)* pour désigner celui auquel ces comptes doivent être rendus et, enfin, -l'*accountant* pour désigner celui qui les fait et joue un rôle de médiateur entre l'*accountor* et l'*accountee*.

Ce manuel partira de l'évolution de la comptabilité, tout en donnant son importance dans les exploitations agricoles. Les éléments qui concernent la branche de comptabilité dédiée aux activités des exploitations agricoles seront présentés et recadrés, suivant les dispositions du Système comptable OHADA. Cette approche vise à apporter une attention particulière aux activités agricoles de cet espace de l'Afrique qui a des potentialités susceptibles de moderniser la profession d'agriculture et d'élevage ainsi que des activités connexes, pour assurer l'abondance des produits pour sa population et son industrie naissante, ainsi qu'une quantité de qualité appréciable dans la commercialisation et la transformation.

Les aspects liés à la comptabilité des opérations en devises sont développés pour permettre d'appréhender avec précision, les valeurs chiffrées des exportations et/ou importations qui se réalisent entre les 17 pays de l'espace OHADA, regroupés en cinq zones monétaires différentes, à savoir : la CEMAC (Franc CFA)[3], l'UEMOA (Franc

---

[2] Selon le Mémento de l'Agronome, les activités agricoles c'est ensemble des activités liées à la production, la transformation, le stockage, la commercialisation des produits agricoles et alimentaires qu'il s'agisse de produits d'exportation, de petites productions marchandes, d'auto-approvisionnement ou d'autoconsommation.

[3] Communauté économique et monétaire de l'Afrique centrale, composée de 6 pays : Cameroun, Congo Brazza, Centrafrique, Gabon, Guinée équatoriale et Tchad.

CFA)[4], la RDC (Franc congolais), la Guinée Conakry(Franc guinéen) et l'Ile Comores (Franc comorien), d'une part, tout comme celles réalisées avec le reste du monde, d'autre part.

Ce manuel va aussi inspirer les chercheurs, les enseignants et les professionnels de la comptabilité, et surtout les étudiants de la filière d'économie et gestion et les moniteurs agricoles, dans la maîtrise d'une comptabilité qui esquisse les notions fondamentales, concernant les activités des exploitations agricoles.

L'approche adoptée tente de se reposer sur deux piliers majeurs : la modernisation de l'exploitation agricole de l'espace OHADA et l'encouragement du développement social de l'agriculture familiale.

Le Pilier 1 vise à stimuler les exploitants agricoles à développer une activité agricole performante, adaptée aux mécanismes du marché, grâce à une nouvelle vague d'investissements privés, organisés autour de modèles d'organisation équitables, dès lors que l'OHADA inspire confiance quant à l'assainissement du climat des affaires.

Quant au Pilier 2, l'objectif est de développer une approche orientée vers la création d'unités de production qui s'écartent des activités informelles, quelle que soit la taille (grande entreprise, petites et moyennes entreprises, voire les très petites entreprises), pour résorber le chômage, rendre disponibles les produits d'origine végétale et animale, afin de lutter contre la pauvreté, via l'intégration effective de l'exploitation agricole familiale au système économique et en augmentant et pérennisant de manière significative le revenu des petits exploitants tout en évaluant l'apport de leurs activités agropastorales dans l'économie marchande.

Dans ce contexte, l'élaboration du manuel d'introduction à la comptabilité agricole adaptée au Système comptable OHADA se justifie par les particularités et/ou les spécificités qui caractérisent les exploitations agricoles, notamment[5] :

---

[4] Union économique et monétaire Ouest-africaine, composée de 9 pays : Bénin, Burkina Faso, Côte d'Ivoire, Guinée Bissau, Mali, Niger, Sénégal et Togo.
[5] Conseil national de la comptabilité, 2016, pp. 7-8.

- des produits vivants et multiples, connaissant des changements durant leur cycle de vie : arboriculture, agrumes, produits maraichers, produits végétaux et animaux, produits laitiers, produits résiduels,… ;
- des actifs spécifiques dits actifs biologiques aux principales caractéristiques suivantes : Trois catégories : " producteurs " (ex. vaches laitières, poules pondeuses), "consommables " (ex. plants de riz sur pied, poules fermières) ou les deux à la fois (ex. crevettes d'une aquaculture) :
    - leur valeur peut augmenter au fur et à mesure du vieillissement (au contraire des actifs non biologiques qui perdent généralement de la valeur par vieillissement). Cette caractéristique étant surtout valable pour les actifs biologiques qui n'ont pas encore atteint le stade de maturité.
    - l'abondance de produits conjoints (ou coproduits), c'est-à-dire de produits différents obtenus d'un même actif biologique, mais dont aucun ne peut être désigné comme le produit principal (ex. la carcasse d'un bœuf et sa peau), ainsi que de sous-produits, c'est-à-dire des produits obtenus des produits principaux (ex. la viande découpée,…).
- des modèles d'affaires (business models) divers ;
- des productions immobilisées et des immobilisations et stocks en cours importants ;
- des stocks et achats spécifiques : engrais, amendements, semences, plants, produits vétérinaires ;
- des stades de vente particuliers : ventes sur pied, livraison à des stations de conditionnement, ventes à l'export, ventes à la ferme, livraison à un groupement ou à un agrégateur ;
- la vulnérabilité des exploitations d'actifs biologiques aux aléas climatiques et aux maladies d'animaux et de cultures;
- des règles de dépréciation des actifs et des provisions de charges particulières en raison de la spécificité des actifs et des risques ;
- un cycle d'exploitation de durée variable, qui peut différer de l'année civile et être inférieur ou largement supérieur à l'année calendaire, ou un cycle d'exploitation alterné ;
- des encaissements et des décaissements qui affectent les produits et charges de deux ou plusieurs exercices ;
- des fluctuations fréquentes de prix ;
- des prix de vente pouvant ne pas être arrêtés définitivement lors de la ou des livraisons ;

- ➢ l'emploi à caractère familial assez prépondérant au sein des exploitations agricoles ;
- ➢ l'autoconsommation ou les prélèvements en nature par l'entité de sa propre production sans contrepartie financière.
- ➢ etc.

Par ailleurs, le milieu rural dans lequel s'exercent les activités agricoles comporte des particularités comme :

- la fréquence des transactions en espèces ;
- la faible bancarisation des intervenants ;
- la difficulté d'obtenir des pièces justificatives probantes auprès des prestataires, et
- l'identification non systématique de certaines catégories de personnel qui travaillent dans les exploitations agricoles ;
- etc.

Chapitre premier : Notions de base

La comptabilité répond à des besoins de plusieurs ordres :

- **Besoin juridique :** la comptabilité permet d'en garder les traces et constitue ainsi un moyen de preuve des opérations traitées avec les tiers (achats, ventes, paiements, encaissements,...). Elle permet en outre à l'entrepreneur d'être renseigné sur la situation financière vis-à-vis des tiers.
- **Besoin fiscal :** la comptabilité fournit les éléments chiffrés nécessaires au calcul des impôts frappant les activités économiques : chiffre d'affaires, loyers, rémunérations, bénéfice ou perte, autres revenus, etc.
- **Besoin économique** : autrefois, la comptabilité se limitait à enregistrer les recettes et les dépenses pour dégager en fin d'exercice un résultat global, étant donné que la préoccupation était essentiellement financière. L'évolution rapide du progrès technique ainsi que les bouleversements provoqués par les crises et les inégalités de développement de différents secteurs ont attiré l'attention sur l'insuffisance de plus en plus évidente de cette conception. Avant de prendre une décision économique importante, un chef d'entreprise cherche à s'informer sur les chances qu'elle a de favoriser une meilleure intégration dans ce domaine. Pour cela il lui faut disposer des renseignements qu'une comptabilité bien établie dans ce but est susceptible de lui fournir.
- **Besoin social** : Autrefois, les besoins de l'entrepreneur étaient les seuls pris en compte. Depuis quelques années, celui-ci voit son influence décroître et il doit de plus en plus accepter les avis, voire les décisions de nombreux groupements qui sont des partenaires incontournables (les Clients, les Fournisseurs, les Banques, et prêteurs, l'Etat, la CNSS, l'INPP, les travailleurs, les syndicats, les consommateurs ...).[6]

De ce qui précède, l'on admettra que, la comptabilité est l'instrument de gestion par excellence, car elle constitue le meilleur moyen de dialogue entre tous ces partenaires de l'entreprise

Ainsi, on s'aperçoit, d'une part que le public intéressé par une reddition de comptes correcte est large et différencié. Les préoccupations de ces

[6] Issa-Sayegh J. et al. 2008, p. 601.

destinataires de l'information sont diverses et l'on peut difficilement demander à l'entreprise que les comptes soient adaptés à ces préoccupations et qu'ils soient différemment présentés suivant toute une série de modalités répondant aux exigences spécifiques de chacun.

D'autre part, les lecteurs de l'information financière doivent savoir comment celle-ci a été traitée et suivant quelles règles est-elle présentée, de manière à la comprendre aisément, à pouvoir comparer les bilans et les comptes de résultats successifs d'une même entreprise, ou les bilans et les comptes de résultats d'entreprises différentes. Il est dès lors compréhensible que soient créées des règles générales de reddition de comptes, codifiées soit par l'usage, soit par la loi, applicables à toutes les entreprises et qui permettent au lecteur connaissant les « règles du jeu » d'interpréter sans trop grand risque d'erreur, les bilans et les comptes de résultats provenant d'entreprises différentes.(Articles 3 et 4 du Traité de l'OHADA).

1.1.Branches classiques de la comptabilité

Traditionnellement, la comptabilité est divisée en deux spécialités, l'une retrace l'histoire des faits comptables d'une organisation et l'autre analyse ses coûts. En France, le Plan comptable de 1947 leur consacra respectivement les appellations de comptabilité générale et de comptabilité analytique d'exploitation. La comptabilité générale recense, mesure et enregistre toutes les modifications qui touchent le patrimoine d'une entité. Elle établit à son sujet, des informations normalisées, valorisées et chronologiques sur les flux financiers, économiques et juridiques qui l'ont affectée. Ces éléments permettent de calculer périodiquement sa solvabilité, sa rentabilité et enfin sa valeur. La comptabilité analytique quant à elle utilise des données fournies par la comptabilité générale et les traite d'une manière différente. Elle met en avant les composantes du coût des produits créés par une unité de production et permet ainsi de connaître la rentabilité de chacun de ses centres de profit.

Ces deux branches évoluent concomitamment et de manière complémentaire. Dans l'espace OHADA, elles sont appelées respectivement comptabilité financière et comptabilité (analytique) de gestion, à la manière des anglo-saxons qui parlent respectivement de « Financial accounting » et « Managerial accounting ».

1.2. De la comptabilité générale à la comptabilité des exploitations agricoles

Il existe de remarquables ouvrages historiques sur l'évolution de la comptabilité depuis l'antiquité jusqu'à nos jours. Ils se fondent entre autres sur de nombreuses traces de comptabilités tenues chez les Sumériens, les Egyptiens, les Grecs, les Romains par des propriétaires terriens, les marchands, les administrateurs des temples, les banquiers et plus près de nous par les commerçants de la fin du Moyen Age et de la Renaissance.

Les archéologues ont retrouvé de nombreux textes sur la tenue légale des comptes. Le Code d'Hammourabi (Mésopotamien, 2285 avant J.-C) évoque la comptabilité des marchands. C'est la naissance du droit et d'une pratique comptable, qui de manière historique existe depuis au moins 50000 ans avant que l'homme ne sache écrire[7] !

En effet, les premiers, bien que parfois handicapés par des mathématiques peu développées (les Egyptiens) et par un système de numération peu adapté à la visualisation des calculs, établissaient ou faisaient établir des comptes déjà assez sophistiqués pour tenir des inventaires d'objets, en termes physiques ou monétaires, suivre des comptes bancaires (l'équivalent du virement existait dans l'antiquité), suivre des paiements de salaires, et surtout tenir des comptes de caisse de type recettes-dépenses. Il s'agissait d'une comptabilité à partie simple, qui est une inscription dans un compte ne se traduisant pas par une autre dans un autre compte.

Le haut moyen âge constitua une rupture dans les pratiques comptables qui ne subsistèrent que sous des formes très rudimentaires excluant quasiment l'écriture. Les croisades provoquèrent un développement des échanges, des marchands s'associèrent et eurent recours à des mandataires pour négocier à distance. La répartition des bénéfices et le contrôle des mandataires nécessitaient une technique comptable plus évoluée qui consista d'abord en une comptabilité de caisse de type recettes-dépenses ainsi réinventée. Le crédit, peu développé jusque vers 1250, ne donnait lieu qu'à de simples aide-mémoires extra comptables. Mais son accroissement donna naissance

---

[7]L'histoire de l'humanité révèle que les Incas avaient une comptabilité, mais ne maîtrisaient pas l'écriture.

aux "comptes de personnes", correspondant aux créanciers et aux débiteurs et qui constituaient le germe de la comptabilité moderne à parties doubles. C'est ainsi que lorsqu'un tiers devait de l'argent au marchand, on inscrivait la somme dans une colonne "doit". Lorsque c'était l'inverse dans une colonne "avoir".

C'est là l'origine des colonnes débit et crédit des comptes d'une comptabilité et celle de l'inversion sémantique qui trouble tant les élèves : une créance est un débit ! Peu à peu l'idée vint aux commerçants et à leurs comptables de tenir des comptes de valeurs, d'abord des stocks, puis des autres biens mobiliers et immobiliers.

D'où les multiples errements et tâtonnements qui aboutirent au schéma définitif de la comptabilité à parties doubles et notamment à l'invention d'un compte "de Pertes et Profits" qui seul permettait de constater l'écart entre une sortie de stock au coût d'achat et une rentrée en caisse incluant un bénéfice. Cette évolution a été observée dans les registres de grands commerçants italiens du 14ème siècle.

La pratique précéda largement la théorie, puisque le premier et le plus célèbre ouvrage de comptabilité, le "Tractatus"[8] du grand savant mathématicien Luca Pacioli, souvent considéré un peu abusivement comme le père de la comptabilité, ne parut à Venise qu'en 1494. A partir de cette date, de très nombreux ouvrages théoriques se succédèrent dans tous les pays, qui ne firent que perfectionner et approfondir les principes de Pacioli : trois types de comptes : « comptes des personnes, comptes de valeurs et comptes de pertes et profits», réunis par une écriture double, le mouvement de l'un impliquant nécessairement celui d'un autre.

Au XVIème siècle, apparaît la notion de bilan, d'abord présenté comme le simple état récapitulatif des balances des comptes, puis comme un état où apparaît le souci de prévision. C'est la notion de réserve qui donna naissance peu à peu à celle de capital social. Le

---

[8] Le Tractatus – Particularis de computis et scripturis n'est qu'une partie de l'encyclopédie monumentale des sciences mathématiques, conçue par Pacioli, et intitulée « Summa di arithmetica, geometria, proportioni et proportionalita » (ce qui peut se traduire par Traité d'arithmétique, de géométrie, des proportions et de la proportionnalité (Colasse B., 2010, p.29).

bénéfice, somme qui apparaissait disponible au commerçant au travers du bilan comptable, on réservait les sommes qui paraissaient nécessaires pour le maintien ou le développement de l'activité sociale et plus tard, le capital apparut également comme une garantie constituée au profit des créanciers de l'entreprise.

Les XVIIème au XIXème siècles virent se multiplier des ouvrages, de plus en plus éloignés des préoccupations concrètes de gestion et de contrôle des marchands, et des industriels, pour se tourner, soit vers la doctrine pure (quelle est la "nature" de la comptabilité ?), soit vers la pédagogie aux futurs comptables à grand renfort de procédés explicatifs souvent artificiels ou des présentations algébriques de la "théorie mathématique" des comptes.

Au-delà de l'approfondissement de la théorie mathématique des comptes, l'idéal est que dans toute activité commerciale, la connaissance des coûts de revient d'un produit, à partir d'une comptabilité analytique de gestion soit indispensable pour au moins trois raisons :

- savoir s'ils sont compatibles avec les facultés économiques des acquéreurs ou des consommateurs potentiels ;
- pouvoir les comparer avec la concurrence ;
- définir des marges.

Exprimés en de tels termes, ces trois objectifs peuvent paraître anachroniques en songeant à l'Antiquité romaine, au cours de laquelle, l'aboutissement arithmétique se résumait à calculer ce que rapporte un capital monétaire investi dans une activité à caractère commercial, lequel a servi les agronomes latins à spéculer sur l'intérêt financier à pratiquer l'agriculture.

Concrètement, la première formalisation de la comptabilité agricole connue, date de1786 à l'aube de la Révolution industrielle (française de 1789), lorsque l'agronome François-Joseph Rey de Palazu rédige le *Traité d'administration et de comptabilité agricole*[9]pour calculer les prix de revient et définir les rentabilités ; qu'il dédia au Duc de Béthune Chârost[10] et qui inspira les Romains, pour apprécier la capacité à gérer leurs activités agricoles.

1.2.1. Raisons d'une comptabilité agricole adaptée au SYSCOHADA

Le modèle de document de comptabilité agricole que Rey de Planazu dédia en 1786 au descendant du frère de Sully, aurait pu, en grande partie, être établi par tout aristocrate foncier romain qui, au moins au temps d'Ulpien, était contraint d'en fournir au fisc les mêmes éléments constitutifs.

Le SYSCOHADA pour sa part, emprunte cette option de fournir les informations comptables des entités économiques à l'administration fiscale, tout comme aux autorités monétaires et financières ainsi qu'aux organes chargés de la comptabilité et des statistiques nationales, sans exclure tout autre organisme ayant un pouvoir de planification, de réglementation et de contrôle qui sont intéressés par la répartition des revenus et des ressources.

Ce qu'à la différence du cadre conceptuel de l'IASB qui désigne l'investisseur boursier comme destinataire privilégié de l'information comptable, le SYSCOHADA dans le prolongement de la tradition comptable française, retient une approche plus économique que financière pour la destination de l'information comptable. Il donne à la norme comptable, l'objectif de « *répondre au mieux aux besoins d'information de tous les agents d'une économie marchande dont le centre est la libre entreprise* ».

---

[9] François-Joseph Rey de Planazu, *Tableau annuel de la régie, administration et comptabilité de revenus d'une terre,* où l'on voit d'un seul coup d'œil, sans être sur les lieux, les produits de toutes les parties d'une terre, quelle que considérable qu'elle soit, Troyes, 1786. Rey de Planazu (mort avant mars 1787) fut membre de la Société physique et économique de Zurich. Il est l'auteur d'ouvrages sur l'agriculture et l'économie rurale.

[10] Le plus illustre membre de cette famille est le célèbre ministre d'Henri IV, Maximilien de Béthune, Duc de Sully.

Les solutions retenues par les dirigeants devant être telles que chaque utilisateur des états financiers qu'il soit interne (exploitant ou associé/actionnaire, dirigeants sociaux et autres membres de personnel) ou externe à l'entité (partenaires commerciaux, partenaires financiers, partenaires institutionnels, Centrale des bilans et autres partenaires sociaux) ait à sa disposition une information significative de nature à l'aider à prendre des décisions de son point de vue, selon son objectif socioéconomique et pratique.

Comme la principale activité économique de l'exploitation agricole est la production agricole, ce qu'elle est astreinte à la mise en place d'une comptabilité (...) en vertu de l'article 2 de l'AUDCIF, bien entendu, en tenant compte de ses spécificités ; celle-ci étant un établissement de la branche d'activité « agriculture ». Toutefois, les deux unités ne sont pas les mêmes si l'activité de production agricole de l'exploitation est une activité secondaire d'un établissement non agricole. Dans ce cas, l'exploitation agricole peut être considérée comme une unité de type établissement dans la branche d'activité « agriculture »[11].

Au regard des mutations récentes, les exploitations agricoles de l'espace OHADA se rapporte à l'activité agricole qui repose sur une organisation de filières rassemblant la plupart des acteurs, les agriculteurs bien sûr mais principalement les metteurs en marchés, comme les coopératives agricoles. Elles gèrent ses ressources (Terre, capital et personnel) en vue d'assurer une production immédiate tout en permettant la durabilité de sa capacité de production. L'évaluation de cette durabilité passe par la prise en compte de critères d'efficacité techniques nouveaux. Ceci conduit au cadre de représentation de l'exploitation agricole qui soit mobilisable, en tant qu'entité agronomique et économique. Ce terme introduit au-delà de la comptabilité, la notion de gestion des filières agricoles, une approche centrée sur le rôle de nœud de réseaux assurés par les Organismes de Collectes, de Stockages, de Commercialisation et de Transformation des produits agricoles (coopératives ou négociants).

[11] FAO, 2010, p.158.

En empruntant le concept « actifs biologiques » employé par l'AUDCIF du 26 janvier 2017, l'activité agricole consiste en la gestion par une entité, de la transformation biologique d'actifs biologiques en vue de la vente en produits agricoles, ou en d'autres actifs biologiques. Ladite gestion signifie qu'une intervention humaine apporte une valeur ajoutée à la transformation biologique ou permet au processus de se réaliser par une action sur l'actif biologique ou son environnement. Par facilité d'expression, les entités économiques concernées par le présent livre sont désignées par les termes « entreprise agricole » ou « exploitation agricole » ou parfois « entreprise », tout court.

Ainsi, le présent manuel s'appuie à l'esprit de l'AUDCIF, à son article 18, alinéa 5 afin de (d') :

- Adapter son contenu aux spécificités du secteur agricole, pour valoriser ses potentialités au mieux;
- Recenser les éléments qui rentrent dans le secteur agricole, de par leur nature ou leur destination, en les collant avec les numéros des comptes conformes au Système comptable OHADA, pour imprimer une dynamique équilibrée et évolutive tenant compte de ses spécificités ;
- Développer les procédés comptables des opérations relatives aux activités agricoles en ce qui concerne les cultures annuelles, plantations pérennes ou à demeure, l'élevage cycle court et l'élevage cycle long, les récoltes et autres produits agricoles en les adaptant aux critères de leurs évaluations, comme éléments d'actifs immobilisé ou d'actif circulant ;
- Traiter des aspects comptables concernant les opérations effectuées par des exploitations agricoles avec d'autres partenaires socioéconomiques et fiscaux (vente, achat, opérations en devises, rapprochement bancaire, etc.) ;
- Mobiliser les exercices d'application pour la bonne compréhension des notions développées.

Compte tenu des particularités et de l'importance du secteur agricole dans la vie socioéconomique, le présent manuel développe des notions visant à :

- mettre en relief les concepts et conventions spécifiques au secteur agricole ;

- unifier les modes de comptabilisation des opérations agricoles, en s'appropriant le contenu et le fonctionnement des comptes du Plan comptable général OHADA (PCGO) fréquemment utilisés pour enregistrer les opérations se rapportant aux activités agricoles ;
- produire des informations pertinentes permettant la comparabilité des performances économiques et financières des exploitations agricoles et la part de chaque intervenant dans la valeur ajoutée nette annuelle desdites exploitations agricoles.

1.3. Cadre fourni par le Système de comptabilité nationale (SCN) et la Classification internationale type par industrie (CITI)

Tout en empruntant les dispositions du Système comptable OHADA, ce manuel va aussi se référer au Système de comptabilité nationale (SCN) qui fournit un cadre national normalisé pour l'établissement des rapports statistiques sur le revenu et les produits nationaux. Ce système s'accommode pour sa part, aux normes internationales relatives aux concepts, définitions et classifications, présentées par les Nations Unies.

Le SCN distingue deux principaux types d'unités économiques de production, à savoir les entreprises et les établissements et les définit comme suit :

- **Une entreprise** est une unité économique de production soumise à une direction unique, qui prend en charge et gère de manière autonome toutes les opérations nécessaires pour mener à bien les activités de production. Une entreprise peut s'engager dans plusieurs types d'activités et opérer en plusieurs lieux. Les entreprises peuvent être des sociétés, des institutions gouvernementales ou d'autres unités, y compris des ménages.

- **Un établissement** est une entreprise ou une partie d'entreprise située en un lieu unique, engagée dans une seule activité de production principale. Toute activité secondaire devrait être pratiquée à petite échelle. Une entreprise engagée dans la production végétale, mais aussi dans la transformation des cultures à une échelle significative, est considérée comme constituée de deux établissements, correspondant aux deux types d'activités.

Pour faciliter la description de différents types d'activité économique, les établissements sont assignés à des branches d'activité (industries). Des directives internationales sur la définition des branches d'activité sont présentées dans la CITI, de toutes les branches d'activités économiques, publiée par les Nations Unies, la version actuelle de la CITI étant la Révision3.1 qui établit une classification hiérarchique des activités, dont l'Agriculture, la chasse et la sylviculture occupent la première catégorie scindée deux divisions :

i) *Agriculture, chasse et activités annexes; et*

ii) *Sylviculture, exploitation forestière et activités annexes.*

Ces divisions sont elles-mêmes subdivisées en groupes et en classes correspondant à des activités plus spécifiques, telles : que Culture et Elevage d'animaux. Le recensement de l'agriculture couvre les unités engagées dans la production de produits agricoles, à savoir les cultures et les produits de l'élevage. A cela s'ajoutent les activités d'aquaculture, de chasse et de cueillette, lesquelles correspondent aux groupes de la CITI (Rev3.1) ci-après :

- Groupe 011: Culture, maraîchage, horticulture ;
- Groupe 012: Élevage d'animaux ;
- Groupe 013: Culture et élevage d'animaux associés.

1.3.1. Champ d'application du recensement de l'agriculture

a) Le Groupe 011 de la CITI: Culture, Maraîchage et Horticulture

Ce groupe couvre les cultures temporaires et permanentes de plein air ou sous abri. Il est constitué de trois classes de la CITI :

–Classe 0111 de la CITI: Culture de céréales et autres cultures.
–Classe 0112 de la CITI: Culture de légumes, horticulture, pépinières.
–Classe 0113 de la CITI: Culture de fruits, de fruits à coque, de plantes pour boissons et pour épices.

Eléments inclus:

- tous les types de cultures, y compris les céréales, racines, tubercules, légumineuses, cultures industrielles, légumes, horticulture, cultures fourragères, cultures de semences, arbres fruitiers et arbres à fruits à coques;

- culture ou production de spécialités horticoles y compris graines de fleurs, boutures non racinées ou greffons, bulbes, tubercules, racines tubéreuses, bulbes à fleurs, griffes et rhizomes ;
- séchage de feuilles de tabac, associé à la culture du tabac;
- culture de l'hévéa et récolte du latex;
- culture de plantes à usage principalement pharmaceutique, ou insecticide, parasiticide ou similaire ;
- culture de fleurs ou de boutons à fleurs;
- culture de plantes vivantes pour la plantation ou l'ornementation, y compris mottes de gazon pour la transplantation;
- production de vin, faite là où se trouve le vignoble;
- récolte de baies ou de fruits à coque;
- culture de champignons ou récolte de champignons forestiers ou de truffes;
- récolte de sève et production de sirop et sucre d'érable.

b) Le Groupe 012 de la CITI: Elevage d'animaux

Ce groupe couvre l'élevage d'animaux. Il est constitué de deux classes de la CITI:

- Classe 0121 de la CITI: Elevage de bovins, d'ovins, de caprins, d'équidés, production de lait à la ferme ;
- Classe 0122 de la CITI: Elevage d'animaux divers; production de produits animaux divers.

Eléments inclus:

- élevage de tous les types de bétail et de volaille;
- élevage de reproducteurs;
- production de lait cru et de sperme de taureaux;
- production de produits d'animaux vivants, tels que les œufs, miel et cocons de vers à soie;
- activités de l'exploitation avicole;
- élevage en captivité d'animaux vivants non domestiqués ou demi-domestiqués, y compris les oiseaux, reptiles, insectes, lapins et autres animaux à fourrure;
- production de cuirs et peaux, de peaux de reptiles ou de volatiles provenant de l'exploitation de fermes d'élevage;
- exploitation d'élevage de chiens et de chats, de vers, de mollusques terrestres, de grenouilles, etc.;
- élevage de vers à soie;
- apiculture et production de miel et de cire d'abeille.

c) Le Groupe 013 de la CITI: Culture et élevage d'animaux associés

Ce groupe couvre la culture associée à l'élevage dans des unités agricoles mixtes.

Classe 0502 de la CITI: Aquaculture (dans le cas où un recensement de l'aquaculture est aussi effectué) qui couvre la pisciculture ou l'aquaculture en eau de mer ou en eau douce.

Eléments inclus :

- pisciculture en eau de mer ou en eau douce, y compris élevage de poissons d'ornement;
- production de naissains d'huîtres, de moules, de jeunes langoustes, de larves de crevette, de frai d'alevins et juvéniles;
- ostréiculture;
- exploitation d'écloseries piscicoles;
- activités annexes des exploitants d'écloseries ou d'établissements piscicoles.

1.3.2. Classification des cultures, des animaux d'élevage et de matériels et équipement

a) Classification des cultures

La classification indicative des cultures (CIC) catégorise les cultures sur la base de trois critères principaux :

- **Type de produit**. Le type de produit est indiqué dans la structure de la Classification Centrale des Produits (CCP) des Nations unies, 2004a), en particulier au niveau du Groupe et de la Classe. Ainsi, dans la CIC, les cultures sont d'abord divisées en groupes - tels que céréales, légumes, etc., - puis chaque groupe est subdivisé par type de culture - tel que légumes à feuilles ou à tiges, légumes à pépins, etc.

- **Genre ou espèce de la plante cultivée**. Au niveau le plus bas de la classification, chaque plante peut être décrite par son nom botanique; ainsi, les « Lentilles » (Classe 75) sont identifiées comme appartenant à l'espèce "Lens culinaris". Il convient cependant de noter que la CIC n'est pas une nomenclature botanique, car les catégories sont davantage basées sur l'utilisation agricole de la culture que sur les similitudes botaniques entre les cultures. Ainsi, le Groupe 4 (les cultures oléagineuses) regroupe des cultures de nombreux types botaniques différents qui produisent le même type de produit (ici l'huile).

- **Culture temporaire ou permanente.** La CCP ne permet toujours pas de division entre cultures permanentes et temporaires, ce critère n'étant pas important pour un système de classification des produits. En revanche, cette distinction est fondamentale pour une classification des cultures. C'est pourquoi certaines classes de la CCP sont divisées en sous classes de cultures temporaires et permanentes. Dans la CIC, un code distinct indique si la culture est temporaire ou permanente.

Cette partie de la CITI, concerne les aspects de l'agricole définie comme le secteur d'activité dont la fonction est de produire un revenu financier à partir de l'exploitation de la terre (culture), de la forêt (sylviculture), de la mer, des lacs et des rivières (aquaculture, pêche), de l'animal de ferme (élevage) et de l'animal sauvage (chasse)[12]. Dans la pratique, cette production est pondérée par la disponibilité des ressources et les composantes de l'environnement biophysique et humain. Les tableaux concernant la classification d'animaux d'élevage et de matériels et équipements nécessaires à l'exploitation agricole se présentent comme suit :

[12]www.insee.fr (consulté, le 3 avril 2019)

Tableau de la classification indicative des cultures, Version 1.0 (CIC)

Groupe	Classe	Sous-classe	Ordre	Titre	Type de culture[13]
1				Céréales	1
	11			Blé	1
	12			Maïs	1
	13			Riz	1
	14			Sorgho	1
	15			Orge	1
	16			Seigle	1
	17			Avoine	1
	18			Millet	1
	19			Autres céréales, n.c.a.	1
		191		*Mélanges de céréales*	1
		192		*Autres, n.c.a.*	1
2				**Légumes et melons**	1
	21			Légumes à feuilles ou à tiges	1
		211		*Artichauts*	1
		212		*Asperges*	1
		213		*Choux*	1
		214		*Choux fleurs et choux brocolis*	1
		215		*Laitues*	1
		216		*Épinards*	1
		217		*Chicorée*	1
		219		*Autres légumes à feuilles ou à tiges, n.c.a.*	1
	22			Légumes à pépins	1
		221		*Concombres*	1
		222		*Aubergines*	1
		223		*Tomates*	1
		224		*Pastèques*	1
		225		*Cantaloups et autres melons*	1
		226		*Citrouilles, potirons et courges*	1
		229		*Autres légumes à pépins d.c.a.*	1
	23			Racines, bulbes et tubercules	1
		231		*Carottes*	1
		232		*Navets*	1
		233		*Ail1*	1
		234		*Oignons (y compris échalotes)*	1
		235		*Poireaux et autres légumes alliacés*	1
		239		*Autres racines, bulbes et tubercules, n.c.a.*	1
	24			Champignons et truffes	1
	29			Légumes, n.c.a.	1

[13] Type de culture : 1 = temporaire; 2 = permanente.

3				**Fruits et noix**	2
	31			Fruits tropicaux et subtropicaux	2
		311		*Avocats*	2
		312		*Bananes & plantains*	2
		313		*Dattes*	2
		314		*Figues*	2
		315		*Mangues*	2
		316		*Papayes*	2
		317		*Ananas*	2
		319		*Autres fruits tropicaux et subtropicaux, d.c.a.*	2
	32			Agrumes	2
		321		*Pamplemousses et pomélos*	2
		322		*Citrons et limes*	2
		323		*Oranges*	2
		324		*Tangerines, mandarines, clémentines*	2
		329		*Autres agrumes, d.c.a.*	2
	33			Raisins	2
	34			Baies	2
		341		*Groseilles*	2
		342		*Groseilles à maquereau*	2
		343		*Kiwi*	2
		344		*Framboises*	2
		345		*Fraises*	2
		346		*Myrtilles*	2
		349		*Autres baies*	2
	35			Fruits à pépins et fruits à noyau	2
		351		*Pommes*	2
		352		*Abricots*	2
		353		*Cerises et griottes*	2
		354		*Pêches et nectarines*	2
		355		*Poires et coings*	2
		356		*Prunes et prunelles*	2
		359		*Autres fruits à pépins et à noyau,* d.c.a.	2
	36			Noix	2
		361		*Amandes*	2
		362		*Anacardes*	2
		363		*Châtaignes*	2
		364		*Noisettes*	2
		365		*Pistaches*	2
		366		*Noix*	2
		369		*Autres noix, n.c.a.*	2
	39			Autres fruits, n.c.a.	2
4				Cultures oléagineuses	1
	41			Soja	1
	42			Arachides	1

	43			Autres cultures oléagineuses temporaires	1
		431		*Ricin (graines)*	1
		432		*Graines de lin*	1
		433		*Moutarde*	1
		434		*Graines de Niger*	1
		435		*Colza*	1
		436		*Carthame*	1
		437		*Sésame*	1
		438		*Tournesol*	1
		439		*Autres cultures oléagineuses temporaires, d.c.a.*	1
	44			Cultures oléagineuses permanentes	2
		441		*Cocotiers*	2
		442		*Oliviers*	2
		443		*Palmiers à huile*	2
		449		*Autres arbres à fruits oléagineux, n.c.a.*	2
5				Racines/tubercules à haute teneur en amidon ou inuline	1
	51			Pommes de terre	1
	52			Patates	1
	53			Cassava	1
	54			Ignames	1
	59			Autres racines et tubercules, n.c.a.	1
6				Cultures pour boissons et épices	2
	61			Cultures pour boissons	2
				Café	2
				Thé	2
				Maté	2
				Cacao	2
				Autres cultures pour boissons, n.c.a.	2
	62			Cultures pour épices	1
				Cultures temporaires pour épices	1
			6211	Poivres et piments (capsicum spp.)	1
			6212	Anis, badine et fenouil	1
			6219	Autres cultures temporaires pour épices, n.c.a.	2
				Cultures permanentes pour épices	2
			6221	Poivre (piper spp.)	2
			6222	Noix de muscade, macis, cardamone	2
			6223	Cannelle	2
			6224	Clous de girofle	2
			6225	Gingembre	2
			6226	Vanille	2
			6229	Autres cultures permanentes pour épices, n.c.a.	2

7				**Cultures légumineuses**	1
	71			Haricots	1
	72			Favelottes	1
	73			Pois chiches	1
	74			Doliques	1
	75			Lentilles	1
	76			Lupins	1
	77			Pois	1
	78			Pois cajans	1
	79			Cultures légumineuses, n.c.a.	1
8				Cultures sucrières	1
	81			Betteraves sucrières	1
	82			Canne à sucre	1
	83			Sorgho sucré	1
	89			Autres cultures sucrières, n.c.a.	1
9				**Autres cultures**	1
	91			Cultures herbacées et autres cultures fourragères	1
				Cultures herbacées temporaires	1
				Cultures herbacées permanentes	1
	92			Cultures textiles	1
				Cultures textiles temporaires	1
			9211	Coton	1
			9212	Jute, kenaf, et autres cultures similaires	1 1
			9213	Agaves, chanvre et autres produits similaires	1
			9219	Autres cultures textiles temporaires	
	93			Cultures médicinales, aromatiques, pesticides ou assimilées	1
		931		*Cultures temporaires médicinales, etc.*	2
		932		*Cultures permanentes médicinales, etc.*	2
	94			Hévéa	2
	95			Floriculture	
				Floriculture - cultures temporaires	1
				Floriculture – cultures permanentes	2
	96			Tabac	1
	99			Autres cultures	
				Autres cultures - temporaires	1
				Autres cultures -permanentes	2

Source : FAO, 2010, pp. 165-167.

Tableau de la classification des animaux d'élevage

Groupe	Classe	Titre
1		Gros ruminants
	11	- Bovins
	12	- Buffles
	13	- Yaks
2		**Petits ruminants**
	21	- Ovins
	22	- Caprins
3		Porcins ou suidés
4		Équidés
	41	- Chevaux
	42	- Mules et bardots
	43	- Ânes
	44	- Autres équidés (ex: zèbres)
5		Chameaux et camélidés
	51	- Chameaux
	52	- Lamas et alpagas
6		Volaille
	61	- Poulets
	62	- Canards
	63	- Oies
	64	- Dindes
	65	- Pintades
	66	- Pigeons
	67	- Autres volailles
7		Autres animaux
	71	- Cerfs, élans et rennes
	72	- Animaux à fourrure, tels que renards et visons
	73	- Chiens et chats
	74	- Lapins et lièvres
	75	- Autres (ex : autruches, émus, éléphants)
8		Insectes
	81	- Abeilles
	82	- Vers à soie
	83	- Autres vers ou insectes

Source : FAO, 2010, p. 175.

Tableau de la classification des machines et équipement

Groupe	Classe	Sous-classe	Titre	Types de machines et équipement inclus
1			Matériel à main–semoir combiné	– repiqueuse – batteuse – tarare – pulvérisateur – poudreuse – pompe à main ou autre matériel d'irrigation à main
2			Equipement de traction animale	– charrue en bois – charrue en acier trempé – cultivateur – pulvérisateur à disques – semoir combiné – niveleuse – chariot – matériel d'irrigation à traction animale
3	31		Machines Machines d'usage général pour l'exploitation	– moteur à combustion interne – moteur à combustion externe – générateur électrique – moteur électrique – ordinateur utilisé pour la gestion de l'exploitation – autres équipements électroniques utilisés pour la gestion de l'exploitation
	32		Tracteurs, bulldozers et autres véhicules	– tracteur à chenille – tracteur à quatre roues – tracteur à un essieu – bulldozer – scraper – camion – bateau – autres véhicules – remorque
	33	331	Machines et équipement destinés aux cultures Machines et matériel pour la préparation des sols, les semis et la	– motoculteur – matériel de labour – cultivateur rotatif – herse rotative – pulvérisateur à disques – semoir en ligne

			plantation	– semoir à la volée – semoir combiné – cultivateur – planteuses – niveleuses – excavatrices – niveleuse-surfaceuse – repiqueuse
		332	Machines et matériel pour l'entretien des cultures	– épandeur de fumier – distributeur d'engrais – pulvérisateur – poudreuse – pompe à eau – pulvérisateurs et autres dispositifs d'irrigation localisée – matériels d'irrigation
		333	Machines et matériel de récolte	– faucheuse pour cultures herbacées – faneuse – presse à foin – faucheuse-hacheuse – ensileuse pneumatique – moissonneuses batteuses – cueilleur-épanouilleur – arracheuse de pommes de terre – arracheuse de betteraves – moissonneuse-lieuse
		334	Machines et matériel après-récolte	– batteuse – nettoyeur de grains – trieuses et calibreuses
	34		Machines et équipement pour l'élevage	– trayeuse – refroidisseur de lait – écrémeuse – couveuse
	35		Machines et équipement aquacoles	

Source : FAO, 2010, pp. 176-177.

1.4. Spécificités de la comptabilité agricole

Comme évoqué ci-haut, la production agricole diffère des autres secteurs de l'économie par un certain nombre de caractéristiques spécifiques. L'agriculture est basée sur l'utilisation de la terre comme principal moyen de production. Les processus de reproduction économique sont donc étroitement liés aux processus naturels et biologiques. Par conséquent, la période de travail au cours duquel sont générés des coûts, n'est pas la même que la période de réception des produits.

De plus, les conditions de production et les conditions météorologiques influencent les résultats. L'effet des conditions climatiques, naturelles et des caractéristiques biologiques conduit à la saisonnalité de la production agricole, d'où des coûts irréguliers de la production et du travail pendant l'année. La grande masse des coûts a lieu lors de l'exécution des opérations agricoles de base, telles que les semis, les soins des cultures, la récolte. Par conséquent, le volume des activités comptables au cours de l'année change radicalement.

Ce facteur doit être pris en compte lors de l'organisation du processus comptable. Dans l'agriculture, le processus de production a un caractère de long terme, il continue d'une année civile à l'autre. Par conséquent, à la fin de l'année, il y a beaucoup d'en cours.

A cet égard, on considère les coûts de production non seulement selon les objets individuels, mais on les répartit en trois catégories :

- coûts des années précédentes pour la récolte de l'année en cours,
- coûts de l'année de la récolte de la même année et
- coûts de l'année pour la récolte des années à venir.

En raison de leur saisonnalité, les produits agricoles arrivent d'une façon irrégulière le long de l'année, et leur coût réel n'est estimé qu'à la fin de l'année civile quand sont pris en compte tous les coûts de production et le rendement total. Au cours de l'année, les produits agricoles consommés à des fins de production (semences ou aliments pour animaux, par exemple) sont pris en compte selon leurs coûts prévisionnels. Les résultats financiers définitifs de l'entreprise (profit ou perte) sont déterminés après le calcul du coût réel des produits vendus, soit à la fin de l'année civile.

Par ailleurs, il existe des spécificités en matière de comptabilisation des animaux, qui peuvent être enregistrés en fonction de leur destination et utilisation dans les actifs immobilisés ou circulants (comme des stocks ou des produits en cours). En outre, la production agricole provenant des cultures peut être utilisée à la ferme pour l'alimentation des animaux et les semences.

Il faut pour cela une comptabilisation distincte des produits de commodité, des semences et des aliments pour animaux. Un flux massif des produits dans une période de temps relativement courte avec une grande surface nécessite un contrôle effectif sur son mouvement en transit et en stockage. Un trait caractéristique de la production agricole est le fait qu'il y a souvent des produits différents obtenus d'une même culture ou d'un type d'élevage.

C'est ainsi qu'on en distingue la production de base, les produits joints et les sous-produits. La production de base est celle pour laquelle une telle culture est produite. Par exemple, à partir des céréales sont produits : les grains comme produits principaux, et la paille comme sous-produit. Si, à partir d'une culture ou d'un groupe technique de bétail il y a plusieurs sortes de produits de base, ces produits sont les produits joints.

Le bilan et le compte de résultat intègrent les particularités de l'exploitation agricole. Dans le bilan, les principales modifications interviennent à l'actif, la structure du passif étant identique à celle proposée par le plan comptable général :

- L'actif immobilisé inclut des immobilisations corporelles hors biens vivants, dont les aménagements fonciers et les améliorations de fonds, et les immobilisations corporelles (biens vivants), qui comprennent les animaux reproducteurs et les végétaux immobilisés.
- L'actif circulant fait apparaître « deux types de stocks relatifs aux « biens vivants et en-cours », selon que le cycle de production est supérieur à deux ans (cycle long) ou inférieur à deux ans (cycle court) ». Ces stocks concernent notamment les animaux, les avances aux cultures, les autres végétaux et les en-cours.
- La trésorerie-actif est conforme à celle des entreprises commerciales.

Dans le compte de résultat, on retrouve également des rubriques spécifiques qui concernent en particulier :

- Les achats et les ventes d'animaux,
- Les cotisations sociales personnelles de l'exploitant,
- La production autoconsommée et
- Les variations d'inventaire relatives aux animaux reproducteurs immobilisés et aux biens vivants non immobilisés.

En outre, la comptabilité agricole aborde le problème de traitement comptable du foncier ou deux situations peuvent se présenter pour l'exploitant :

- Soit les terres qu'il exploite sont louées et, dans ce cas, il verse un fermage qui représente pour lui une charge d'exploitation ;
- Soit il en est propriétaire. Dans cette hypothèse, la fiscalité a une incidence importante sur les décisions à prendre pour ce qui concerne le foncier : « dans une optique fiscale, l'agriculteur à la latitude de considérer que les terrains constituent un bien privé, il peut ne pas le faire figurer au bilan de l'exploitation même lorsqu'il en est propriétaire ». L'agriculteur a donc le choix entre l'inscription ou non des terres au bilan de son exploitation ».

1.5.Particularités économiques du secteur agricole

Le secteur agricole qu'étudie l'économie rurale, est un système complexe de relations physiques, biologiques et socio-économiques. Ce sont les spécificités de ce système qui ont conduit à ce que des économistes l'étudient de façon particulière. Ce sont aussi ces spécificités qui ont conduit à ce que ce secteur reçoive une attention particulière du pouvoir public et, notamment, qu'il bénéficie de mesures de soutien. Dix particularités fondamentales de ce système sont décrites dans ce manuel.

1.5.1. Le système agricole est constitué d'organismes vivants

Parce que ce système est constitué d'organismes vivants (cultures et animaux) sujets à des cycles biologiques et à des risques climatiques et sanitaires, la plupart de productions réalisées à son sein, sont caractérisées par une saisonnalité et un cycle (par exemple, le cycle des prix et productions des viandes bovine et porcine), d'une part, et sont peu contrôlables et imprévisibles, d'autre part. En raison de ces caractéristiques, les activités de surveillance au sein de l'exploitation agricole sont importantes.

De nombreuses productions végétales et animales sont également complémentaires, ce qui explique l'alternance de cultures en vue de fertiliser le sol ou d'éviter la propagation de parasites, ainsi que l'association de productions végétales et animales. Cette complémentarité des productions agricoles nécessite que l'exploitation agricole utilise simultanément un grand nombre de techniques différentes en vue de produire une grande variété de produits.

1.5.2. Les productions du système agricole dépendent de ressources naturelles

Parce que les productions végétales et, dans une moindre mesure, les productions animales de ce système sont exigeantes en terre, elles consomment de l'espace.

Les activités de déplacement et de transport peuvent donc être considérables et limiter la taille de l'exploitation agricole. Pour certaines productions végétales, un apport momentané en eau est nécessaire.

1.5.3. La demande pour les produits agro-alimentaires est rigide

La demande pour les produits agro-alimentaires est généralement peu sensible à des modifications de prix (King) et de revenus (Engel). Combinée à des fluctuations de l'offre, la rigidité de la demande par rapport aux prix entraîne des fluctuations de prix importantes en l'absence de politique de régulation. Par ailleurs, lorsque les revenus augmentent, la part de l'alimentation dans les dépenses des ménages et donc dans l'économie nationale diminue en raison de la rigidité de la demande par rapport aux revenus. Cette tendance explique le déclin relatif du secteur agricole dans l'économie nationale et parfois les difficultés d'insertion du secteur agricole dans une économie en croissance.

1.5.4. Les investissements de l'entreprise agricole sont importants

Associée au mouvement cyclique des productions végétales et animales et à la périssabilité de leurs produits, l'importance des investissements et donc de la part des coûts fixes dans les coûts totaux de l'exploitation agricole expliquent l'inélasticité de l’offre de la plupart des productions agricoles dans le court terme. La courbe d'offre de certaines de ces productions peut parfois être faiblement réversible.

1.5.5. Le secteur agricole est constitué de petites exploitations familiales

La fonction ''objectif'' de ces exploitations familiales est souvent une combinaison de plusieurs objectifs associant plusieurs preneurs de décision.

En présence d'exploitations de grande dimension en amont et en aval, ces petites entreprises familiales peuvent être handicapées par leur faible pouvoir de négociation. Cette faiblesse de pouvoir de négociation explique l'importance du mouvement associatif en milieu agricole dans certaines régions et la mise en place de politique de soutien des prix et des revenus par le pouvoir public. Ceci explique le bien-fondé de la subvention d'équilibre accordée par le pouvoir public ou d'autres organismes philanthropiques pour compenser la perte enregistrée par les exploitations agricoles qui se conforment au prix ne couvrant pas les couts de leurs productions.

1.5.6. La main-d'œuvre agricole est relativement peu mobile

Cette faible mobilité de la main d'œuvre agricole a également justifié des interventions du pouvoir public en vue de soutenir les revenus agricoles, particulièrement dans des situations de chômage généralisé.

1.5.7. Les coûts de transaction de l'exploitation agricole peuvent être importants

Dans certaines régions, la dispersion des exploitations dans l'espace augmente le coût d'accès:

- à l'agrofourniture,
- aux débouchés,
- à une information fiable.

1.5.8. Le progrès technique en agriculture est important

Le progrès technique en agriculture est important (un gain annuel de rendement en céréales de 100 kg en Europe durant la seconde moitié du XXème siècle) et est rapidement diffusé dans le milieu agricole. En absence de politique de régulation, le gain de productivité du progrès technique profite *in fine* aux consommateurs.

1.5.9. L'agriculture joue de multiples fonctions

Dans la plus part de pays africains, tout comme en Europe, l'agriculture est de plus en plus reconnue comme jouant un rôle dans la vie rurale pour l'entretien et la préservation des paysages.

Les fonctions de l'agriculture deviennent donc multiplient et couvrent:

- la production de produits alimentaires ;
- la production de produits industriels ;
- l'utilisation de ressources naturelles ;
- l'action sur le paysage, la vie économique des campagnes, la biodiversité, etc.

1.5.10. Le développement du secteur agricole est fortement lié au développement de la qualification de la main d'œuvre

D'où, l'importance de :

- qualifications techniques,
- la capacité de gestion,
- la capacité d'organisation,
- la capacité d'anticipation des entrepreneurs agricoles.

De bonnes capacités de gestion ont joué un rôle déterminant dans le développement de l'agriculture occidentale. Ces capacités sont importantes pour les décisions quotidiennes, saisonnières, annuelles et exceptionnelles, afin de booster ce secteur dans l'espace OHADA.

1.6.Les facteurs structurels de production

Les facteurs structurels de la production agricole comprennent la main d'œuvre, la terre et le capital.

1.6.1. La main d'œuvre

L'effectif global de la main d'œuvre agricole est composé des personnes occupées de façon permanente et celles occupées de façon temporaire. Cette main d'œuvre est de plus en plus de type familial.

La plupart des exploitations agricoles de l'espace OHADA sont du type familial, c'est-à-dire gérées par une famille engageant parfois des salariés, avec quelques entreprises privées orientées sur des spéculations précises et intensives (œufs, volailles, porcs, etc.).

En Europe, par contre, la superficie agricole utilisée (SAU) est exploitée « en faire valoir indirect », qui est une politique permettant un endettement moindre et une utilisation du capital à des fins d'achats d'équipement, d'animaux et d'intrants. Il facilite aussi l'accès à la profession ; la terre louée ne pouvant pas servir de garantie pour un emprunt éventuel.

Qu'on soit de l'espace OHADA tout comme en Occident, les facteurs déterminant le prix de la terre, sont nombreux, dont les principaux concernent :

- la qualité (dont la fertilité) du sol ;
- le climat de la région ;
- la distance par rapport aux centres de transformation et de consommation ;
- les mesures gouvernementales prises vis-à-vis du secteur agricole (prix d'intervention, quota de production, indemnités compensatoires, etc.).

1.6.2. Le capital

On entend par capital d'une exploitation agricole, l'ensemble de biens physiques "immobilisés" comprenant:

- le cheptel ;
- le matériel ;
- les bâtiments ;
- mais aussi les engrais, les aliments pour bétail et tout autre stock.

Dans le sens financier du terme, on entend par capital, les finances nécessaires pour acquérir ces biens, lesquels peuvent généralement être financés au moyen de prêts ou crédits bancaires. Ces prêts et crédits bancaires se distinguent en fonction des échéances de leurs paiements.

D'où :

- le crédit à court terme pour l'achat de semences et d'engrais dont la durée correspond à une saison agricole ;
- le crédit à moyen terme pour l'achat d'équipement et de bétail dont la durée est proche de la durée de vie du bien (5 à 10 ans) et
- le crédit à long terme pour l'achat de la terre (plus de 20 ans).

En comptabilité agricole, le capital [compte]de l'exploitation couvre les composantes suivantes:

- le capital foncier comprenant la terre, les bâtiments, les chemins d'accès et les améliorations foncières (drainage et irrigation) ;
- le capital en plantes pérennes (arbres fruitiers et autres) ;
- le capital fixe comprenant le cheptel mort (machines et équipements), le cheptel vif (animaux comme moyens de production, les animaux reproducteurs et les animaux de trait), le portefeuille agricole (part dans une coopérative) ;
- le capital circulant comprenant le capital circulant produit (animaux à l'engrais, fertilisants, pesticides, aliments pour le bétail, semences, cultures en croissance, etc.) et le capital circulant espèce (liquidités).

Chapitre deuxième : Mécanismes de la comptabilité agricole

La comptabilité agricole est reconnue comme un outil d'enregistrement et de mise en valeur de l'historique de toutes les opérations menées au sein de l'exploitation agricole. Dans ses opérations, elle se sert des méthodes et outils comptables de l'entreprise classique.

Parmi ces méthodes, l'on distingue les méthodes sociales, juridiques, financières et fiscales. Les comptes annuels de la comptabilité agricole sont tenus d'être réguliers et vérifiés afin d'être en conformité avec le patrimoine, la situation financière et le résultat d'exploitation agricole.

Les principes de la comptabilité agricole empruntent néanmoins ceux du Plan comptable général OHADA (PCGO), avec une légère adaptation de la liste des comptes. Il regroupe la définition, le critère de classement à l'actif du bilan, les règles d'évaluation des biens vivants et le traitement comptable de l'autoconsommation de l'exploitant et des travailleurs.

Le bilan de la comptabilité agricole dans le Plan comptable général inclut les immobilisations incorporelles et les immobilisations corporelles. Les immobilisations corporelles se divisent en deux groupes : hors bien vivants et biens vivants. Les stocks au niveau de la comptabilité agricole sont définis par rapport à leur durée de vie. Ils regroupent ainsi les biens et services cycle long et les biens et services cycle court. Les biens et services cycle long sont par exemple les vins, les alcools, tandis que les biens et services cycle court se rapportent aux volailles, lapins, cobayes,…

2.1.L'exploitation agricole dans le contexte de l'espace OHADA

L'exploitation agricole est une fraction de la surface terrestre où un exploitant, une famille d'exploitants ou une autre entité se livre à la culture ou à l'élevage. Elle peut donc être définie par ses caractéristiques essentielles, entre autres :

a. La production de certains biens ; on parlera par exemple de ferme à viande, ferme à maïs, ferme à manioc etc.
b. Le caractère individuel et familial. La quasi-totalité des exploitations agricoles est dirigée par une seule personne, de plus l'exploitant et sa famille fournissent souvent la majorité sinon la

totalité du travail requis. On parlera ainsi, par exemple, de la ferme Bernard & fils.

C'est ainsi que l'exploitation agricole laisse entendre l'association étroite entre la famille et son exploitation.

D'ailleurs, plusieurs auteurs ont souligné la **symbiose** existant entre la famille et l'exploitation, dont les caractéristiques essentielles sont :
- Le chef de famille est en même temps le chef de l'exploitation.
- L'absence de distinction comptable entre les dépenses de l'exploitant et celles de sa famille.
- La famille tire ses ressources de l'exploitation et lui fournit en retour la quasi-totalité du travail requis.

2.1.1. La comptabilité comme l'une des fonctions de l'exploitant agricole

Dans l'exercice de son métier, chaque exploitant joue 2 rôles : il est à la fois cultivateur ou éleveur et chef d'entreprise. Dans la production industrielle, des personnes différentes exécutent des tâches spécialisées. Par contre la plupart d'exploitants agricoles de l'espace OHADA se doivent de remplir presque tous les rôles ci-après :
- **La fonction technique** qui concerne la production des biens, l'organisation du travail et son contrôle, le choix de matière, etc. L'exploitant doit donc choisir les productions de ses moyens et de ses marchés. Il doit choisir des techniques de production à mettre en œuvre pour produire au meilleur compte.

- **La fonction financière** par laquelle l'exploitant agricole détermine ses besoins en argent et les moyens de se les procurer, puis établit le programme d'utilisation de l'argent. Ici l'exploitant se charge de rassembler les capitaux nécessaires au fonctionnement et au développement de son exploitation.

- **La fonction commerciale** : qui intéresse l'écoulement des produits, la recherche des débouchés. Ici, l'exploitant choisit les filières pour vendre ses produits et acheter les inputs dans les meilleures conditions possibles. La notion des chaines de valeur est de mise, au respect des acteurs et structures présentés dans le schéma ci-après :

Le Schéma du Cadre analytique d'une chaîne de valeur

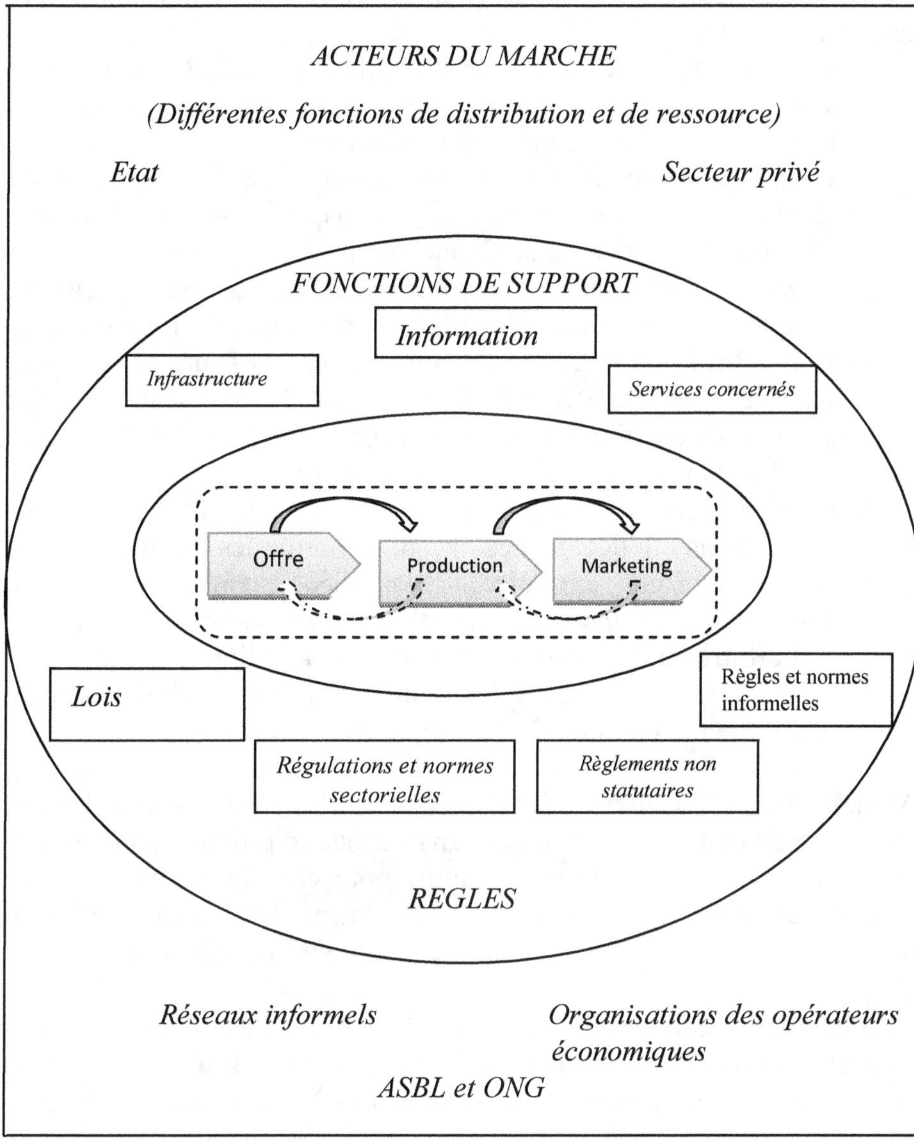

Ce schéma bien que hors de notions comptables, permet d'identifier les différents acteurs qui opèrent pour le fonctionnement d'une filière agricole, à savoir:

- ***Les acteurs directs :*** ils sont propriétaires du produit à un moment donné de la chaîne. Ce sont les producteurs, les commerçants, les riziculteurs quand ils achètent la production ;
- ***Les acteurs indirects :*** ils interviennent dans le processus de production, de transformation, de transport, etc., en tant que prestataires de service ou de financement ;
- ***Les acteurs d'appui :*** ils fournissent les accompagnements techniques aux opérateurs des filières en matière de formation, de conseil, d'information, etc. Ce sont des privés (bureaux d'étude, ONG) ou publics, dépendant de l'Etat (services ministériels d'appui à l'agriculture comme l'IPAPEL, SENASEM, etc.), la recherche étant incluse dans ce type d'acteurs ;
- **L'Etat :** Après concertation, s'il le souhaite, avec les professionnels, il décide des mesures politiques de tout ce qui relève du secteur agricole. Il est théoriquement le gardien institutionnel du respect de ces politiques par les acteurs. Il joue le rôle d'arbitre du bon fonctionnement de la filière. Par le passé, l'Etat a pu constituer un acteur direct important, administrant la production et la commercialisation des produits agricoles.

Actuellement, plus rarement et dans une faible mesure, il peut encore intervenir en tant qu'acteur direct dans l'achat de produits alimentaires stratégiques comme le riz par exemple pour constituer des stocks de sécurité alimentaire, ou pour soutenir la production nationale en règlementant l'importation en vue d'encourager la production locale.

La demande finale totale se trouve ainsi partagée entre quelques filières : la consommation intermédiaire de chaque filière se compose uniquement d'importations ; la somme des productions des filières égale la demande finale ; la valeur ajoutée de chaque filière est la différence entre sa production et ses importations ; la somme des valeurs ajoutées des filières égale la valeur ajoutée des entreprises du pays".

Pour bien concilier les partenariats avec chacun de ces acteurs, l'exploitant agricole doit asseoir les fonctions vitales, dont :

- **La fonction administrative :** qui se traduit par l'établissement du programme d'action de l'exploitation agricole : but à atteindre et moyens pour y parvenir. Il est donc question de l'organisation du fonctionnement de celle-ci.

- **La fonction sociale et de sécurité** : par laquelle l'exploitation agricole veille à la sauvegarde des hommes et des choses (hygiène, prévention des accidents, etc..).

- **La fonction comptable :** par laquelle l'exploitation agricole surveille l'exécution du programme d'utilisation de l'argent.

En effet, l'exploitant agricole étant le cadre de travail de membres de famille et des employés, il doit donc faire le choix de ses investissements et de l'affectation du revenu au mieux des intérêts souvent contradictoires de la famille et de l'exploitation agricole. Tout de même, les caractéristiques ci-dessus, laissent considérer l'exploitation agricole de l'espace OHADA comme remplissant les critères d'une entité économiquement organisée et dont la comptabilité est l'outil de sa gestion par excellence, capable de renseigner tous ses acteurs.

2.1.2. La comptabilité agricole : outil de gestion par excellence pour les exploitations agricoles de l'espace OHADA

La comptabilité est un système d'organisation de l'information financière permettant de saisir, classer, enregistrer des données de base chiffrées et présenter des états financiers reflétant une image fidèle du patrimoine, de la situation financière et du résultat de l'entité à la date de clôture.

L'AUDCIF à sa page 162 définit la comptabilité comme étant un système d'organisation de l'information financière qui permet :

- de saisir, classer, enregistrer des données de base chiffrées ;
- de fournir, après traitement approprié, un ensemble d'informations conforme aux besoins de divers utilisateurs intéressés.

Une autre définition adaptée à la comptabilité agricole est celle proposée par Jacques Richard et Christine Collette, selon laquelle : la comptabilité est un ensemble de systèmes d'information subjectifs ayant pour objet la mesure de la valeur des moyens et des résultats d'une entité.

Ces définitions et tant d'autres, éclairent sur les multiples rôles que joue aujourd'hui la comptabilité dans les organisations et la société. Elle est l'instrument qui permet de compter et, par extension, de calculer, supputer, voire prévoir. Elle est aussi l'instrument grâce auquel on surveille, on rend compte, on informe, on communique, on explique, on analyse, on légitime, on justifie, on rationalise son action, on prouve et quelquefois, on manipule et on *conte*[14].

De ce qui précède et dans le contexte de l'espace OAHADA, la comptabilité agricole sera celle qui a pour objet la mesure de la valeur des moyens et des résultats d'une exploitation agricole, en tenant compte de ses spécificités.

2.1.3. Les bases de la comptabilité agricole de l'espace OHADA

L'article 2 de l'AUDCIF dispose que : « Sont astreintes à la mise en place d'une comptabilité, dite comptabilité financière, les entités soumises aux dispositions de l'Acte uniforme portant sur le droit commercial général, de l'Acte uniforme relatif au droit des sociétés commerciales et du groupement d'intérêt économique et de l'Acte uniforme relatif au droit des sociétés coopératives, les entités publiques, parapubliques, d'économie mixte et, plus généralement, les entités produisant des biens et des services marchands ou non marchands, dans la mesure où elles exercent, dans un but lucratif ou non, des activités économiques à titre principal ou accessoire qui se fondent sur des actes répétitifs, à l'exception de celles soumises aux règles de la comptabilité publique ».

---

[14] Selon le dictionnaire « Robert », l'historique de la langue française nous apprend que *compter* est une réfection étymologique de *conter* qui, au XIIè siècle, voulait dire « calculer, comprendre dans un compte, faire les comptes » ; et qu'à partir du XVe siècle la graphie *conter* fut réservée au sens de « raconter ». Mais, pour le comptable contemporain, il va de soi que compter, c'est aussi, d'une certaine façon, conter ou raconter.

Les exploitations agricoles de l'espace OHADA ne dérogent pas à cette disposition. Par conséquent, sont tenues de présenter une comptabilité complète afin de disposer d'information visant à améliorer leur gestion. Ainsi, leurs patrimoines, leurs résultats et leurs situations financières doivent être présentés dans les documents de synthèse prévus par l'article 8 de l'AUDCIF qui est le document de référence pour toutes les entités établies dans cet espace OHADA.

Les documents comptables en question (états financiers) seront obtenus, en fonction du système adopté, notamment le Système normal et le Système minimal de trésorerie, prévus respectivement par les articles 11 et 13 de l'Acte uniforme précité, sachant que l'organisation comptable doit au moins respecter les conditions de régularité et de sécurité suivantes :

1) la tenue de la comptabilité dans la langue officielle et dans l'unité monétaire légale du pays ;
2) l'emploi de la technique de la partie double, qui se traduit par une écriture affectant au moins deux comptes, l'un étant débité et l'autre crédité. Lorsqu'une opération est enregistrée, le total des sommes inscrites au débit de comptes doit être égal au total des sommes inscrites au crédit d'autres comptes ;
3) la justification des écritures par des pièces datées, conservées, classées dans un ordre défini dans le document décrivant les procédures et l'organisation comptables, susceptibles de servir comme moyen de preuve et portant les références de leur enregistrement en comptabilité ;
4) le respect de l'enregistrement chronologique des opérations. Les mouvements affectant le patrimoine de l'entité sont enregistrés en comptabilité, opération par opération, dans l'ordre de leur date de valeur comptable. Cette date est celle de l'émission par l'entreprise de la pièce justificative de l'opération, ou celle de la réception des pièces d'origine externe. Les opérations de même nature réalisées en un même lieu et au cours d'une même journée peuvent être récapitulées sur une pièce justificative unique. Les mouvements sont récapitulés par période préalablement déterminée qui ne peut excéder un mois. Une procédure destinée à garantir le caractère définitif de l'enregistrement de ces mouvements devra être mise en œuvre ;
5) l'identification de chacun de ces enregistrements précisant l'indication de son origine et de son imputation, le contenu de

l'opération à laquelle il se rapporte ainsi que les références de la pièce justificative qui l'appuie ;
6) le contrôle par inventaire de l'existence et de la valeur des biens, créances et dettes de l'entité. L'opération d'inventaire consiste à relever tous les éléments du patrimoine de l'entité en mentionnant la nature, la quantité et la valeur de chacun d'eux à la date de l'inventaire. Les données d'inventaire sont organisées et conservées de manière à justifier le contenu de chacun des éléments recensés du patrimoine ;
7) le recours, pour la tenue de la comptabilité de l'entité, à un plan de comptes normalisé dont la liste figure dans le SYSCOHADA ;
8) la tenue obligatoire de livres ou autres supports autorisés ainsi que la mise en œuvre de procédures de traitement agréées, permettant d'établir les états financiers annuels visés à l'article 8 de l'AUDCIF ;
9) les comptes utilisés se conforment aux catégories homogènes des classes dédiées à la comptabilité générale, à savoir : les classes de comptes de situation et celles de comptes de gestion ;
10) la tenue rigoureuse des livres comptables et autres supports dont la tenue est obligatoire (livre-journal, grand livre, balance générale des comptes et le livre d'inventaire).

2.2.Le bilan et le compte de résultat d'une exploitation agricole

2.2.1. Définition du bilan

Le bilan est un tableau qui représente la situation financière d'une entité à une date donnée. Il décrit séparément les éléments d'actif et les éléments de passif constituant le patrimoine de l'entité et fait apparaître de façon distincte les capitaux propres.

a) Présentation du bilan d'une exploitation agricole

Par définition, le bilan est une photographie du patrimoine de l'entité à un moment donné (à la clôture de l'exercice en général). Il se présente sous la forme d'un tableau à deux parties : l'Actif et le Passif. Les deux parties du bilan du SYSCOHADA comportent respectivement trois masses bilantaires, dont :

A l'actif :

- ***L'actif immobilisé*** qui représente les investissements de l'exploitation agricole, c'est-à-dire l'ensemble des moyens destinés à y rester durablement, pendant plusieurs cycles de production et lui permettant de réaliser son objet économique ;
- ***L'actif circulant*** constitué des stocks et des créances ;
- ***La trésorerie-actif*** qui comprend les disponibilités ou liquidités en caisse, à la banque, aux chèques postaux, mais aussi les titres de placement et les valeurs à encaisser
- ***L'écart de conversion-actif*** constate des pertes latentes dues à la diminution de créances et/ou à l'augmentation de dettes à la clôture de l'exercice comptable.

Au passif :

- **Les capitaux propres et ressources assimilées** qui sont des ressources de financement propres à l'exploitation agricole ainsi que les dettes financières. Ceux-ci mis en commun avec les dettes financières constituent ***les ressources stables*** qu'est le premier agrégat du passif du bilan.
- ***Le passif circulant*** composé essentiellement de dettes envers les fournisseurs, l'Etat, le personnel, les associés et actionnaires etc. ;
- ***La trésorerie-passif*** composée les crédits de trésorerie (avances, concours bancaires), des découverts et des crédits d'escompte. ***Les écarts de conversion- passif*** constatent les gains latents, c'est-à-dire l'augmentation de créances et/ou la diminution de dettes en fin d'exercice.

En bref, le classement des postes du bilan du SYSCOHADA est fait dans une approche de gestion qui opère un glissement du bilan patrimonial vers un bilan économiquement fonctionnel. Dans ce bilan, les actifs se présentent par ordre de liquidité croissante et les passifs par ordre d'exigibilité décroissante.

Voir la représentation simplifiée du bilan d'une exploitation agricole adapté au SYSCOHADA ci-dessous :

Éléments constitutifs des masses bilantaires d'actif		Actif	Passif	Éléments constitutifs des masses bilantaires de passif	
ACTIF IMMOBILISE	*Les immobilisations (brevet, licence, terrains, immeubles, usines, grenier, machines, outils aratoires, animaux reproducteurs, plantations pérennes, etc.) représentent la capacité productive de l'exploitation agricole*	Immobilisations (incorporelles, corporelles et financières)	Capitaux propres Emprunts et dettes financières	*Les capitaux propres ont permis au départ à l'exploitation agricole de se constituer un patrimoine. Ils sont la propriété de l'exploitant (associés/actionnaires)* *Fonds empruntés auprès des personnes externes à l'exploitation (banque, institutions de microfinance, coopératives agricole, et autres organismes professionnels, etc.)*	*CAPITAUX PROPRES ET RESSOURCES ASSIMILEES*
ACTIF CIRCULANT	*Les stocks (semences, engrais, produits phytosanitaires, récoltes, bovins de boucherie, œuf, lait, vins, boutures, marchandises, fumiers, etc.) sont susceptibles d'être consommés ou vendus.* *Ces postes représentent les autres valeurs circulantes qui facilitent le fonctionnement harmonieux de l'exploitation agricole*	Stocks Créances clients, Céances sociales et fiscales Créances HAO Débiyeurs divers Régularisations actives	Dettes Fournisseurs Dettes Sociale et fiscales Dettes HAO Créditeurs divers Régularisations passives	*Ce sont les dettes commerciales, et opérationnelles et financières ainsi que les dettes HAO que l'exploitation s'attend honorer dans une échéance ne dépassant pas 12 mois.*	*PASSIF CIRCULANT*
TRESORERIE-ACTIF	*C'est l'argent disponible en caisse et dans les institutions financières et bancaires après toutes les opérations d'encaissement et de décaissement (investissement, exploitation et financement)*	Trésorerie-actif ou disponibilités	Trésorerie-passif ou découverts bancaires et crédits de trésorerie	*C'est l'argent sollicité auprès du banquier ou de l'institution financière, afin de combler le besoin de liquidité immédiate lorsqu'il n'y a pas de provision disponible et dont le remboursement doit se faire à plus courte échéance.*	*TRESORERIE-PASSIF*
Une perte latente liée à la différence de change entre la date de facturation ou d'autres opérations financières et l'échéance des règlements en monnaies étrangères		Ecart de conversion-actif	Ecart de conversion-passif.	*Un gain latent lié à la différence de change entre la date de la facturation ou d'autres opérations financières et l'échéance des règlements en monnaies étrangères.*	
Ce que possède l'exploitation agricole (emplois)		Ce que j'ai	… grâce à	Ce qui finance l'exploitation agricole (Ressource)	

2.2.2. Définition du compte de résultat

Le compte de résultat est un document de synthèse obligatoire qui établit en fin d'exercice, les charges et les produits de l'exploitation agricole afin de dégager son résultat positif (bénéfice) ou négatif (perte).

Dans le compte de résultat, l'exploitant fait face à des produits et à des charges. C'est dans ce sens que la notion de résultat distingue les opérations qui affectent la richesse de l'exploration agricole.

Ainsi :

- Dans le cas d'un enrichissement (produit), le patrimoine de l'exploitation agricole augmente, car son actif augmente plus que ses dettes. Cet enrichissement est porté en augmentation des capitaux propres. C'est le résultat de l'exercice qui représente les ressources générées par son activité.
- Dans le cas d'un approvisionnement (perte), le patrimoine de l'exploitation agricole diminue, car son actif augmente moins que ses dettes. Cet appauvrissement est porté dans les capitaux propres où il figure en négatif. C'est le résultat négatif représente les ressources consommées par son activité.

Le compte de résultat d'une exploitation agricole doit s'adapter au SYSCOHADA qui regroupe les charges et les produits en trois agrégats, à savoir :

- Le résultat d'exploitation (le plus important) qui correspond aux activités principales de l'exploitation agricole. Ce résultat doit être positif. S'il est négatif, ce que l'activité principale est déficitaire.
- Le résultat financier qui agrège les éléments relatifs aux financements ou aux placements financiers de l'exploitation.
- Le résultat hors activité ordinaire (HAO) qui reprend les opérations (rares) dans la vie de l'exploitation agricole sans rapport avec son exploitation courante.
- Le résultat de l'exercice est la somme algébrique des trois précédents résultats, ce qui se résume dans le tableau ci-après :

Les éléménts du compte de résultat d'une exploitation agricole

Ordre	Compte de résultat d'une exploitation agricole au .../.../N					
	Charges	**N**	**N-1**	**Produits**	**N**	**N-1**
1	Charges d'exploitation			Produits d'exploitation		
2	Charges financières			Produits financiers		
3	Charges HAO			Produits HAO		
4	Total des charges Solde créditeur : bénéfice			Total des produits Solde débiteur : perte		
	Total général			**Total général**		

Ce tableau peut se présenter de manière simplifiée comme suit :

Présentation simplifiée du compte de résultat

Charges	Produits
CHARGES D'EXPLOITATION Achats de marchandises Achats de matières 1ère& fournitures Autres achats Transport Services extérieurs Impôts et taxes Autres charges Charges de personnel	PRODUITS D'EXPLOITATION Ventes de marchandises Ventes de produits fabriqués Travaux et services vendus ....
ACTIVITES FINANCIERES Frais financiers	ACTIVITES FINANCIERES Revenus financiers ....
CHARGES HAO Valeurs comptables des cessions d'immob. et autres charges HAO	PRODUITS HAO Cession d'actif immobilisé ....

A partir du compte de résultat, l'exploitant agricole sera à mesure de calculer 8 principaux soldes intermédiaires de gestion mettant en évidence les étapes de la formation du résultat, à savoir :

- **La Marge commerciale** qui est un solde permettant de calculer la performance des entités commerciales. Les exploitations agricoles appliquent aussi ce solde, car elles vendent parfois des récoltes, semences, fruits, animaux et autres produits agropastoraux en leur état, sans un processus de transformation. La marge commerciale représente le supplément de valeur apportée par l'entité au coût des marchandises vendues dans l'exercice.

- **La Valeur ajoutée** représente la richesse créée par l'exploitation agricole du fait de ses opérations d'exploitation et mesure son poids économique. En effet, la valeur ajoutée mesure l'accroissement de valeur que l'exploitation agricole apporte aux biens et services dans l'exercice de ses activités professionnelles courantes.

- **L'Excédent brut d'exploitation (EB**E)est la ressource que l'entité tire de son exploitation après avoir rémunéré le facteur travail. Il mesure la performance économique de l'exploitation agricole indépendamment de son mode de financement, de ses choix en matière d'investissement et de distribution. Il constitue un bon critère de la performance industrielle, agricole et commerciale de l'entité. C'est un indicateur de comparaison des entités du même secteur d'activité. Si l'EBE est négatif, on parle alors d'Insuffisance Brut d'Exploitation (IBE).

- **le Résultat d'exploitation** mesure la performance économique industrielle, agricole et commerciale, sans tenir compte de sa politique de financement. Il représente la ressource nette dégagée par la totalité des opérations d'exploitation.

- **Le résultat financier** met en évidence les choix effectués en matière de financement (activité d'endettement et de placement) et l'impact du mode de financement sur le résultat de l'exploitation agricole.

- **Le résultat des activités ordinaires (A.O)** mesure la performance de l'activité économique et financière de l'exploitation agricole. C'est le résultat courant, c'est-à-dire provenant de l'activité normale et habituelle de l'exploitation agricole.

- **Le résultat hors activités ordinaires (H.A.O)** est le résultat des opérations peu fréquentes et non récurrentes de l'exploitation agricole.

- **Le résultat de l'exercice** représente le revenu qui revient aux associés. En principe, une partie de ce résultat est distribuée aux associés et une autre est réservée à la constitution de l'autofinancement pour assurer la croissance de l'exploitation agricole.

Ce compte de résultat récapitule donc les produits et les charges qui font apparaître par différence, le bénéfice net ou la perte nette de l'exercice et se lit suivant le schéma ci-après :

Schéma du résultat d'une exploitation agricole

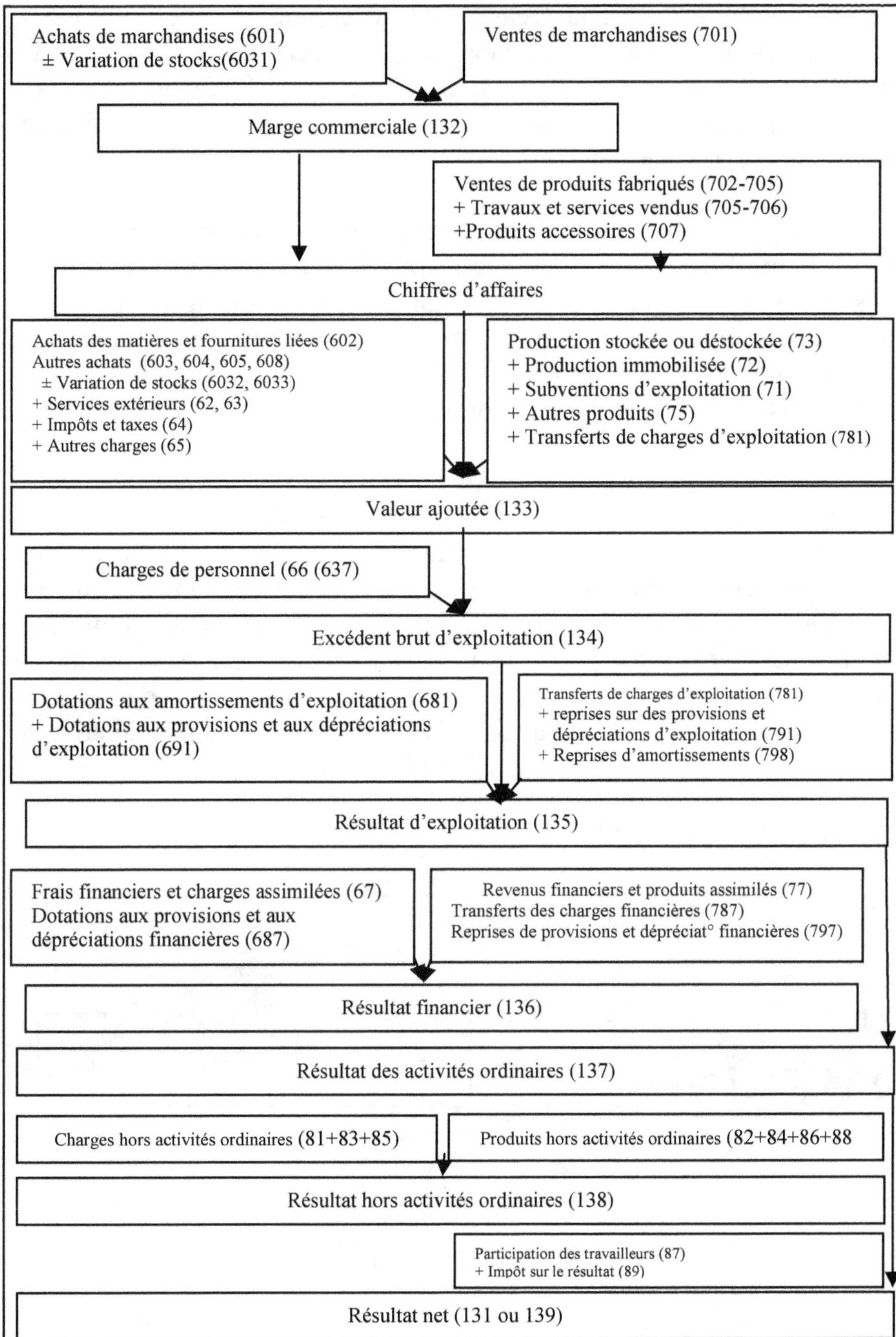

2.2.3. Commentaire sur le bilan et le compte de résultat

Le bilan s'établit avant la création d'une exploitation agricole car il présente les moyens avec lesquels seront lancées les activités, tandis que le compte de résultat ne s'établit qu'après une période au cours de laquelle des opérations entraînant ipso facto un résultat (bénéfice ou perte) ont été opérées.

C'est ainsi que **les opérations qui n'ont pas d'influence sur le résultat** modifient la structure patrimoniale ou la composition des ressources, sans appauvrir ni enrichir l'exploitation agricole, tandis que les opérations qui participent à la formation du résultat, modifient le montant du patrimoine ou la composition des ressources, appauvrissent (consommations) ou enrichissent (ventes) l'exploitation agricole.

Le bilan étant ouvert au début de l'exploitation, alors que le compte de résultat ne l'est qu'à la fin de celle-ci, la relation entre ces deux documents comptables de synthèse est que le passage de la situation de début d'exploitation (bilan initial) à celle de fin d'exploitation (bilan final) s'explique par le résultat qui montre l'enrichissement ou l'appauvrissement de l'exploitation agricole au cours de période concernée, qui s'inscrit au bas du bilan, tout comme au bas du compte de résultat, tel qu'illustré par le schéma ci-après :

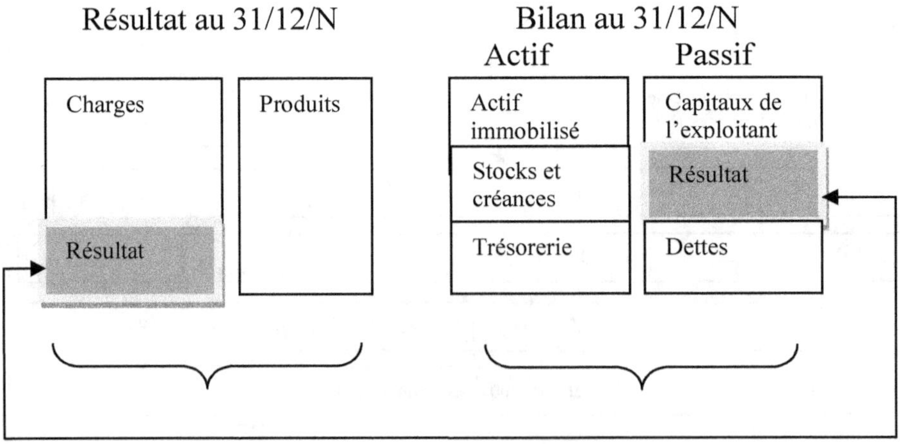

2.2.4. La prise en compte de la complexité et de la cohérence des systèmes de production agricole dans le bilan

A l'échelle d'une exploitation agricole, le système de production agricole peut être défini comme la combinaison (dans le temps et dans l'espace) des ressources disponibles et des productions elles-mêmes (végétales et animales).Il peut aussi être conçu comme une combinaison plus ou moins cohérente de divers sous-systèmes productifs, à savoir :

A. Le système de culture

La présence simultanée de plusieurs cultures sur un même champ peut se manifester par la relation de connaissance entre espèces cultivées pour l'utilisation et l'énergie lumineuse, l'absorption de l'eau par les racines et l'alimentation pour les éléments minéraux.

B. Le système et atelier d'élevage

Le système d'élevage est une combinaison et/ou une succession des techniques destinées à produire des animaux ou des productions animales d'une même espèce domestique avec la force de travail et le moyen de production disponible dans l'exploitation agricole.

Au niveau de chaque troupeau, le système d'élevage se présente comme un ensemble ordonné d'interventions dans le domaine de la sélection, de production, de l'alimentation, de l'hygiène, de la sante,...

Il peut être décomposé en plusieurs ateliers distincts lorsque l'on conduit séparément les animaux d'une même espèce en lots différenciés d'après l'âge, le sexe et le poids. Ainsi a-t-on souvent coutume de distinguer les ateliers différents pour la reproduction (atelier naisseur), élevage proprement dit, engraissement, lactation animale, réformes des animaux âgés, etc.

Il convient alors non seulement d'étudier la combinaison technique pratiquée pour chacun de groupe d'animaux (vache allaitante, taureau reproducteur, génisse de renouvellement, broutards,...), mais aussi de comprendre comment sont gérés les flux et tris d'animaux entre les différents ateliers d'un même système d'élevage.

Partant d'un exemple, il y a lieu d'analyser l'évaluation des biens d'une exploitation agricole, sachant qu'en sus de l'article 7, alinéa 2 de l'AUDCIF, l'établissement des bilans des exploitations agricoles tient compte du calendrier agricole qui considère la date du 1er juillet au 30 juin de l'année suivante.

Exemple 1

La situation de l'exploitation de Daniel est la suivante au 30 juin n :

- Biens vivants et en-cours (cycle long)	734 000 F
- Biens vivants et en-cours (cycle court)	272 000 F
- Espèces en caisse et en banque	354 000 F
- Stocks	152 000 F
- Sommes dues par les clients	298 000 F
- Immobilisations incorporelles	40 000 F
- Immobilisations corporelles (hors biens vivants)	5 220 000 F
- Immobilisations corporelles (biens vivants)	836 000 F
- Immobilisations financières	50 000 F
- Dettes financières	2 560 000 F
- Dettes fiscales et sociales	29 000 F
- Sommes dues aux fournisseurs	364 000 F

Pré-calculs :

Il est question de grouper les éléments dans leurs masses bilantaires correspondantes :

1. Calcul des éléments de l'actif

Actif immobilisé

- Immobilisations incorporelles	40 000 F
- Immobilisations corporelles (hors biens vivants)	5 220 000 F
- Immobilisations corporelles (biens vivants)	836 000 F
- Immobilisations financières	50 000 F
Total de l'actif immobilisé	**6 146 000 F**

Actif circulant

- Biens vivants et en-cours (cycle long)	734 000 F
- Biens vivants et en-cours (cycle court)	272 000 F
- Stocks	152 000 F
- Sommes dues par les clients	298 000 F
Total de l'actif circulant	**1 456 000 F**

Trésorerie-actif

Banque et caisse 354 000 F

Total de la trésorerie-actif 354 000 F

Total de l'actif 7 956 000 F

3. Calcul des éléments de passif

A. Calcul des dettes

- Dettes financières 2 560 000 F
- Dettes fiscales et sociales 126 000 F
- Sommes dues aux fournisseurs 364 000 F

Total dettes 3 050 000 F

B. Détermination du capital

En principe, le bilan a deux parties à valeurs égales, à savoir l'Actif et le Passif. Cet équilibre n'est jamais rompu. Si le total de l'actif est de 7 956 000 F et que celui des dettes est de 3 050 000 F, ce qu'il y a une différence de 4 906 000 F.

En termes clair : cette différence est le capital de l'exploitant Daniel.

D'où Capital = Total actif – Total dettes.

7 956 000 F – 3 050 000 F = 4 906 000 F.

Bilan de l'exploitant Daniel en Francs, au 30 juin N

ACTIF		PASSIF	
Intitulés des comptes	**Montant en Francs**	**Intitulés des comptes**	**Montant en Francs**
Actif immobilisé		**Capitaux propres et ressources assimilées**	
Immobilisations incorporelles	40000		
Immobilisations corp. (hors biens vivants)	5 220 000	Compte de l'exploitant	4 906 000
Immobilisations corp. (biens vivants)	836 000	Dettes financières	2 560 000
Immobilisations financières	50 000		
S/Total	**6 146 000**	**S/Total**	**3 114 700**
Actif circulant		**Passif circulant**	
Stocks	152 000	Fournisseurs	364 000
Biens vivants et en-cours (cycle long)	734 000	Dettes fisc et sociales	126 000
Biens vivants et en-cours (cycle court)	272 000		
Clients	298 000		
S/Total	**1 456 000**	**S/Total**	**208 800**
Trésorerie – actif		**Trésorerie – passif**	
Banque et Caisse	354 000		
S/Total	**354 000**	**S/Total**	**0**
Total actif	**7 956 000**	**Total passif**	**7 956 000**

Exemple 2

Monsieur Samuel a reçu de la CARITAS 500 g de semence de carottes, 1 kg de semences d'aubergine, 300 g de semence de céleri, 200 g de semences d'amarante, une tonne d'engrais, 3 bèches, 4 houes, 2 machettes, 1 brouette, 3 arrosoirs et montant de 1 500 000 F d'où il retire 500 000 F pour acquérir un immeuble d'exploitation. Avec ce fonds, il a décidé de créer une unité d'exploitation agricole à partir du 1er janvier N.

Présenter son bilan d'ouverture, à partir des prix du marché suivants :

Résolution

1 brouette	50 000 F
1 machette	5 000 F
1 bêche	8 000 F
1 arrosoir	15 000 F
10g de semence d'amarante	200 F
1 houe	6 000 F
1kg d'engrais	2 000 F
10g de semence de carotte	600 F
10 g de semence de céleri	1 000 F
10 g de semence d'aubergine	500 F

Pré-calculs

a) Produits agricoles

500 g de semence de carotte : 500 g x 600 F/10	30 000 F
1 kg de semence d'aubergine : 1 000 g x 500 F/10	50 000 F
300 g de semence de céleri : 300 g x 1 000 F/10	30 000 F
200 g de semence d'amarante : 200 g x 200 F/10	4 000 F
1 tonne d'engrais : 1 000 kg x 2 000 F	2 000 000 F
S/Total	**2 114 000 F**

b) Matériel et outillage	24 000 F
• 3 bêches x 8 000 F	24 000 F
• 4 houes x 6 000 F	10 000 F
• 2 machettes x 5 000 F	50 000 F
• 1 brouette x 50 000 F	45 000 F
• 3 arrosoirs x 15 000 F	**153 000 F**
S/Total	

Bilan d'ouverture de l'exploitant Samuel en Francs au 1er janvier N

ACTIF		PASSIF	
Intitulés des comptes	**Montant en Francs**	**Intitulés des comptes**	**Montant en Francs**
Actif immobilisé Immeuble d'exploitation Matériel et outillage	 500 000 153 000	**Capitaux propres et ressources assimilées** Compte de l'exploitant	 3 767 000
S/Total	**653 000**	**S/Total**	**3 767 000**
Actif circulant Matières et fournitures liées	 2 114 000	**Passif circulant**	
S/Total	**2 114 000**	**S/Total**	**0**
Trésorerie – actif Caisse	 1 000 000	**Trésorerie – passif**	
S/Total	**1 000 000**	**S/Total**	**0**
Total actif	**3 767 000**	**Total passif**	**3 767 000**

Exemple 3

L'exploitation agricole de Bernard présente sa situation au 31/12N :

Fonds commercial	16 000 F
Terrains	345 000 F
Constructions	1 650 000 F
Matériel de culture	340 000 F
Camionnette	76 000 F
Micro-ordinateurs	32 000 F
Animaux reproducteurs	32 000 F
Vergers	39 500 F
Participation à la coopérative agricole	18 000 F
Loyer d'avance à un crédit-bail du matériel de culture	4 000 F
Bovin de boucherie	290 000 F
Agneaux de lait	11 000 F
Avances aux cultures	43 000 F
Encours de production cycle long	37 000 F
Encours de production cycle court	76 000 F
Stocks d'aliments pour bétail	18 000 F
Stocks d'engrais	23 100 F
Stock de phytosanitaires	8 700 F
Stock de vin	132 000 F
Stock de maïs en sacs	9 100 F
Somme due par les clients	119 000 F
Disponibilités à la banque agricole	118 600 F
Caisse	4 300 F
Emprunts à la banque remboursable dans 5 ans	1 300 000 F
Somme due aux fournisseurs	156 000 F
Cotisation due à la mutualité sociale agricole	18 800 F
Impôts dus	34 000 F

Travail à faire :

- Classer les éléments ci-dessus selon qu'il s'agit de ceux d'actif et de passif dans les rubriques concernées;
- Calculer le total des immobilisations en indiquant leurs numéros de comptes ;
- Calculer le total de l'actif circulant en indiquant leurs numéros de comptes ;
- Calculer le total de la trésorerie-actif en indiquant leurs numéros de comptes ;
- Calculer les totaux d'actif et de passif ;
- Calculer le total de ressources durables ou capitaux permanents
- Présenter le bilan de l'exploitation.

a. ***L'actif est constitué de toutes les données listées, sauf les éléments du passif, à savoir :***

- Emprunt à la banque	1 300 000 F
- Somme due aux fournisseurs	156 000 F
- Cotisation due à la mutualité sociale agricole	18 800 F
- Impôts dus à l'Etat	34 000 F

b. ***Calcul du total des immobilisations en indiquant leurs numéros de comptes :***

2150	Fonds commercial	16 000 F
2211	Terrains d'exploitation agricole	345 000 F
231	Bâtiments industriels, agricoles, administratifs et commerciaux	1 650 000 F
242	Matériel et outillage agricole	340 000 F
2442	Matériel informatique (micro-ordinateurs)	32 000 F
2451	Matériel automobile (camionnette)	76 000 F
2465	Cheptel, animaux reproducteurs	32 000 F
2465	Plantations agricoles (Vergers)	39 500 F
26	Participation dans des organismes professionnels (COOPEC agricole)	18 000 F
2751	Dépôts pour loyers d'avance	4 000 F
	S/Total	**2 552 500 F**

c. Calcul du total de l'actif circulant en indiquant leurs numéros de comptes :

311	Stocks de biens vivants (bovins de boucherie)	290 000 F
330	Autres approv. (stock d'engrais)	23 100 F
330	Autres approv. (stock d'aliments pour bétail)	18 000 F
330	Autres approv. (stock de phytosanitaires)	8 700 F
340	Stocks de biens viv. encours (agneaux de lait)	11 000 F
340	Avances aux cultures	43 000 F
340	Encours de production cycle long	37 000 F
340	Encours de production cycle court	76 000 F
360	Produits finis (stock de vin)	132 000 F
360	Produits finis (stocks de maïs)	9 100 F
411	Clients	119 000 F
	S/Total	**766 900 F**

d) Calcul du total de la trésorerie-actif en indiquant leurs numéros de comptes :

521	Banque locale	118 600 F
571	Caisse principale	4 300 F
	S/Total	**122 900 F**

c) Calcul des totaux d'actif et de passif :

- Actif = AI + AC + TA =
  = 2 552 500 F + 766 900 F + 122 900 F = 3 442 300 F.

- Passif : Ressources durables + Passif Circulant + Trésorerie Passif.

On sait que :
Ress. durables = (Cap. propres et dettes fin.) + Passif Circ. + T. P.
= (? + 1 300 000 F) + (208 800 F + 0)
Or A = P,
Et capitaux propres = Total actif – passif exigible.
= 3 442 300 F – 1 508 800 F = 1 933 500 F.

Ainsi, passif = 1 933 500 F + 1 508 800 F = 3 442 300 F.

d) Calcul des ressources durables :

Ress. durables = Capitaux propres + Dettes financières
= 1 933 500 F + 1 300 000 F= 3 233 500 F.

f) Bilan d'ouverture de l'exploitation agricole de Bernard

ACTIF		PASSIF	
Intitulés des comptes	**Montant en Francs**	**Intitulés des comptes**	**Montant en Francs**
Actif immobilisé		**Capit. propres et ressources ass.**	
Fonds commercial	16 000		
Terrains d'exploitation agricole	345 000	Compte de l'exploit.	1 933 500
Bâtiments et constructions	1 650 000	Empr et dettes financ	1 300 000
Matériel et outil. agricole	340 000		
Matériel informatique	32 000		
Matériel automobile	76 000		
Cheptel, animaux reproducteurs	32 000		
Plantations agricoles (Vergers)	39 500		
Particip. organismes professionnels	18 000		
Dépôts pour loyers d'avance	4 000		
S/Total	**2 552 500**	**S/Total**	**3 233 500**
Actif circulant		**Passif circulant**	
Stocks biens viv. (Bov. de bouch.)	290 000	Fournisseurs	156 000
Autres approv. (aliments bétail)	18 000	Mutuelle agricole	18 800
Autres approv. (stock phytosan.)	8 700	Etat	34 000
Autres Approv. (stock d'engrais)	23 100		
Stock biens viv. Enco. (Agneau lait)	11 000		
Avances aux cultures	43 000		
Encours de production cycle long	37 000		
Encours de production cycle court	76 000		
Produits finis (stock de vin)	132 000		
Produits finis (stock de maïs)	9 100		
Clients	119 000		
S/Total	**766 900**	**S/Total**	**208 800**
Trésorerie – actif		**Trésorerie – passif**	
Banque locale	118 600		
Caisse principale	4 300		
S/Total	**122 900**	**S/Total**	**0**
Total actif	**3 442 300**	**Total passif**	**3 442 300**

Exemple 4

La situation de Madame Grâce, cultivatrice de Kalehe, est la suivante :

Stocks	11 000 F
Disponibles en banque et en caisse	22 000 F
Sommes dues aux fournisseurs	21 000 F
Biens vivants et encours (cycle court)	4 000 F
Dettes financières	102 000 F
Immobilisations corporelles (biens vivants)	253 000 F
Dettes fiscales et sociales	8 000 F
Immobilisations corporelles (hors biens vivants)	651 000 F
Sommes dues par les clients	9 000 F
Immobilisations financières	10 000 F
Biens vivants et en-cours (cycle long)	78 000 F
Immobilisations incorporelles	6 000 F

Travail à faire :

- Calculer le total de l'actif en classant correctement les postes, le total des dettes et le montant du capital ;
- Présenter le bilan au 30 juin N.

Résolution

1. Calcul des éléments de l'actif

Actif immobilisé	
- Immobilisations incorporelles	6 000 F
- Immobilisations corporelles (hors biens vivants)	651 000 F
- Immobilisations corporelles (biens vivants)	253 000 F
- Immobilisations financières :	10 000 F
S/Total de l'actif immobilisé	**920 000 F**
Actif circulant	
- Biens vivants et en-cours (cycle long)	78 000 F
- Biens vivants et en-cours (cycle court)	4 000 F
- Stocks	11 000 F
- Sommes dues par les clients	9 000 F
S/Total de l'actif circulant	**102 000 F**
Trésorerie-actif	
Banque et caisse	22 000 F
S/Total Trésorerie-actif	**22 000 F**
Total actif	**1 044 000 F**

2. Calcul des éléments de passif

A. Calcul des dettes

- Dettes financières	102 000 F
- Dettes sociales et fiscales	8 000 F
- Sommes dues aux fournisseurs	21 000 F
Total dettes	**131 000 F**

B. Détermination du capital

En principe, le bilan a deux parties à valeurs égales, à savoir l'Actif et le Passif. Cet équilibre n'est jamais rompu. Si le total de l'actif est de 1 044 000 F et que celui des dettes est de 131 000 F, ce qu'il y a une différence de 913 000 F.

En termes clairs ; cette différence est le capital de l'exploitante Grâce.

D'où : Total actif – Total dettes = Capital ou Compte de l'exploitant.
1 044 000 F – 131 000 F = 913 000 F.

Bilan de l'exploitante agricole Grâce en Francs, au 30 juin N

ACTIF		PASSIF	
Intitulés des comptes	**Montant en Francs**	**Intitulés des comptes**	**Montant en Francs**
Actif immobilisé		**Capitaux propres et ressources assimilées**	
Immobilisations incorporelles	6 000		
Immob. corporelles (hors biens vivants)	651 000	Compte de l'exploit.	913 000
Immob. corporelles (biens vivants)	253 000	Dettes financières	102 000
Immobilisations financières	10 000		
S/Total	**920 000**	**S/Total**	**1 015 000**
Actif circulant		**Passif circulant**	
Stocks	78 000	Fournisseurs	21 000
Biens vivants et en-cours (cycle long)	4 000	Det fisc. et sociales	8 000
Biens vivants et en-cours (cycle court)	11 000		
Clients	9 000		
S/Total	**102 000**	**S/Total**	**29 000**
Trésorerie – actif		**Trésorerie– passif**	
Banque et Caisse	22 000		
S/Total	**22 000**	**S/Total**	**0**
Total actif	**1 044 000**	**Total passif**	**1 044 000**

Exemple 5

L'exploitation agricole ABC et Maïs SARL présente les opérations qu'elle a réalisées au cours de l'exercice N :

- Consommation d'eau et d'électricité 30 750 F
- Frais de téléphone consommés 26 125 F
- Entretien et réparation des étables et autres locaux 15 500 F
- Charges de personnel 94 500 F
- Impôts et taxes 14 250 F
- Paiement d'intérêts financiers 9 875 F
- Dotations aux amortissements des équipements 7 100 F
- Récoltes et animaux de boucherie à vendre 985 000 F
- Recettes de ventes réalisées au cours de l'exercice 1 272 500 F
- Intérêts reçus sur placement à terme 3 450 F
- Le stock initial d'intrants 157 500 F
- Le stock final 195 000 F

Pré-calcul :

Variation des stocks = Stock initial – Stock final

157 500 F – 195 000 F = -37 500 F.

Le compte de résultat (simplifié)

Charges	Montant	Produits	Montant
CHARGES D'EXPLOITAT°		PRODUITS D'EXPLOIT°	
Achats de marchandises	985 000	Ventes de récoltes et animaux	1 272 500
Variation des stocks	-37 500	Travaux et services vendus	
Achats de MP fournitures		....	
Autres achats (eau et électricité)	30 750		
Entretien et réparation	15 500		
Services extérieurs (téléphone)	26 125		
Impôts et taxes	14 250		
Charges de personnel	94 500		
Dotations aux amortissements	7 100		
ACTIVITES FINANCIERES		ACTIVITES FINANCIERES	
Frais financiers	9 875		
....		Revenus financiers	3 450
		....	
CHARGES HAO		PRODUITS HAO	
Valeurs comptables des cessions d'immob. et autres charges HAO		Cession d'actif immobilisé	
		....	
Bénéfice	130 350		
Total général	**1 275 950**	**Total général**	**1 275 950**

Exercice 6

Le bilan d'ouverture de l'exploitante Eveline se présente comme suit :

ACTIF		PASSIF	
Intitulés des comptes	**Montant en Francs**	**Intitulés des comptes**	**Montant en Francs**
Actif immobilisé		**Capitaux propres et ressources assimilées**	
Immo incorporelles (Fonds commercial)	84 000	Compte de l'exploitant	400 000
Actifs biologiques	168 000	Dettes financières	160 000
S/Total	**252 500**	**S/Total**	**560 000**
Actif circulant		**Passif circulant**	
Clients	140 000	Fournisseurs	112 000
S/Total	**140 000**	**S/Total**	**112 800**
Trésorerie – actif		**Trésorerie – passif**	
Banque	200 000		
Caisse	80 000		
S/Total	**280 000**	**S/Total**	**0**
Total actif	**672 500**	**Total passif**	**672 500**

Au cours de cette saison culturale, l'exploitante a réalisé les opérations suivantes :

1. Acquisition d'un matériel agricole au comptant, par chèque bancaire de 156 800 F,
2. Production des récoltes au coût de 31 920 F payé par banque,
3. Emprunt de 280 000 F auprès de la banque agricole, remboursable dans 5 ans et logé dans son compte le même jour.
4. Vente des récoltes à crédit pour un montant de 307 440 F,
5. Virement bancaire de 44 800 F de son client,
6. Règlement de salaires des ouvriers par banque 224 000 F.

Travail demandé :

- distinguer les opérations de gestion des opérations patrimoniales,
- établir le bilan et le compte de résultat de l'exploitante Eveline.

Résolution

1. Classement des opérations :

- Les opérations (1) : 156 800 F, (3) : 280 000 F et (5) : 44 800 F qui ne génèrent pas de résultat, puisque leurs valeurs se compensent) l'intérieur du bilan, concernent le patrimoine.
- Les opérations (2) : 31 920 F, (4) : 307 440 F et (6) : 224 000 F qui génèrent un résultat concernent l'activité de l'exploitation.
- Les opérations (2) et (6) sont des charges, elles appauvrissent donc le patrimoine de l'exploitation.
- L'opération (4) est un produit, elle enrichit le patrimoine de l'exploitation.

- La formation du résultat s'obtient par la somme algébrique des opérations de gestion, soit : 307 440 F – 255 920 F = 51 520 F.

2. Le bilan et le compte de résultat

La justification des variations du bilan est présentée dans le tableau de modifications des postes du bilan suivant :

Rubriques en début d'exercice	Montant	Variations +	Variations -	Montants en fin d'exercice
Actif immobilisé				
Fonds commercial	84 000			84 000
Matériel agricole		156 800		156 800
Actifs biologiques	168 000			168 000
Actif circulant				
Clients	140 000	307 440	44 800	402 640
Trésorerie-actif				
Banque	200 000	324 800	412 720	112 080
Caisse	80 000			80 000
Compte de l'exploitant	400 000			400 000
Résultat		51 520		51 520
Dettes financières	160 000	280 000		440 000
Fournisseurs	112 000			112 000

a) Le bilan de fin d'exercice de l'exploitante Eveline

ACTIF		PASSIF	
Intitulés des comptes	**Montant en Francs**	**Intitulés des comptes**	**Montant en Francs**
Actif immobilisé		**Capitaux propres et ressources assimilées**	
Immo incorporelles (Fonds commercial)	84 000	Compte de l'exploitant	400 000
Matériel agricole	156 800	**Résultat (Bénéfice)**	**51 520**
Actifs biologiques	168 000	Dettes financières	440 000
S/Total	**408 800**	**S/Total**	**891 520**
Actif circulant		**Passif circulant**	
Clients	402 640	Fournisseurs	112 000
S/Total	**420 640**	**S/Total**	**112 800**
Trésorerie – actif		**Trésorerie – passif**	
Banque	112 080		
Caisse	80 000		
S/Total	**192 000**	**S/Total**	**0**
Total actif	**1 003 520**	**Total passif**	**1 003 520**

b) Le compte de résultat simplifié de l'exploitante Eveline

Charges	Montant	Produits	Montant
CHARGES D'EXPLOITA Achats de marchandises Variation des stocks Achats de MP fournitures Autres achats (eau et électricité) Entretien et réparation Services extérieurs (téléphone) Charges de personnel Dotations aux amortissements ACTIVITES FINANCIERES Frais financiers ……………………………. CHARGES HAO Val comptables des cessions d'immo.& autres charges HAO …………………………….	 31 920 224 000	PRODUITS D'EXPLOIT Ventes de récoltes et animaux Travaux et services vendus ………………………… ACTIVITES FINANCIERES Revenus financiers ……………………………. PRODUITS HAO Cession d'actif immobilisé …………………………….	 307 440
Bénéfice	**51 520**		
Total général	**307 440**	**Total général**	**307 440**

Constat : le résultat de 51 520 F dégagé est identique dans les deux documents. D'où : **Produits - Charges = Actif – Passif = Résultat.**

Exercice 7

La situation financière de l'exploitant Serge est la suivante :

Immobilisations incorporelles	8 000 F
Dettes fiscales et sociales	22 000 F
Immobilisations corporelles (biens vivants)	175 000 F
Stocks :	28 000 F
Emprunts crédit agricole	200 000 F
Biens vivants (cycle court)	24 000 F
Sommes dues aux fournisseurs	43 000 F
Sommes dues par les clients	17 000 F
Immobilisations corporelles (hors biens vivants)	554 000 F
Biens vivants (cycle long)	363 000 F
Disponibles	18 000 F
Immobilisations financières	24 000 F

Travail à faire :

- Calculer le total de l'actif en classant correctement les postes, le total des dettes et le montant du capital ;
- Présenter le bilan au 30 juin N.

Chapitre troisième : Les procédés comptables courants dans une exploitation agricole

3.1 Le respect du principe de la partie double

Le principe de la partie double consiste en ce que toute inscription d'un montant dans un compte est enregistrée pour un même montant dans un autre compte. Il a été développé en Italie au XVème siècle et fut vulgarisé par le moine franciscain, Luca Pacioli, dans un ouvrage publié en 1494, cité supra. Ce principe consacre le fonctionnement des comptes du bilan et de gestion.

3.1.1. La notion de compte de bilan et la technique des débits et des crédits

À chaque poste de l'actif et du passif du bilan correspond au moins un compte où sont enregistrés de façon chronologique tous les mouvements qui l'affectent pendant la période, généralement d'un an, qui sépare l'établissement de deux bilans successifs. Il permet de connaître la valeur comptable du poste à tout moment. Le compte, par exemple le compte « banque », peut notamment être présenté, comme le bilan, sous la forme d'un tableau en deux colonnes. On parle alors de compte en Tque les belges appellent « potence », comme le montre la figure ci-dessous :

D Compte	Banque C
x	y

La représentation d'un compte en T majuscule permet de définir certaines conventions terminologiques le concernant, à savoir :

- le **débit** est le nom donné à la colonne gauche d'un compte. Débiter un compte signifie porter un montant au débit de ce compte, c'est-à-dire l'inscrire dans la colonne gauche ;
- le **crédit** est le nom donné à la colonne droite d'un compte. Créditer un compte signifie porter un montant au crédit de ce compte, c'est-à-dire l'inscrire dans la colonne droite ;
- le **solde** d'un compte représente son montant à un moment déterminé. Il s'obtient en déduisant de la somme des montants enregistrés au débit la somme des montants enregistrés au crédit ou inversement. Un solde est qualifié de **débiteur** lorsque la somme des débits excède celle des crédits. Un solde est qualifié de

créditeur dans le cas inverse. Ces soldes (débiteur ou créditeur) s'inscrivent des cotés faibles pour les équilibre.

Cependant, lors de la réouverture des comptes concernés, ils (soldes) se mettent dans les côtés correspondants.

Pour illustrer notre propos, envisageons divers mouvements (débits et crédits) sur le compte « banque », sous l'hypothèse que le compte était à zéro avant les opérations :

Les mouvements du compte banque sont les suivants :

Banque

Dates	Opération	Débit	Date	Opération	Crédit
3/1/N	Paiement d'un client	100	7/1/N	Paiement d'un fournisseur	50
9/1/N	Récupération d'une prime d'assurance		12/1/N	Remboursement d'un client qui avait effectué un double paiement	120

Au 12/1/N, le solde du compte est débiteur de 130, soit 100+200–50–120.
Les termes « débit » et « crédit » ont pour rôle unique de désigner les colonnes de gauche et de droite. Ils représentent des « signes »opposés, comme un plus et un moins, la matière et l'antimatière, la réalité et son image dans un miroir. Ceci est valable pour le fonctionnement de comptes.

Le principe de la partie double selon lequel toute transaction affectant un élément quelconque du bilan (actif ou passif) s'accompagne nécessairement d'un mouvement inverse et de même importance sur un ou plusieurs éléments du bilan de façon à maintenir en permanence l'égalité comptable fondamentale entre actif et passif, se traduit par un ensemble de conventions relatives au fonctionnement des comptes d'actif et de passif, reprises ci-après :

- toute augmentation d'un compte d'actif sera enregistrée à son débit ;
- toute augmentation d'un compte de passif sera enregistrée à son crédit ;
- toute diminution d'un compte d'actif sera enregistrée à son crédit ;
- toute diminution d'un compte de passif sera enregistrée à son débit.

Ainsi, le principe général de la partie double (dual entry), appliqué tant aux comptes de bilan qu'aux comptes de gestion, peut s'énoncer comme suit : toute opération s'enregistre en comptabilité par l'inscription d'un montant au débit d'un ou plusieurs comptes et du même montant au crédit d'un ou plusieurs comptes.

Débit		**Crédit**	
Augmentation d'actif	Compte de Bilan	Augmentation de passif	Compte de Bilan
Diminution de passif		Diminution d'actif	
Augmentation de charge Augmentation de produit	Compte de Gestion	Diminution de produit Diminution de charge	Compte de Gestion

Dans le cas de la comptabilité d'une exploitation agricole, toute transaction affectant un élément quelconque du bilan (actif ou passif) est nécessairement accompagnée d'un mouvement inverse et de même importance sur un ou plusieurs éléments du bilan de façon à maintenir en permanence l'égalité comptable fondamentale : total de l'actif est égal au total du passif. Il en est ainsi pour le compte de résultat.

Chaque écriture comptable met toujours en jeu au moins deux comptes, l'un au débit, l'autre au crédit.

Dans la pratique, une étape de pré comptabilité est nécessaire pour vérifier la pertinence de l'écriture comptable, qui doit être justifiée par une pièce comptable ou un document commercial, d'origine interne (souche de chèque, facture de vente, livre de paye, déclaration fiscale, etc.) ou d'origine externe (facture d'achat, note de débit ou de crédit, avis de crédit ou de débit de la banque, etc.).

La pré comptabilisation permet d'indiquer à l'aide d'un tampon sur un document pré-imprimé appelé « ticket comptable », les comptes à débiter et le comptes à créditer, et s'agrafe sur le document comptable en vue de guider et faciliter les saisies.

Le ticket comptable se présente ainsi :

Ticket comptable N° :................ Date :................................... Pièce N° :............................ Code Journal N° :....................		
N° Cpte	Débit	Crédit

Exemple

Monsieur Bern crée une exploitation agricole en juin N et effectue les opérations suivantes :

1. Le 03 juin N, ouverture d'un compte à la banque agricole au nom de son exploitation et y dépose 288 000 F ;
2. Le 07 juin N, emprunt auprès du Fonds national pour la promotion de l'agriculture, d'une somme de 148 000 F remboursable dans 5 ans, viré dans son compte le même jour ;
3. Le 12 juin N, acquisition auprès du fournisseur Serge des matériels et équipements agricoles 150 000 F ainsi que des géniteurs pour 152 400 F, payables pour un quart au comptant par chèque, le reste après cinq (5) mois ;
4. Le 17 juin N, envoi à Serge d'un chèque de 100 800 F ;
5. Le 22 juin N, retrait d'une somme de 24 000 F de la banque pour alimenter la caisse de l'exploitation agricole.

Travail à faire

- Indiquer sur des tickets comptables, les comptes à utiliser.
- Présenter les comptes schématiques du mois de juin N.

Résolution

1ère opération

Ticket comptable N° : **00112** Date : **le 03/06/N** Pièce : **BORDEREAU DE VERSEMENT N° 1001543** Code Journal N° : **01**		
N° cpte	Débit	N° cpte
	521	**104**

2ème opération

Ticket comptable N° : **00113** Date : **le 07/06/N** Pièce N° : **098/N** Code Journal N° : **01**		
N° cpte	Débit	Crédit
	521	**162**

3ème opération

Ticket comptable N° : **00114** Date : **le 12/06/N** Pièce : **ACTE DE CESSION DES BIENS N° 9** Code Journal N° : **01**		
N° cpte	Débit	Crédit
	242 **246**	**481** **521**

4ème opération

Ticket comptable N° : **00115** Date : **le 07/06/N** Pièce **CHEQUE N° ....** Code Journal N° : **01**		
N° cpte	Débit	Crédit
	481	**521**

5ème opération

Ticket comptable N° : **00116** Date : **le 22/06/N** Pièce : **BON D'ENTREE CAISSE N° 0034** Code Journal N° : **01**		
N° cpte	Débit	Crédit
	571	**521**

2) Comptes schématiques des opérations du mois de juin N

521Banque		104 Compte de l'exploitant	
(1) 288 000			288 000 (1)

521 Banque		162 Emprunts et dettes auprès des établissements de crédit	
(2) 48 000			48 000 (2)

242 Matériel et outillage agricole		481 Fournisseurs d'investissemt	
(3) 150 000			226 800 (3)

246 Cheptel, animaux reproducteurs		521Banque	
(3) 152 400			75 600 (3)

481 Fournisseurs d'investissemt		521 Banque	
(4) 100 800			100 800 (4)

571 Caisse		521 Banque	
(5) 24 000			24 000 (5)

3.1.2. Propriétés mathématiques du compte et conventions de son fonctionnement

Un compte présente les deux propriétés mathématiques suivantes :

a) le solde d'un compte reste inchangé si l'on ajoute un montant x identique à son débit et à son crédit :

Solde = Total des débits – Total des crédits
= (Total des débits + x) – (Total des crédits + x).

b) le solde d'un compte est influencé du même montant x si, au lieu de retrancher une somme du crédit, on l'ajoute au débit et vice-versa :
(Total des débits + x) – Total des crédits = Solde + x
= Total des débits – (Total des crédits – x) = Solde + x

Pour rappel, l'existence de comptes de bilan d'une part et de comptes de gestion d'autre part, permet la détermination du résultat de l'exercice comptable d'une exploitation agricole par deux voies :

Approche « Compte de résultat »	Produits – Charges = Résultat de l'exercice
Approche « Bilan »	Total Actif – Total Passif = Résultat de l'exercice

De ces égalités comptables fondamentales, on déduit que l'actif restera égal au passif si[15] :

- à un accroissement d'un élément d'actif correspond un accroissement équivalent d'un élément de passif :
- à une réduction d'un élément d'actif correspond une réduction de même ampleur d'un autre élément de passif ;
- à une augmentation d'un élément d'actif correspond une réduction de même ampleur d'un autre élément d'actif ;
- à une augmentation d'un élément de passif correspond une réduction de même importance d'un autre élément de passif :

[15] Cerrada K. et al., 2014, p.30.

Le principe de la comptabilité en partie double s'étend au fonctionnement des comptes de charges et de produits, *mutatis mutandis* :

- les comptes de produits fonctionnent comme des comptes de passif : toute augmentation est portée au crédit ; toute diminution est portée au débit. Un compte de produit présente généralement un solde créditeur.
- à l'inverse, les comptes de charges fonctionnent comme des comptes d'actif : toute augmentation est portée au débit et toute diminution est portée au crédit. Un compte de produit présente généralement un solde débiteur.

Il se dégage l'idée de l'étude de signes (+) et (-) concernant le fonctionnement des comptes dédiés aux patrimoines et à la gestion d'une exploitation agricole, tel que présenté dans le tableau ci-dessous :

Tableau des signes selon la nature et les mouvements des comptes

Cas	Relations réciproques entre les comptes de bilan et les comptes de gestion		Mouvements des signes		Nature des comptes	
			(+)/ (-)	(+)/ (-)	Débité (D) ; Crédité (C)	
1	Actif	Passif	+	+	D	C
			-	-	C	D
2	Actif	Actif	+	-	D	C
			-	+	C	D
3	Passif	Passif	+	-	C	D
			-	+	D	C
4	Charge	Produit	+	+	D	C
			-	-	C	D
5	Charge	Charge	+	-	D	C
			-	+	C	D
6	Produit	Produit	+	-	C	D
			-	+	D	C

3.1.3. La réversibilité des comptes de bilan et l'irréversibilité des comptes de gestion

Il est essentiel – mais parfois aussi malaisé – de distinguer la nature des comptes de bilan de celle des comptes de résultat. Le critère souvent retenu est celui de la *réversibilité.* Les *comptes de situation ou de bilan* — actifs et passifs qui figurent au bilan et qui mesurent la valeur des emplois (actif) et des ressources (passif) — expriment en réalité une « forme » du patrimoine de l'entité, qui n'est jamais définitive, mais réversible. Deux exemples permettent sans doute de mieux comprendre ce concept : une créance (première « forme » à savoir la rubrique « créances commerciales ») qu'une entité détient sur un tiers et qui apparaît au bilan sera transformée en monnaie (seconde « forme » à savoir la rubrique « disponible ») lors de son encaissement par l'entité ; même un actif corporel (un bâtiment par exemple) est réversible : il peut être transformé en liquidité à l'occasion de sa revente, même si cela ne peut pas nécessairement se faire du jour au lendemain.

En revanche, les *comptes de gestion ou de résultat* sont irréversibles. Ainsi une charge de personnel est définitive, en ce sens qu'elle est consommée et affecte irrémédiablement le résultat de la période concernée (le personnel est payé et il est exclu *a priori* d'annuler la paie). D'un point de vue comptable, la réversibilité se mesure aussi par le fait que les comptes de bilan sont, pour la plupart, continuellement débités et crédités, tandis que les comptes de résultats sont, le plus souvent, soit débités (charges), soit crédités (produits).

Exemples

Le bilan de l'exploitation agricole se présente en francs, comme suit au 31 janvier N

ACTIF		PASSIF	
Intitulés des comptes	**Montants en Francs**	**Intitulés des comptes**	**Montants en Francs**
Immobilisations corporelles	800 000	Compte de l'exploitant	4 000 000
Créances commerciales	800 000	Bénéfice	800 000
Disponibles	3 600 000	Dettes fournisseurs	400 000
Total actif	**5 200 000**	**Total passif**	**5 200 000**

Il y a lieu d'examiner la traduction comptable de cas de figure énoncés dans le principe de la comptabilité en partie double.

1er cas : Augmentation d'un élément de l'actif correspondant à l'augmentation d'un élément de passif

Envisageons l'acquisition à crédit d'une troisième machine (une palettiseuse) pour une valeur de 800 000 F à la date du 2 février N. Le bilan se modifie comme suit :

Le bilan de l'exploitation agricole se présente en francs, comme suit au 2 février N

ACTIF		PASSIF	
Intitulés des comptes	**Montants en Francs**	**Intitulés des comptes**	**Montants en Francs**
Immobilisations corporelles Créances commerciales Disponibles	**1 600 000** 800 000 3 600 000	Compte de l'exploitant Bénéfice **Dettes fournisseurs**	4 000 000 800 000 **1 200 000**
Total actif	**6 000 000**	**Total passif**	**6 000 000**

Le compte d'actif « immobilisations corporelles » augmente en même temps que le compte de passif « dettes fournisseurs ». L'équilibre fondamental du bilan est maintenu. L'impact sur le résultat est temporairement nul, puisque la palettiseuse n'est pas une charge, mais un investissement.

2ème cas : Réduction d'un élément d'actif correspond une réduction d'un élément de passif

Le 3 février N, l'entreprise paie la dette qu'elle a vis-à-vis du fournisseur d'immobilisation corporelle (machine étiqueteuse) de 400 000 F. Le bilan revêt alors la forme suivante :

Le bilan de l'exploitation agricole se présente en francs, comme suit au 3 février N

ACTIF		PASSIF	
Intitulés des comptes	**Montants en Francs**	**Intitulés des comptes**	**Montants en Francs**
Immobilisations corporelles Créances commerciales **Disponibles**	1 600 000 800 000 **3 200 000**	Compte de l'exploitant Bénéfice **Dettes fournisseurs**	4 000 000 800 000 **800 000**
Total actif	**5 600 000**	**Total passif**	**5 600 000**

Le compte d'actif « valeurs disponibles » diminue du même montant que le compte de passif « dettes fournisseurs », maintenant ainsi l'équilibre fondamental du bilan.

3ème cas : Augmentation d'un élément d'actif correspond une réduction d'un autre élément d'actif

Le 5 février N, les clients paient leur dette (qui constituait une créance au profit de l'entité) de 800 000 F. Le bilan devient :

Le bilan de l'exploitation agricole se présente en francs, comme suit au 5 février N

ACTIF		PASSIF	
Intitulés des comptes	**Montants en Francs**	**Intitulés des comptes**	**Montants en Francs**
Immobilisations corporelles	1 600 000	Compte de l'exploitant	4 000 000
Créances commerciales	**0**	Bénéfice	800 000
Disponibles	**4 000 000**	Dettes fournisseurs	800 000
Total actif	**5 600 000**	**Total passif**	**5 600 000**

Dans ce cas, la transaction n'a toujours d'impact que sur deux comptes d'actif : le compte « créances commerciales », qui diminue de 800 000 F et le compte « valeurs disponibles » qui augmente du même montant, ce qui laisse l'équilibre fondamental du bilan, mais également son total, inchangé.

4ème cas : ***Augmentation d'un élément du passif correspond une réduction d'un autre élément du passif***

Supposons enfin que le 28 février N, la société décide de réaliser une augmentation de capital de 400 000 F par incorporation d'une partie du bénéfice. Le bilan devient (sans préjudice aux frais engendrés par cette opération) :

Le bilan de l'exploitation agricole se présente en francs, comme suit au 28 février N.

ACTIF		PASSIF	
Intitulés des comptes	**Montants en Francs**	**Intitulés des comptes**	**Montants en Francs**
Immobilisations corporelles	1 600 000	**Compte de l'expl** **Bénéfice**	**4 400 000** **400 000**
Disponibles	4 000 000	Dettes fournisseurs	800 000
Total actif	**5 600 000**	**Total passif**	**5 600 000**

Dans ce dernier cas, deux comptes de passif sont affectés par la transaction ; le compte « bénéfice » diminue de 400 000 F, alors que le compte « capital » augmente du même montant.

5ème cas : Augmentation d'un compte de charge compensée par une augmentation d'un compte de passif

Imaginons, par exemple, la réception d'un état d'honoraires d'un consultant, payable endéans les trente jours. Le compte de charge « honoraires » va augmenter (il sera débité) et le compte de passif « fournisseur consultant », qui représente la dette de l'entité vis-à-vis dudit consultant, va augmenter également (il sera crédité).

En ce cas, il se crée une charge, ce qui revient à dire que le résultat est influencé. L'équilibre fondamental du bilan n'est plus maintenu (du moins dans un premier temps) puisque le total de l'actif reste inchangé, tandis que le total du passif est alourdi (par le crédit d'un compte fournisseur, en l'occurrence celui du consultant). Cet équilibre sera restauré dès l'instant où le résultat sera intégré au passif.

6ème cas : Augmentation d'un compte de charge compensée par une diminution d'un compte d'actif

C'est le cas, par exemple, des frais bancaires prélevés directement par la banque sur le compte bancaire de l'entité en fin de trimestre civil. Le compte de charge « frais bancaires » sera débité par le crédit du compte d'actif « compte bancaire ». L'impact est identique à l'exemple précédent. Le total du passif reste provisoirement inchangé (dans l'attente de l'intégration du résultat au passif du bilan), tandis que l'actif est réduit du montant porté au crédit de la banque.

7ème cas : Diminution d'un compte de charge compensée par une diminution d'un compte de passif
Il peut s'agir du retour, pour cause de non-conformité par rapport à la commande, de marchandises achetées à crédit. Le compte de gestion « achats » sera crédité et le compte de passif exigible « fournisseurs » sera débité. L'impact reste toujours identique.

8ème cas : Diminution d'un compte de charge compensée par une augmentation d'un compte d'actif
Reprenons l'exemple des frais bancaires, en posant comme hypothèse que la banque accorde, par geste commercial, une remise de la moitié des frais précédemment imputés. Dès lors, ce sera le compte d'actif « compte bancaire » qui sera débité par le crédit du compte de gestion « frais bancaires ».

9èmecas : Augmentation d'un compte de produit compensée par une augmentation d'un compte d'actif
L'exemple classique est une vente de marchandises à un client. Le compte de bilan « clients » est débité par le crédit du compte de produits « ventes ».

10ème cas : Diminution d'un compte de produit compensée par une diminution d'un compte d'actif
C'est le cas, après une vente à terme, d'un retour de marchandises pour non-conformité. Le compte d'actif « clients » est crédité parce qu'il diminue (la dette du client se contracte) tandis que le compte de produits « ventes » est débité (la vente, ou une partie de celle-ci, est annulée).

11ème cas : Augmentation d'un compte de charge (ou de produit) par une diminution d'un autre compte de charge (ou de produit)
C'est le cas d'un reclassement plus adéquat des comptes de charges ou de produits.

12ème cas : Liens entre résultat et bilan
- Un mouvement sur deux comptes de bilan reste sans effet sur le résultat, et n'influence donc pas l'équilibre du bilan.
- Un mouvement sur un compte de bilan et un compte de résultat ou de gestion exerce, par définition, un impact sur le résultat. Temporairement, l'équilibre du bilan est rompu et ne se rétablira

qu'au moment du basculement du résultat (solde entre les produits et les charges) vers le bilan.

- Un mouvement sur deux comptes de résultat modifiera la présentation (purement formelle) du résultat, sans que le montant de celui-ci soit modifié.

Commentaire : A partir du tableau ci-dessous, on constate que :

ACTIF		PASSIF	
IMMOBILISATIONS CORPORELLES		**CAPITAL**	
DEBIT Augmentation	**CREDIT** Diminution	**DEBIT** Diminution	**CREDIT** Augmentation
Le solde débiteur mesure la valeur (en prix d'acquisition) des moyens d'exploitation durables de l'entité. Nous négligeons ici les amortissements et réévaluations.		Le solde créditeur mesure la consistance des apports en capital au profit de l'exploitation agricole.	
CREANCES COMMERCIALES		**BENEFICE**	
DEBIT Augmentation	**CREDIT** Diminution	**DEBIT** Diminution	**CREDIT** Augmentation
Le solde débiteur mesure le niveau des créances détenues par l'entité. Nous négligeons ici les réductions de valeur.		Le solde créditeur mesure les résultats accumulés par l'exploitation agricole et conservés par elle-même.	
DISPONIBLES		**DETTES FOURNISSEURS**	
DEBIT Augmentation	**CREDIT** Diminution	**DEBIT** Diminution	**CREDIT** Augmentation
Le solde débiteur mesure le montant des sommes disponibles immédiatement pour l'entité.		Le solde créditeur mesure le niveau de la dette de l'entité vis-à-vis de ses fournisseurs.	

En bref, lorsqu'on cherche à enregistrer les opérations comptables, trois questions se posent toujours afin de savoir :

- Quels sont les comptes concernés par l'opération : Ex. Caisse et Actifs biologiques ; Stocks de semences et Fournisseurs, etc.
- Quelle est la nature de ces comptes : Exemple ; il peut s'agir des comptes de bilan ou des comptes de gestion ;
- Est-ce que ces comptes augmentent ou diminuent-ils : Exemple : s'il s'agit des comptes d'actif et de passif du bilan, ce qu'ils augmentent ou diminuent simultanément, s'il s'agit des comptes d'actif du bilan, ce que l'un augmente, l'autre diminue ; etc.

3.1.4. Les livres comptables obligatoires de l'exploitation agricole

La mise sur pied des procédures permettant d'établir les états financiers annuels d'une exploitation agricole conduit à tout prix à tenir les livres comptables et autres supports dont la tenue est rendue obligatoire par l'AUDCIF, à savoir :

- **le livre-journal**, dans lequel sont inscrits les mouvements de l'exercice, enregistrés en comptabilité, dans les conditions exposées au paragraphe 4 de l'article 17 (le respect de l'enregistrement chronologique des opérations, (...) ;
- **le grand-livre**, constitué par l'ensemble des comptes de l'entité, où sont reportés ou inscrits simultanément au journal, compte par compte, les différents mouvements de l'exercice ;
- **la balance générale des comptes**, état récapitulatif faisant apparaître, à la clôture de l'exercice, pour chaque compte :
    - o le solde débiteur ou le solde créditeur, à l'ouverture de l'exercice ;
    - o le cumul depuis l'ouverture de l'exercice des mouvements débiteurs et le cumul des mouvements créditeurs ;
    - o le solde débiteur ou le solde créditeur, à la date considérée;
- **le livre d'inventaire**, sur lequel sont transcrits le Bilan, le Compte de résultat et le Tableau des flux de trésorerie de chaque exercice, ainsi que le résumé de l'opération d'inventaire ainsi que **le Manuel des procédures comptables.**

L'inventaire, à l'opposé du bilan est un état détaillé des biens figurant au bilan. Ce détail porte deux parties :

- une petite description du bien d'une part et
- sa valeur monétaire d'autre part.

Ainsi, les espèces se trouvant en caisse doivent être présentées en détail par voie de billettage. Il en est de même pour les matériels et mobiliers de bureau ainsi que les marchandises restant en stock.

Tous les comptes du bilan doivent figurer à l'inventaire qui en décrit les éléments en : quantités, marques, couleur, dimensions, numéros et valeurs monétaires. L'inventaire est donc l'indentification des valeurs du bilan.

Particulièrement, les travaux d'inventaire physique (contrôle effectué en fin d'exercice) peuvent se schématiser comme suit[16] :

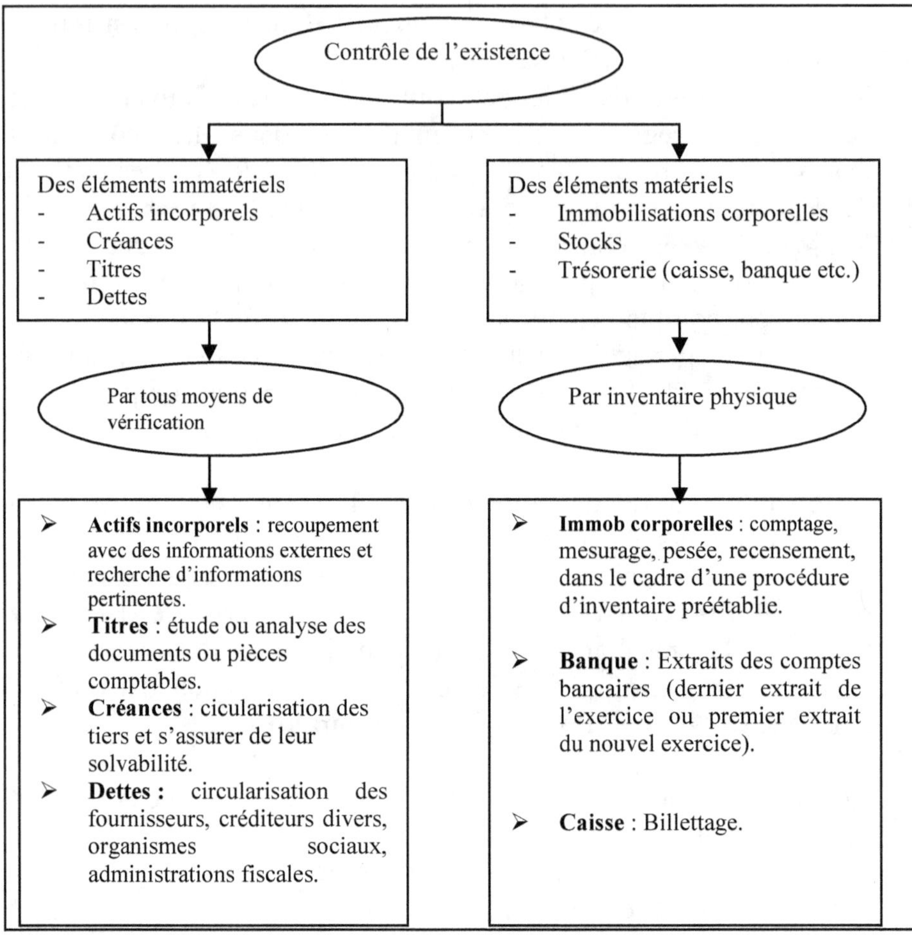

Exemple

Le 30 juin N, l'exploitant agricole Alexandre décide d'ouvrir une Alimentation-Restaurant de vente des produits de base et d'aliments locaux. Il prend en location un immeuble au Centre ville en versant au bailleur une garantie locative de trois (3) mois : 90 000 F. il dispose des biens suivants :

- 2 bureaux en bois de 15 000 F chacun ;
- 2 fauteuils en cuir valant 18 000 F chacun ;
- 1 étagère métallique achetée à 21 000 F ;

[16] Adapté au livre de Mutabazi A. et al., 2014, p.229.

- 1 machine à écrire, marque Olympia, couleur grise n° 533006 valant 60 000 F
- 1 machine à calculer, marque Aiwa, couleur grise n° 603113, achetée à 10 000 F
- 1 camionnette, marque Land cruiser Toyota, couleur blanche, plaque n° CGO 4742 AA/19 de 1 500 000 F
- 1 moto, marque Suzuki, couleur rouge, n° CGO 220 AA/22 de 19 000 F
- Un stock de marchandises, composées de 200 sacs de riz de 50 kg à 6 000 F le sac, 60 cartons de savon soleil de 1 200 F le carton, 24 fûts d'huile d'arachide de 300 000 F le fût, 72 dame-jeanne de vin de table à 57 000 F la pièce.

Ce stock lui a été vendu par la société KOTECHA à payer dans les 3 mois. Il a reçu un prêt de 200 000 F de Monsieur Samuel, à rembourser dans les 30 jours. Cette encaisse est formée de 200 billets de 100 F, 10 000 billets de 5 F, 1 000 billets de 50 F, 12 000 billets de 20 F et 25 000 billets de 10 F. Ses fonds à la banque s'élèvent à 280 000 F.

Travail à faire :
- Etablir l'inventaire physique ;
- Présenter le bilan au 30 juin N.

Résolution

1) Tableau d'inventaire de l'exploitant Alexandre au 30 juin N

Qnté	Désignation	P.U. en F	P.T. en F
	AVOIR DE L'EXPLOITANT		
	1. Matériel roulant		
1	Camionnette Land Cruiser Toyota, couleur blanche, plaque n° CGO 4742 AA/19	1 500 000	1 500 000
1	Moto, Suzuki, couleur rouge, n° CGO 220 AA/22	19 000	19 000
	S/Total		1 519 000
	2. Matériel de bureau		
1	Machine à écrire, marque Olympia, couleur grise, n° 533006	60 000	60 000
1	Machine à calculer, marque Aiwa, couleur grise, n° 603443	10 000	10 000
	S/Total		70 000
	3. Mobilier de bureau		
2	Bureaux en bois	15 000	30 000
2	Fauteuils en cuir	18 000	36 000
1	Étagère métallique	21 000	21 000
	S/Total		87 000
	4. Marchandises		
200	Sacs de riz de 50 kg	6 000	1 200 000
60	Cartons de savon soleil	1 200	72 000
24	Fûts d'huile d'arachides	300 000	7 200 000
42	Dame-jeanne de vin de table	57 000	2 394 000
	S/Total		10 866 000
	5. Créances		
1	Garantie locative pour 3 mois	90 000	90 000
	S/Total		90 000
	6. Banque		280 000
	S/Total		280 000
	7. Caisse		
200	Billets de 100 F	100	20 000
1 000	Billets de 50 F	50	50 000
12 000	Billets de 20 F	20	240 000
25 000	Billets de 10 F	10	250 000
10 000	Billets de 5 F	5	50 000
	S/Total		610 000
	TOTAL DES AVOIRS		**13 522 000**
	B. DETTES DE L'EXPLOITANT		
	Fournisseurs		10 866 000
	Créditeurs divers		200 000
	TOTAL DES DETTES		**11 066 000**

2) Bilan initial de 'exploitant Alexandre au 30 juin N

Les données de l'inventaire ne dégagent pas le Capital de l'exploitant. Or, le bilan doit toujours être équilibré, c'est-à-dire que l'Actif doit être égal au Passif.

En principe comptable, le total d'actif – le total de dettes donne la Situation nette ou capital propre.

Ainsi, 13 522 000 F – 11 066 000 F = 2 456 000 F.

Bilan initial de l'exploitant Alexandre au 30 juin N

ACTIF		PASSIF	
Intitulés des comptes	**Montant en Francs**	**Intitulés des comptes**	**Montant en Francs**
Actif immobilisé Matériel bureautique Mobilier de bureau Matériel de transport	 70 000 87 000 1 519 000	**Capitaux propres et ressources assimilées** Compte de l'exploitant	 2 456 000
S/Total	**1 676 000**	**S/Total**	**2 456 000**
Actif circulant Marchandises Débiteurs divers et autres créances	 10 866 000 90 000	**Passif circulant** Fournisseurs Créditeurs divers	 10 866 000 200 000
S/Total	**10 956 000**	**S/Total**	**11 066 000**
Trésorerie – actif Banque Caisse	 280 000 610 000	**Trésorerie – passif**	
S/Total	**890 000**	**S/Total**	**0**
Total actif	**13 522 000**	**Total passif**	**13 522 000**

Quant à l'établissement du livre-journal et du grand-livre, il peut être facilité par la tenue de journaux et livres auxiliaires, ou supports en tenant lieu, en fonction de l'importance et des besoins de l'entité.

Dans ce cas, lestotaux de ces supports sont périodiquement et au moins une fois par mois respectivement centralisés dans le livre-journal et dans le grand-livre.

Le tracé de ces livres est présenté à partir des exercices d'application ci-après.

Exercices d'application

1. Présentez le jeu des comptes de débit et de crédit pour les opérations ci-dessous :

N°	**Opérations**	**Débit**	**Crédit**
1	Achat d'un semoir et du matériel de culture payé par chèque : 12 000 F	242 Matériel et outillage agricole	521 Banque
2	Achat phytosanitaires payées par chèque : 13 000 F	602 Achat de matières et fournitures liées	521 Banque
3	Acquisition des génisses et autres animaux reproducteurs : 420 000 F	2462Cheptel, animaux reproducteurs	481Fournisseurs d'investissemt
4	Achat de papier, classeurs et boîtes à stylos payés en espèces pour 1 200 F	6047 Fournitures de bureau	571 Caisse
5	Remboursé un fournisseur par chèque pour 10 000 F	401 Fournisseurs	521 Banque
6	Alimenté la caisse par prélèvement à la banque : 500 000 F	571 Caisse	521 Banque
7	Reçu un chèque d'un client de 12 000 F	521 Banque	411 Clients
8	Achat de semences et pépinières à crédit à un fournisseur pour 48 200 F	602 Achat de mat. et fournit liées	401 Fournisseur
9	Reçu espèces pour ventes de récoltes, bœufs et miel : 5 200 000 F	571 Caisse	702 Ventes de produits finis
10	Payé les salaires mensuels des ouvriers et bergers par chèque : 60 000 F	661 Rémunérations du personnel	521 Banque

Grand-livre (Jeu des comptes)

242 Matériel&outillage agricole	
(1) 12 000	

521 Banque	
	12 000 (1)

602 Achats Mat. prem.&fournit. liées agricole	
(2) 13 000	

521 Banque	
	13 000 (2)

2462 Cheptel, animaux reproduct	
(3) 420 000	

481 Fourn. d'investissements	
	420 000 (3)

6047 Fournitures de bureau	
(4) 1200	

571 Caisse	
	1 200 (4)

401 Fournisseurs	
(5) 10 000	

521 Banque	
	10 000 (5)

571 Caisse	
(6) 500 000	

521 Banque	
	500 000 (6)

521 Banque	
(7) 12 000	

411 Clients	
	12 000 (7)

602 Achats M.P et fournit. liées	
(8) 48 200	

401 Fournisseurs	
	48 200 (8)

571 Caisse	
(9) 5 200 000	

702 Ventes de produits finis	
	5 200 000 (9)

661 Rémunérations dues	
(10) 60 000	

521 Banque	
	60 000 (10)

Exercice 2.

Au 1er janvier N, l'exploitant agricole Georges a terminé l'installation de son pâturage. Son bilan se présente ainsi :

Bilan d'ouverture de l'exploitant Georges au 1er janvier N.

ACTIF		PASSIF	
Intitulés des comptes	**Montant en Francs**	**Intitulés des comptes**	**Montant en Francs**
Actif immobilisé		**Capitaux propres et ressources assimilées**	
Terrains d'exploitation agricole	15 000	Compte de l'exploitant	184 300
Bâtiments agricoles	100 000	Emprunts et dettes assimilées	27 000
Matériel industriel	6 000		
Matériel agrovétérinaire	6 000		
Matériel bureautique	6 000		
Mobilier de bureau	29 000		
Matériel de transport	25 000		
S/Total	**187 000**	**S/Total**	**211 300**
Actif circulant		**Passif circulant**	
		Fournisseurs d'invest.	7 900
S/Total	**0**	**S/Total**	**7 900**
Trésorerie – actif		**Trésorerie – passif**	
Banque	27 000		
Comptes chèques postaux	3 000		
Caisse	2 200		
S/Total	**32 200**	**S/Total**	**0**
Total actif	**219 200**	**Total passif**	**219 200**

Du 1er janvier au 31 mars N, les opérations effectuées par l'exploitant Georges sont regroupées comme suit :

Achats des fruits et légumes à crédit	107 500 F
Achats de fruits et légumes en espèces	2 000 F
Impôts indirects dus à l'Etat	1 700 F
Frais de publicité payés par chèque	2 500 F
Primes d'assurance du trimestre payée par chèque	3 500 F
Frais de téléphone payés par comptes chèques postaux	600 F
Charges sociales dues à la Caisse nationale de sécurité soc.	2 600 F
Frais de port sur achats de fruits et légumes par chèques	1 800 F
Ventes fruits et légumes à crédit aux restaurateurs de la ville	111 000 F
Ventes fruits et légumes au comptant par chèques bancaires	49 000 F

L'entreprise souhaite connaître la situation de l'ensemble de ses comptes au 31 mars N.

Travail à faire :

1) Reporter au débit et au crédit des comptes, les sommes du bilan ;
2) Créer les comptes nécessaires à l'enregistrement des opérations ;
3) Déterminer le résultat par la formule de gestion et celle du bilan ;
4) Présenter le bilan de clôture au 31 mars N.

Résolution

1) **Les comptes du bilan :** *L'astérisque (*) indique les montants du bilan d'ouverture.*

221 Terrains d'exploitat° agricole	
(*) 15 000	15 000 SD
15 000	15 000

104Compte de l'exploitant	
SC 184 300	184 300 (*)
184 300	184 300

2312Bâtiments agricoles	
(*) 100 000	100 000 SD
100 000	100 000

16Emprunts et dettes assimilées	
SC27 000	27 000 (*)
27 000	27 000

2411 Matériel industriel	
(*) 6 000	6 000 SD
6 000	6 000

401 Fournisseurs	
SC 107 500	107 500 (*)
107 500	107 500

2421 Matériel agricole	
(*) 6 000	6 000 SD
6 000	6 000

431 Sécurité sociale	
SC 2 600	2 600 (7)
2 600	2 600

2443 Matériel bureautique	
(*) 6 000	6 000 SD
6 000	6 000

442 Etat, autres impôts et taxes	
SC 1 700	1 700 (3)
1 700	1 700

2444 Mobilier de bureau	
(*) 29 000	29 000 SD
29 000	29 000

481 Fourn d'investissement	
SC 7 900	7 900 (*)
7 900	7 900

245 Matériel de transport	
(*) 25 000	25 000 SD
25 000	25 000

410 Clients

(9) 111 000	111 000 SD
111 000	111 000

521 Banque

(*) 27 000	2 500 (4)
(10) 49 000	3 500 (5)
	1 800 (8)
	68 200 SD
76 000	76 000

531 Chèques postaux

(*) 3 000	600 (6)
	2 400 SD
3 000	3 000

571 Caisse

(*) 2 200	2 000 (6)
	200 SD
2 200	2 200

2) Les comptes de gestion

601Achats de marchandises

(1) 107 500	
(2) 2 000	109 500 SD
109 500	109 500

618 Autres frais de transport

(8) 1 800	1 800 SD
1 800	1 800

625 Primes d'assurance

(5) 3 500	3 500 SD
3 500	3 500

627 Publicité, publications et relation publiques

(4) 2 500	2 500 SD
2 500	2 500

702 Ventes de produits

	111 000 (9)
SC 160 000	49 000 (10)
160 000	160 000

6281 Frais de téléphone

(6) 600	600 SD
600	600

645 Impôts et taxes indirects

(3) 1 700	1 700 SD
1 700	1 700

668Autres charges sociales

(7) 2 600	2 600 SD
2 600	2 600

3) Détermination du résultat au 31 mars N :

a) Par la formule de gestion : Résultat = Produits – Charges
= 160 000 F – (109 500 F + 1 700 F + 2 500 F + 3 500 F + 600 F
+2 600 F + 1 800 F)
160 000 F – 122 200 F = 37 800 F.

b) Par la formule du bilan : Résultat = Total actif – Total passif
368 800 F – 331 000 F = 37 800 F.

4) Bilan de clôture de l'exploitant Georges au 31 mars N.

ACTIF		PASSIF	
Intitulés des comptes	**Montant en Francs**	**Intitulés des comptes**	**Montant en Francs**
Actif immobilisé		**Capitaux propres et ressources assimilées**	
Terrains d'exploitation agricole	15 000	Compte de l'exploitant	184 300
Bâtiments agricoles	100 000	Résultat	37 800
Matériel industriel	6 000	Emprunts et dettes assimilées	27 000
Matériel agrovétérinaire	6 000		
Matériel bureautique	6 000		
Mobilier de bureau	29 000		
Matériel de transport	25 000		
S/Total	**187 000**	**S/Total**	**249 100**
Actif circulant		**Passif circulant**	
Clients	111 000	Fournisseurs	107 500
		Fournisseurs d'invest.	7 900
		Sécurité sociale	2 600
		Etat	1 700
S/Total	**111 000**	**S/Total**	**119 700**
Trésorerie – actif		**Trésorerie – passif**	
Banque	68 200		
Comptes chèques postaux	2 400		
Caisse	200		
S/Total	**70 800**	**S/Total**	**0**
Total actif	**368 800**	**Total passif**	**368 800**

Exercice 3

Mr. BAHATI crée une usine de traitement des produits agricoles, le 1er septembre N dénommée Société Alimentaire Kivu-Maniema. Il ouvre un compte professionnel où il dépose le même jour, une somme de 5 000 000 F prélevée sur son compte personnel et affecte un véhicule valant 1 650 000 F aux travaux de l'entreprise. Ses espèces en caisse sont de 250 000 F et les créances clients s'élèvent à 600 000 F.

Il effectue ensuite les opérations suivantes :

- Le 03/09 : retrait de la banque pour alimenter la caisse de son exploitation : 800 000 F ;
- Le 05/09 : achat d'un véhicule automobile d'occasion 3 500 000 F payé par chèque ;
- Le 06/09 : achat d'un micro-ordinateur et d'un logiciel de gestion pour facturation ventes auprès de la société Logiciels et Services (LS) pour respectivement 750 000 F et 150 000 F; paiement par chèque bancaire pour la moitié et la moitié à crédit ;
- Le 07/09 : emprunt de 2 500 000 F par découvert bancaire ; cette somme est mise à sa disposition le même jour sur son compte bancaire.
- Le 09/09 : achat de fournitures de bureau pour 45 000 F à crédit auprès de la Papeterie Grâce ;
- Le 11/09 : achat d'une imprimante 400 000 F par chèque ;
- Le 14/09 : recettes de ventes à la quinzaine 950 000 F en espèces ;
- Le 16/09 : paiement de la patente au trésor 200 000 F en espèces ;
- Le 17/09 : prime d'assurance du véhicule 185 000 F par chèque ;
- Le 19/09 : règlement partiel du fournisseur LS 300 000 F par chèque ;
- Le 20/09 : insertion d'une annonce publicitaire dans le journal Figaro à 125 000 F en espèces ;
- Le 24/09 : contravention pour absence de port de ceinture de sécurité 15 000 F en espèces ;
- Le 27/09 : reçu un pourboire de 20 000 F en espèces auprès d'un client pour sa réussite ;
- Le 29/09 : paiement du salaire de la secrétaire 85 000 F par chèque ;
- Le 30/09 : paiement de la facture mensuelle des achats de carburant 325 000 F par banque ;
- Le 30/09 : recettes de la deuxième quinzaine du mois 1 110 000 F dont 560 000 F par chèques, le reste en espèces.

Travail demandé :
Présenter le bilan d'ouverture
Présenter le grand-livre
Présenter la balance des comptes
Etablir le bilan final
Présenter le compte de résultat simplifié.

Note importante :
Le SYSCOHADA prévoit une distinction entre les transactions habituelles que réalise l'exploitant avec ses fournisseurs, différemment de celles qui s'opèrent occasionnellement avec les fournisseurs des actifs immobilisés, qui s'enregistrent dans le compte 481 Fournisseurs d'investissements. Il en est de même pour le compte d'effet à payer qui concerne la dette du Fournisseur d'investissement, qui s'enregistre dans le compte 482 Fournisseurs d'investissements, effets à payer.

Concernant la balance des comptes, le SYSCOHADA utilise souvent celle communément appelée : « Balance des comptes à six colonnes », dont les deux premières concernent les valeurs issues du bilan initial, les deux colonnes suivantes enregistrent les mouvements de la période, tandis que les deux dernières colonnes enregistrent les soldes finaux, lesquels alimentent le bilan final.

Résolution

1) Bilan d'ouverture

ACTIF		PASSIF	
Intitulés des comptes	**Montant en Francs**	**Intitulés des comptes**	**Montant en Francs**
Actif immobilisé Matériel de transport	1 650 000	**Capitaux propres et ressources assimilées** Compte de l'exploitant	7 500 000
S/Total	**1 650 000**	**S/Total**	**7 500 000**
Actif circulant Clients	600 000	**Passif circulant** .	
S/Total	**600 000**	**S/Total**	**0**
Trésorerie – actif Banque Caisse	5 000 000 250 000	**Trésorerie – passif**	
S/Total	**5 250 000**	**S/Total**	**0**
Total actif	**7 500 000**	**Total passif**	**7 500 000**

2) Le Grand-livre (jeu de comptes)

2193 Logiciels

(4) 150 000	150 000 SD
150 000	150 000

245 Matériel de transport

(1) 1 650 000	
(3) 3 500 000	5 150 000 SD
5 150 000	5 150 000

570 Caisse

(1) 250 000	200 000 (9)
(2) 800 000	125 000 (12)
(8) 950 000	15 000 (13)
(14) 20 000	
(17) 550 000	2 230 000 SD
2 570 000	2 570 000

411 Clients

(1) 600 000	600 000 SD
600 000	600 000

104 Capital de l'exploitant

SC 7 500 000	7 500 000 (1)
7 500 000	7 500 000

561 Bq. Crédit de trésorerie

SC 2 500 000	2 500 000 (5)
2 500 000	2 500 000

627 Publicité, publication et relations publiques

(12) 125 000	125 000 SD
125 000	125 000

6412 Patentes, licence et taxes annexes

(9) 200 000	200 000 SD
200 000	200 000

2442 Matériel informatique

(4) 750 000	
(7) 400 000	1 150 000 SD
1 150 000	1 150 000

521 Banque

(1) 5 000 000	800 000 (2)
(5) 2 500 000	3 500 000 (3)
(17) 560 000	450 000 (4)
	400 000 (7)
	185 000 (10)
	300 000 (11)
	85 000 (15)
	325 000 (16)
	2 015 000 SD
8 060 000	8 060 000

481 Fourn d'investissement

(11) 300 000	450 000 (4)
SC 150 000	
450 000	450 000

401 Fournisseurs

SC 45 000	45 000 (6)
45 000	45 000

6047 Fournitures de bureau

(6) 45 000	45 000 SD
45 000	45 000

625 Primes d'assurance

(10) 185 000	185 000 SD
185 000	185 000

647 Pénalités et amendes fiscales

(13) 15 000	15 000 SD
15 000	15 000

661 Rémunérations

(15) 85 000	85 000 SD
85 000	85 000

605 Autres achats

(16) 325 000	325 000 SD
325 000	325 000

702 Ventes de produits

	950 000 (8)
SC 2 060 000	1 110 000 (17)
2 060 000	2 060 000

845 Dons et libéralités accordés

SC 20 000	20 000 (14)
20 000	20 000

3) Balance des comptes

Comptes		Soldes à l'ouverture		Mouvements/période		Soldes à la clôture	
		Débit	**Crédit**	**Débit**	**Crédit**	**Débit**	**Crédit**
104	Compte de l'exploitant		7 500 000				7 500 000
2193	Logiciels			150 000		150 000	
2442	Mat.informatique			1 150 000		1 150 000	
245	Mat. de transport	1 650 000		3 500 000		5 150 000	
401	Fournisseurs				45 000		45 000
411	Clients	600 000				600 000	
481	Fourn. d'invest.			300 000	450 000		150 000
521	Banque	5 000 000		3 060 000	6 045 000	2 015 000	
561	Banque, crédit trésor				2 500 000		2 500 000
571	Caisse	250 000		2 320 000	340 000	2 230 000	
6047	Fournit. de bureau			45 000		45 000	
605	Autres achats (carbur)			325 000		325 000	
625	Primes d'assurance			185 000		185 000	
627	Publicité, pub&relat°			125 000		125 000	
6412	Patentes, licences,…			200 000		200 000	
647	Pénal.&amendes fisc			15 000		15 000	
661	Rémunérations dues			85 000		85 000	
702	Ventes de produits				2 060 000		2 060 000
845	Dons et libéralités obt.				20 000		20 000
	Totaux	**7 500 000**	**7 500 000**	**11 460 000**	**11 460 000**	**12 275 000**	**12 275 000**

Calcul du résultat de l'exploitant de Bahati

Formule du résultat : TA – TP

Total actif = 11 295 000 F
Total passif : 10 195 000 F

Résultat = 11 295 000 F – 10 195 000 F
= 1 100 000 F.

4) Bilan final de l'exploitant BAHATI

ACTIF		PASSIF	
Intitulés des comptes	**Montant en Francs**	**Intitulés des comptes**	**Montant en Francs**
Actif immobilisé Logiciels Matériel informatique Matériel de transport	 150 000 1 150 000 5 150 000	**Capitaux propres et ressources assimilées** Compte de l'exploitant Résultat (bénéfice)	 7 500 000 1 100 000
S/Total	**6 450 000**	**S/Total**	**8 600 000**
Actif circulant Clients	 600 000	**Passif circulant** Fournisseurs Fournisseurs d'invest.	 45 000 150 000
S/Total	**600 000**	**S/Total**	**195 000**
Trésorerie – actif Banque Caisse	 2 015 000 2 230 000	**Trésorerie – passif** Banque, crédit de trésorerie	 2 500 000
S/Total	**4 245 000**	**S/Total**	**2 500 000**
Total actif	**11 295 000**	**Total passif**	**11 295 000**

5) Le compte de résultat (simplifié)

Charges	Montant	Produits	Montant
CHARGES D'EXPLOITA		PRODUITS D'EXPLOIT	
Achats de marchandises	-	Ventes de récoltes et animaux	2 060 000
Variation des stocks	-	Travaux et services vendus	
Achats de MP fournitures	-	....	
Autres achats	325 000		
Fournitures de bureau	45 000		
Primes d'assurance	185 000		
Publicité, publication et…	125 000		
Patentes, licences etc.	200 000		
Impôts et taxes (amendes fisc.)	15 000		
Charges de personnel	85 000		
ACTIVITES FINANCIERES		ACTIVITES FINANCIERES	
Frais financiers		Revenus financiers	
....		....	
CHARGES HAO		PRODUITS HAO	
Val. comptables des cessions d'immo. et autr charges HAO		Dons et libéralités obtenues	20 000
		Cession d'actif immobilisé	
Bénéfice	1 100 000	....	
Total général	**2 080 000**	**Total général**	**2 080 000**

Exercice 4

La situation initiale du Parc agro-industriel de Bukanga -Lonzo se présente comme suit :

Banque populaire	11 000 000 F
Caisse	4 000 000 F
Capitalde l'exploitant	37 000 000 F
Clients	3 000 000 F
Fournisseurs	4 000 000 F
Machines et équipements	8 000 000 F
Stocks de Marchandises	13 000 000 F
Matériel roulant	5 000 000 F
Rémunérations dues	2 000 000 F
TVA à payer	1 000 000 F

Au cours de la période de démarrage des activités, les opérations suivantes ont été effectuées :

1. Achat d'une machine agricole auprès d'André pour 3 500 000 F
2. Payement d'un client au comptant pour 500 000 F,
3. Règlement du solde de la TVA à payer par virement bancaire
4. Payement d'un fournisseur par la banque : 3 000 000 F,
5. Retenue à la source de l'avance sur salaire mensuel : 2 000 000 F,

6. Vente de la marchandise à Monsieur Serge : 4 000 000 F
7. Virement bancaire en faveur du fournisseur André : 2 000 000 F,
8. Achat des machines à calculer à crédit chez André à 1 500 000 F,
9. Retour de 2/3 des machines à calculer. Le fournisseur nous envoie une note de crédit,
10. Achat voiture à 7 000 000 F dont 2 000 000 F payés comptant, 3 000 000 F par chèque et le reste dans un mois à Mr André.

Travail à faire

1. Etablir le bilan initial
2. Transcrire les opérations dans les comptes concernés
3. Etablir la balance des comptes
4. Etablir le bilan final.

Résolution

1) Bilan d'ouverture

ACTIF		PASSIF	
Intitulés des comptes	**Montant en Francs**	**Intitulés des comptes**	**Montant en Francs**
Actif immobilisé Machines et outillage agricole Matériel de transport	 8 000 000 5 000 000	**Capitaux propres et ressources assimilées** Compte de l'exploitant	 37 000 000
S/Total	**13 000 000**	**S/Total**	**37 000 000**
Actif circulant Marchandises Clients	 13 000 000 3 000 000	**Passif circulant** Fournisseurs Etat, TVA à payer Personnel	 4 000 000 1 000 000 2 000 000
S/Total	**16 000 000**	**S/Total**	**7 000 000**
Trésorerie – actif Banque Caisse	 11 000 000 4 000 000	**Trésorerie – passif**	
S/Total	**15 000 000**	**S/Total**	**0**
Total actif	**44 000 000**	**Total passif**	**44 000 000**

2. Grand livre (Jeu des comptes)

521 Banque

(0)11 000 000	1 000 000 (3)
	3 000 000 (4)
	2 000 000 (7)
	3 000 000 (11)
	2 000 000 SD
11 000 000	11 000 000

411 Clients

(0) 3 000 000	500 000 (2)
(6) 4 000 000	6 500 000 SD
7 000 000	7 000 000

104 Capital de l'exploitant

SC37 000 000	37 000 000 (3)
37 000 000	37 000 000

2451Matériels automobiles

(1) 5 000 000	
(11) 7 000 000	12 000 000 SD
12 000 000	12 000 000

310 Marchandises

(0) 13 000 000	4 000 000 (6)
	9 000 000 SD
13 000 000	13 000 000

244 Matériel et mobilier

(8) 1 500 000	1 000 000 (9)
	500 000 SD
1 500 000	1 500 000

482 Fourn. Invest. effets à payer

SC 2 000 000	2 000 000 (10)
2 000 000	2 000 000

571 Caisse

	2 000 000 (5)
(0) 4 000 000	2 000 000 (11)
(11) 500 000	500 000 SD
4 500 000	4 500 000

242 Matériel et outillage agricole

(0) 8 000 000	
(1) 3 500 000	11 500 000 SD
11 500 000	11 500 000

4441 Etat, TVA due

SC 1 000 000	1 000 000 (0)
1 000 000	1 000 000

421Personnel, av. et acptes

(5) 2 000 000	2 000 000 (0)
2 000 000	2 000 000

401 Fournisseurs

(4) 3 000 000	4 000 000 (0)
SC 1 000 000	
4 000 000	4 000 000

481Fournisseurs d'investissement

(7) 2 000 000	3 500 000 (1)
(9) 1 000 000	1 500 000 (8)
(10) 2 000 000	2 000 000 (11)
SC 2 000 000	
7 000 000	7 000 000

3.Balance des comptes

N°	Comptes	Soldes à l'ouverture		Mouvements de la période		Soldes à la clôture	
		Débit	Crédit	Débit	Crédit	Débit	Crédit
104	Compte de l'exploitant		37 000 000				37 000 000
242	Machines et outil. agricole	8 000 000		3 500 000		11 500 000	
244	Matériel et mobilier de bureau			1 500 000	1 000 000	500 000	
2451	Matériel automobile	5 000 000		7 000 000		12 000 000	
310	Stocks de marchandises	13 000 000			4 000 000	9 000 000	
401	Fournisseurs		4 000 000	3 000 000			1 000 000
411	Clients	3 000 000		4 000 000	500 000	6 500 000	
422	Rémunérations dues		2 000 000		2 000 000		
4441	Etat, TVA due		1 000 000	1 000 000			
481	Fournisseurs d'investissements			5 000 000	7 000 000		2 000 000
482	Fourn. d'investis, effets à payer				2 000 000		2 000 000
520	Banque populaire	11 000 000			9 000 000	2 000 000	
570	Caisse	4 000 000		500 000	4 000 000	500 000	
	Totaux	44 000 000	44 000 000	27 500 000	27 500 000	42 000 000	42 000 000

4. Bilan final Parc agro-industriel de Bukanga -Lonzo au 31/12/N

ACTIF		PASSIF	
Intitulés des comptes	**Montant en Francs**	**Intitulés des comptes**	**Montant en Francs**
Actif immobilisé Machines et outillage agricole Matériel et mobilier de bureau Matériel de transport	 11 500 000 500 000 12 000 000	**Capitaux propres et ressources assimilées** Compte de l'exploitant	 37 000 000
S/Total	**24 000 000**	**S/Total**	**37 000 000**
Actif circulant Marchandises Clients	 9 000 000 6 500 000	**Passif circulant** Fournisseurs Fournisseurs d'invest. Fournisseurs d'invest, effets à payer	 1 000 000 2 000 000 2 000 000
S/Total	**15 500 000**	**S/Total**	**5 000 000**
Trésorerie – actif Banque Caisse	 2 000 000 500 000	**Trésorerie – passif**	
S/Total	**2 500 000**	**S/Total**	**0**
Total actif	**42 000 000**	**Total passif**	**42 000 000**

Exercice 5

Présenter le bilan d'ouverture de l'exploitation agricole Pain du Prince à partir des données suivantes : véhicule de 558 000 F, stocks de marchandises de 183 000 F, un hangar de 823 000 F, un programme de gestion de ressources humaines de 51 000 F, de tables et chaises de 38 600 F, des dettes envers les fournisseurs de 251 000 F, des encaisses de 31 170 F et des fonds en banque de 293 000 F.

Résolution

Bilan de l'exploitation agricole Pain du Prince

ACTIF		PASSIF	
Intitulés des comptes	**Montant en Francs**	**Intitulés des comptes**	**Montant en Francs**
Actif immobilisé Logiciels Immeuble Mobilier Matériel de transport	 51 000 823 000 38 600 558 000	**Capitaux propres et ressources assimilées** Compte de l'exploitant	 1 726 770
S/Total	**1 470 600**	**S/Total**	**1 726 770**
Actif circulant Marchandises	 183 000	**Passif circulant** Fournisseurs	 251 000
S/Total	**183 000**	**S/Total**	**251 000**
Trésorerie – actif Banque Caisse	 293 000 31 170	**Trésorerie – passif**	
S/Total	**324 170**	**S/Total**	**0**
Total actif	**1 977 770**	**Total passif**	**1 977 770**

Exercice 6

La Société agropastorale Lemera SARU dépose à la banque le jour de sa création, une somme de 12 750 000 F. Il a par ailleurs, effectué plusieurs opérations au courant du mois de janvier N :

1) retrait de la banque pour sa caisse 1 200 000 F
2) paiement dette fournisseur 1 300 000 F payé par chèque.
3) achat d'un ordinateur 650 000 F ; paiement par chèque bancaire ;
4) prêt au personnel qui s'élève à 500 000 F par chèque ;
5) paiement de la taxe de la mairie 122 000 F en espèces.
6) prime d'assurance du véhicule 185 000 F par chèque.
7) achats d'intrants agricoles et phytosanitaires à 710 000 F à crédit,
8) contravention pour non port de ceinture de sécurité 15 000 F cash,
9) paiement du salaire de comptable 29 000 F par chèque bancaire
10) paiement de la facture de carburant 325 000 F par chèque
11) vente à crédit de toutes les récoltes à crédit à 2 940 000 F.

Travail à faire :

- Passez les écritures au journal,
- Déterminer le résultat par la formule de gestion
- Présenter le bilan
- Présenter le compte de résultat.

1) Journal

N° ops	Comptes		Libellés et dates des opérations	Montants	
	Débit	Crédit		Débit	Crédit
1	521		Banque	12 750 000	
		104	à Compte de l'exploitant		12 750 000
			(s/Apport en numéraires)		
2	571		Caisse	1 200 000	
		521	à Banque		1 200 000
			(s/Bon d'entrée n°...)		
3	401		Fournisseurs	1 300 000	
		521	à Banque		1 300 000
			(s/Chèque n°...)		
4	2442		Matériel informatique	650 000	
		521	à Banque		650 000
			(s/Chèque n°....)		
5	421		Prêt au personnel	500 000	
		521	à Banque		500 000
			(s/Note de débit n°...)		
6	640		Impôts et taxes	122 000	
		571	à Caisse		122 000
			(s/Bon de sortie n°...)		
7	625		Primes d'assurance	185 000	
		521	à Banque		185 000
			(s/Chèque n°...)		
8	601		Achat Marchandises	710 000	
		401	à Fournisseurs		710 000
			(s/Facture n°...)		
9	647		Pénal. & amendes fisc.	15 000	
		571	à Caisse		15 000
			(s/Bon de sortie n°...)		
10	660		Charges de personnel	29 000	
		521	à Banque		29 000
			(s/fiche de paye n°...)		
11	605		Autres achats (carburant)	325 000	
		521	à Banque		325 000
			(s/chèque n°...)		
12	411		Clients	2 940 000	
		702	Ventes des récoltes		2 940 000
			(s/Facture n°...)		

2) Résultat par formule de gestion

Résultat = Produits – Charges

2 940 000 – (122 000+185 000+710 000+15 000+29 000+325 000) =1 554 000 F.

3) Balance des opérations

N° cptes	Intitulés	Val à l'ouverture		Mouvements		Soldes à la fin	
104	Compte de l'exploitant		12 750 000				12 750 000
2442	Mat. Informatique			650 000		650 000	
401	Fournisseurs			1 300 000	710 000	590 000	
411	Clients			2 940 000		2 940 000	
420	Personnel			500 000		500 000	
521	Banque	12 750 000			4 189 000	8 561 000	
571	Caisse			1 200 000	137 000	1 063 000	
602	Achat MP&Fourn. liées			710 000		710 000	
605	Autres achats			325 000		325 000	
625	Primes d'assurance			185 000		185 000	
640	Impôts&taxes			122 000		122 000	
647	Pénalités&amendes fiscales			15 000		15 000	
660	Charges de personnel			29 000		29 000	
702	Vente des récoltes				2 940 000		2 940 000
	Totaux	12 750 000	12 750 000	7 976 000	7 976 000	15 690 000	15 690 000

4) Bilan de la Société agropastorale Lemera SARLU

ACTIF		PASSIF	
Intitulés des comptes	**Montant en Francs**	**Intitulés des comptes**	**Montant en Francs**
Actif immobilisé Matériel informatique	 650 000	**Capitaux propres et ressources assimilées** Compte de l'exploitant Résultat	 12 750 000 1 554 000
S/Total	**650 000**	**S/Total**	**14 304 000**
Actif circulant Fournisseurs Clients Personnel	 590 000 2 940 000 500 000	**Passif circulant**	
S/Total	**4 030 000**	**S/Total**	**0**
Trésorerie – actif Banque Caisse	 8 561 000 1 063 000	**Trésorerie – passif**	
S/Total	**9 624 000**	**S/Total**	**0**
Total actif	**14 304 000**	**Total passif**	**14 304 000**

5) Le compte de résultat (simplifié)

Charges	Montant	Produits	Montant
CHARGES D'EXPLOIT Achats de marchandises Variation des stocks Achats de MP fournitures Autres achats Primes d'assurance Patentes, licences etc. Impôts et taxes (amendes fisc.) Charges de personnel ACTIVITES FINANCIERES Frais financiers .... CHARGES HAO Val. comptables des cess. d'immob. et autr charges HAO Bénéfice	 710 000 325 000 185 000 15 000 122 000 29 000 1 554 000	PRODUITS D'EXPLOIT Ventes de récoltes et animaux Travaux et services vendus .... ACTIVITES FINANCIERES Revenus financiers .... PRODUITS HAO Dons et libéralités obtenues Cession d'actif immobilisé	 2 940 000
Total général	**2 940 000**	**Total général**	**2 940 000**

3.2. Les relations avec les clients et fournisseurs

La plupart des opérations courantes réalisées par une exploitation agricole concernent les achats d'intrants (semences, géniteurs, engrais ; produits phytosanitaires, équipements, matériels et outillage, etc.) et les ventes des extrants (récoltes, produits résiduels, animaux et bœufs de boucherie, lait, fromage, légumes, etc.). Ces transactions se réalisent en quatre étapes : la commande, la livraison, la facturation et le règlement. Seules les deux dernières étapes font l'objet d'écritures comptables.

D'un point de vue comptable, **les achats d'intrants** sont des biens ou services destinés à être utilisés au cours d'un processus de production, consommés au premier usage ou revendus en l'état.

Les ventes d'extrants constituent le produit de l'activité normale et courante de l'exploitation agricole ; elles correspondent aux ressources acquises pour le prix des marchandises et produits vendus, des travaux effectués et services vendus.

3.2.1. Les règles de base de la facturation

Le législateur impose généralement au vendeur la délivrance d'une facture dès la réalisation d'une vente ou d'une prestation de service. Le document qui est rédigé en français doit comporter un certain nombre de mentions obligatoires.

a) Définition et présentation :

Une facture est un écrit par lequel le vendeur fait connaître à l'acheteur le détail et le prix des marchandises vendues et précise les conditions de livraison et de paiement.

Une facture porte des informations obligatoires tels que :

- L'identification de la facture (numéro et date de la facture etc.) ;
- L'identification du fournisseur (le nom ou raison sociale, la forme juridique, l'adresse, le n° du Registre de commerce et du crédit mobilier le Numéro d'impôt) ;
- L'identification du client (nom ou dénomination sociale, adresse) ;
- La date de la vente ou de la prestation de service ;
- Le détail des produits vendus (nature, quantité, prix unitaire, montant) ;
- Les réductions consenties (escompte, RRR accordées) ;

- Le taux de TVA appliqué ;
- Les acomptes perçus ;
- Le mode de paiement (comptant contre espèces, chèque, virement, lettre de change) ;
- Les conditions d'escompte du fournisseur ;
- etc.

b) Eléments de facture :

La facture de vente ou d'achat comporte :

- un flux économique de base constitué des biens durables (immobilisations), des biens non durables ou d'exploitation et des services non « stockables » donc de consommation immédiate ou supposée immédiate et des biens dont il est nécessaire de suivre la consommation dans un compte stock ;
- des éléments soustractifs : pour des raisons techniques ou commerciales, le montant porté sur la facture subit certaines réductions ; il peut s'agir du retour des marchandises non conformes, des réductions commerciales et financière (escompte de règlement) ;
- des éléments additifs : dans la quasi totalité des factures, le net commercial déterminé comme ci-dessus, est augmenté des débours et frais récupérés, des emballages consignés et de la taxe sur la valeur ajoutée pour les entreprises assujetties à cette taxe.

c) Conservation de la facture

Conformément à l'article 24 de l'AUDCIF, la facture fait partie des livres comptables et des documents qui en tiennent lieu (pièces justificatives), qui doivent être conservés pendant dix ans, car ils peuvent servir de preuve en cas de litige.

3.2.2. Les réductions accordées sur factures

Une facture peut comporter des réductions de prix accordées par le fournisseur. Il peut s'agir de réduction commerciale et ou financière.

Les différentes réductions sont :

- **Le rabais** : réduction accordée pour compenser un défaut de qualité, un retard ou une erreur sur la marchandise livrée ou pour écouler les fins de séries :
- **La remise** : réduction accordée en raison de la quantité achetée ou de la qualité du client ;

- **La ristourne** : réduction accordée en fonction d'un niveau de chiffre d'affaires net réalisé avec un client. Elle a pour objectif de fidéliser le client.
- **L'escompte** : réduction financière accordée pour paiement comptant ou anticipé.

3.2.3. Les différentes catégories de factures

Les factures permettent au vendeur et à l'acheteur de garder la trace des transactions qu'ils réalisent ensemble en se conformant à une obligation légale. On distingue les factures de doit et les factures d'avoir.

La facture de doit est établie pour signifier à son client qu'il a livré les biens commandés ou exécuté la prestation de service demandée.

La facture d'avoir est établie par le fournisseur pour :
- Constater un retour de marchandises par le client ;
- Constater un retour d'emballages consignés ;
- Accorder un rabais ou une remise supplémentaire après facturation ;
- Accorder une ristourne au client ;
- Accorder un rabais, une remise ou un escompte oublié sur la facture initiale.

3.2.4. Autres types d'éléments liés à la facture

Le relevé de facture est un document donnant le récapitulatif des factures de droit, des factures d'avoir et les règlements effectués. Le pro-forma et le devis : ce sont des offres de prix faites par le commerçant ou le prestataire de services.

Il est à noter que le relevé, la facture pro-forma et le devis ne s'enregistre pas.

3.2.5. Calcul et comptabilisation de factures de doit

Les réductions commerciales sur facture de doit se calculent « **en cascade** » et toujours avant la réduction financière ; il s'agit généralement du rabais et de la remise.

Par supposition, si on accorde une remise de 5 % et 10 %, il n'est pas question d'appliquer un seul taux de remise de 15 %.

Les réductions commerciales sur facture de doit ne se comptabilisent pas. Seuls les éléments suivants sont pris en compte : le net commercial, la TVA, l'escompte et le net à payer.

Exemple

La société agropastorale KOTECHA et l'entreprise DATCO sont en relation d'affaires. Le 15 octobre N, la société KOTECHA envoie à son client DATCO une facture de doit n° 12 aux conditions suivantes : marchandises montant brut hors taxes 100 000 F; remise 8 % et 5 %, escompte 2 % ; taux de TVA 16 %.

Travail à faire

Présenter la facture et enregistrer la chez le fournisseur et le client.

Société KOTECHA Le 15/10/N

Doit

Facture N° 205 Entreprise DATCO

Marchandises	100 000,00 F
Remise 8%	- 8 000,00 F
	92 000,00 F
Remise 5%	- 4 600,00 F
Net commercial	87 400,00 F
Escompte 2%	- 1 748,00 F
Net financier	85 652,00 F
TVA 16%	+ 13 704,32 F
Net à payer	99 356,32 F.

Comptabilisation

a) Chez le fournisseur KOTECHA

Comptes		Libellés et dates des opérations	Sommes	
Débit	Crédit		Débit	Crédit
411		Clients	99 356,32	
673		Escompte accordé	1 748,00	
	702	à Ventes de produits finis		87 400,00
	4431	TVA collectée		13 704,32
		(s/fact n° 12 du Client DATCO)		

b) Chez le client DATCO

Comptes		Libellés et dates des opérations	Sommes	
Débit	Crédit		Débit	Crédit
601		Achats de marchandises	87 400,00	
4452		TVA récupérable	13 704,32	
	401	à Fournisseur KOTECHA		99 356,32
	773	Escompte obtenu		1 748,00
		(s/fact n° 12 du Frs KOTECHA)		

a) Facture de doit avec escompte conditionnel

Lorsque le client signe qu'il règlera au comptant sa facture, le fournisseur peut lui accorder un escompte qu'il porte directement sur la facture, c'est le cas de l'exemple ci-dessus. Il peut arriver aussi que le fournisseur pratique une politique d'escompte conditionnel en mentionnant au pied de la facture le taux d'escompte à appliquer en cas de règlement anticipé.

Exemple

L'exploitation agricole Bern& Fils adresse à son client Amani une facture qui se présente comme suit :

Exploitation Bern& Fils	Le 28 février N
Facture n° 041 Doit	
Amani	
500 Kg de café sec en sac de 50 kg	350 000 F
Remise : 14 %	-49 000 F
Net commercial	301 000 F
TVA 16 %	+48 160 F
Net à payer	349 160 F
Escompte de 6 % si paiement anticipé sous huitaine.	

Le 03 mars, Amani décide de bénéficier de l'escompte, il le calcule lui-même et adresse à son fournisseur Bern& Fils un chèque de 328 210 F.

Calcul

- L'escompte = 301 000 F x 6 % = 18 060 F
- La TVA doit être réduite de 48 160 F x 6 % = 2 890 F
- Net à payer = 349 160 F – 18 060 F – 2 890 F = 328 210 F.

Comptabilisation

a) Chez l'exploitant Bern& Fils

Comptes		Libellés et dates des opérations	Sommes	
Débit	Crédit		Débit	Crédit
411		Clients	349 160	
	702	à Ventes de produits finis		301 000
	4431	TVA collectée		48 160
		(s/fact n° 041 du Client Amani)		
521		Banque	328 210	
673		Escompte accordé	18 060	
4431		TVA collectée	2 890	
	411	à Client Amani		349 160
		(s/chèque n°... Client Amani)		

b) Chez le Client Amani

Comptes		Libellés et dates des opérations	Sommes	
Débit	Crédit		Débit	Crédit
601		Achats de marchandise	301 000	
4452	702	TVA déductible	48 160	
	401	à Fournisseur Bern et Fils		349 160
		(s/fact n° 041 du Frs Bern&Fils)		
401		Fournisseur Bern et Fils	349 160	
	521	à Banque		328 210
	773	Escompte obtenu		18 060
	4452	TVA déductible		2 890
		(s/Règlement par chèq n°..., fact 041 du Fournisseur Bern&Fils)		

3.3. Les relations avec le personnel et les organismes sociaux

Les charges liées à l'emploi du personnel constituent le plus souvent pour l'entreprise, le poste de charges le plus élevé. Elles se décomposent en :

- rémunération du personnel ;
- charges sociales ;
- charges de personnel extérieur
- impôts et taxes sur salaires.

3.3.1. La rémunération du personnel de l'entreprise

Font partie du personnel, les personnes placées sous l'autorité du chef de l'entreprise, apportant leur force de travail en échange d'une rémunération appelée salaire. Les frais de personnel sont ceux supportés par l'exploitation agricole en vue de la rémunération de son personnel de toutes catégories.

Le calcul des frais de personnel est assez complexe, il doit prendre en compte des dispositions du droit du travail, du code de sécurité social et de la législation fiscale.

Signalons une particularité rencontrée chez les sous-traitants qui enregistrent les charges du personnels manœuvres lourds employés comme un cout d'achat des travaux(compte 6058 Achat de travaux et matériels et outillage) et que les salaires de personnel permanent soient pris comme tel dans le compte 66 Charges du personnel et ses sous-comptes appropriés.

3.3.2. Les éléments du salaire

Le salaire brut se décompose en salaire de base augmenté des heures supplémentaires, des indemnités et primes imposables (congés payés, préavis, différentes primes) et des gratifications (13ème mois) ainsi que des primes non imposables.

a) Les cotisations à la charge de l'employeur

Elles se décomposent en cotisations sociales et cotisations fiscales.
Comme cotisations sociales en RD Congo, nous avons la quote-part patronale de 13% à verser pour le compte de l'agent à la CNSS, les allocations familiales (fixées par enfant et conjoint), distribution médicaments, l'accident de travail, l'hospitalisation, l'évacuation sanitaire, etc. et tout ceci est appliqué au salaire brut.

b) Les retenues sur salaires
Elles viennent en diminution des rémunérations dues aux salariés.

Elles comprennent :

- **La retenue sociale**

Son taux est de 5 % au profit de la CNSS, la base de calcul étant le salaire de base taxable, fixé selon le SMIG en vigueur par mois. Cette retenue qui est communément appelée quote-part ouvrière s'ajoute à la quote-part patronale (13 %) ce qui donne 18 % à verser mensuellement à la Caisse nationale de sécurité sociale pour le compte de chaque agent employé.

- **Les retenues fiscales**

Elles regroupent :

- l'impôt sur le revenu professionnel(IPR) dont la base est le salaire de base. Le taux est de 30 %, bien qu'appliqué par pallier, suivant le barème officiel qui fixe les limites de la base imposable; l'impôt sur le revenu des personnes physiques (IRP) est fondé sur la situation familiale de chaque salarié (expliquer ici barème IRP et le calcul direct) ;
- les autres retenues, sont des acomptes (quinzaines), des avances (prêts) ainsi que des oppositions et engagements financiers des salariés.

3.3.3. La comptabilisation des salaires

La démarche à suivre pour l'enregistrement des salaires est la suivante :

- dans un premier temps, on constate le salaire brut en débitant le compte 66 par le crédit du compte 42 ;
- dans un deuxième temps, les diverses retenues salariales sont enregistrées en débitant le compte 42 par le crédit des comptes respectifs de retenues (44 pour les retenues fiscales, 43 pour les cotisations sociales et 47 pour les oppositions...) ;
- En dernier lieu, les cotisations patronales sont enregistrées dans les comptes de charge correspondante, à savoir 64 pour les charges fiscales et 66 pour les charges sociales avec le crédit respectif des comptes 44 et 43 ou la trésorerie si règlement immédiat.

a) Ecritures lors de l'établissement du bulletin de paye :

Comptes		Libellés et dates des opérations	Sommes	
Débit	Crédit		Débit	Crédit
661		Salaire de base	a	
6612		Prime de rendement	b	
66		Indemnité de transport	c	
66		Autres avantages sociaux	d	
	422	à Rémunération due		(a+b+c+d)
422		Rémunération due	e	
	421	à Personnel, avances et acomptes		f
	43	à CNSS		g
	44	à Etat/IPR		h
422		Rémunération due	e-(f+g+h)	
	52/57	à Banque ou Caisse		e-(f+g+h)

Exemple

Présenter et enregistrer le bulletin de paye d'un salarié rémunéré à une base de 125 000 F, une prime de rendement de 8 333 F (imposable) et une indemnité de transport 25 000 F (non imposable). Il est marié et père de trois enfants. L'exploitant lui livre un chèque ce jour.

Solution

Salaire de base	125 000 F
Prime imposable	+ 8 333 F
Salaire brut	**133 333 F**
Cotisation CNSS (QPO) : 133 333 F x 5 %	-6 667 F
Base de l'impôt sur le revenu professionnel (IPR)	**126 667 F**
Retenu IPR (30 %)	-38 000 F
Indemnité de transport	+4 167 F
Net à payer	**92 833 F**

Ecritures nécessaires lors de l'établissement du bulletin de paye

Comptes		**Libellés et dates**	**Sommes en F**	
661		Salaire de base	125 000	
6612		Prime de rendement	8 333	
66		Indemnité de transport	4 167	
	422	à Rémunération due		137 500
422		Rémunération due	44 667	
	431	à Sécurité sociale/CNSS		6 667
	4472	à Etat, impôts sur les salaires		38 000
422		Rémunération due	92 833	
	52	à Banque		92 833

b) Le personnel extérieur à l'entreprise

Le personnel extérieur exerce une mission dans l'entreprise tout en étant lié à une entreprise extérieure partenaire ou à une entreprise de prestation de services (gardiennage ou location de main-d'œuvre temporaire, travailleur à la tâche, etc.).

Le recours à cette forme de salariés est souvent nécessaire pour des remplacements ou des travaux de courte durée. Le rémunération versées ici sont portées dans les sous-comptes du compte « 673 Rémunération du personnel extérieur à l'entreprise » et déversée en fin d'exercice dans les sous-comptes du compte « 667 Rémunération transférée du personnel extérieur ».

Exemple

Le salaire des gardiens saisonniers de nos orangers dont les fruits sont mûrs nous envoient la fiche de paye d'un montant total 142 000 F. Lors de leur mise en service, une avance de 29 500 F leur était accordée. Signalons qu'à leur qualité d'agents saisonniers, ils sont assujettis à l'IPR au taux de 15 %.

Le paiement étant effectué à la caisse, l'écriture à passer est :

Journal

Comptes		Libellés et dates	Sommes en F	
673		Rémunérations du pers. extérieur	142 000	
	422	à Rémunération due		142 000
422		Rémunération due	50 800	
	421	Personnel, avances et acomptes		29 500
	4472	à Etat, impôts sur les salaires		21 300
422		Rémunération due	91 200	
	57	à Caisse		91 200
		En fin d'exercice		
667		Remus. Transfo. du personnel ex.	142 000	
	673	à Remus. du personnel extérieur		142 000
		(Pour solde du crédité)		

3.4. Les états de rapprochement bancaire

Le rapprochement bancaire consiste à se rassurer que les soldes identiques des comptes 52 Banque tenus chez l'exploitant agricole (le titulaire du compte en banque) et le compte de l'exploitant tenu par la banque sont des comptes réciproques.

Ainsi leurs soldes à une date donnée devraient être égaux et de sens contraire puisqu'ils concernent les mêmes opérations.

Dans les faits, il y a des décalages dans l'inscription des opérations sur les comptes par l'exploitation agricole ou par le banquier et donc les soldes ne sont pas identiques.

Par exemple l'exploitation agricole émet un chèque un jour à l'ordre d'un fournisseur mais ce chèque n'est débité à la banque que quelques jours plus tard, le temps par le fournisseur de le remettre à sa banque et pour la banque le temps de le traiter.

Il existe de nombreuses sources d'écart que l'on peut classer qui conduisent au rapprochement bancaire :

- les erreurs ou les omissions dans les comptes de l'entreprise (exemple écriture comptabilisée à l'envers) ou à la banque (exemple chèque mal post-marqué) ;
- les opérations imputées dans l'une des comptabilités et pas dans l'autre (exemples le chèque émis et non encaissé par le bénéficiaire mais aussi la mise en place d'un prêt par la banque) ;
- les opérations initiées à la banque comme le virement reçu, la domiciliation des effets, les agios que la banque débite directement sur le compte, les frais de tenue de compte…).

Dans ce cas l'entreprise ne prend connaissance de ces opérations qu'à réception de l'extrait de compte.

3.4.1. Les objectifs des états de rapprochement

L'établissement de l'état de rapprochement permet à l'exploitation agricole de déterminer le solde exact à un moment donné en établissant la concordance entre les ses soldes et ceux de ses banquiers.

C'est en faisant l'état de rapprochement que l'exploitation agricole détectera les écritures directement initiées à la banque et devant être comptabilisées en réciprocité dans ses comptes. Il permet de détecter des erreurs de comptabilisation et de procéder à leur correction par la passation d'écritures de régularisation.

Si l'erreur a été commise à la banque et qu'il n'est pas possible de la corriger, donc l'exploitation agricole présentera une réclamation à son banquier. C'est le cas, par exemple des frais non prévus dans les conventions et débités automatiquement par la banque sur le compte de l'exploitation agricole.

3.4.2. Principes du rapprochement bancaire

Comme on l'a évoqué, le rapprochement bancaire consiste à rapprocher le compte 521 Banque de la comptabilité avec les opérations indiquées par le relevé bancaire. Les écarts entre la comptabilité et le relevé bancaire peuvent notamment provenir :

- d'erreurs et omissions dans les enregistrements comptables de l'entreprise (l'erreur peut également provenir de la banque, mais en pratique, c'est plus rare),
- de décalages dans le temps (entre la date d'émission et d'encaissement des chèques par exemple),
- les frais bancaires.

Lorsque tous les écarts ont été repérés, on doit retrouver par calcul le même solde entre le compte 521 Banque de la comptabilité et le solde du relevé bancaire, mais avec un sens inverse. Un compte 521 débiteur (trésorerie positive) équivaut à un solde créditeur sur le relevé bancaire.

Une fois les écarts repérés, et l'équilibre du rapprochement bancaire obtenu, l'exploitant agricole doit enregistrer en comptabilité les opérations présentes dans le relevé bancaire (et justifiées) et absentes dans le livre-journal.

Exemple
La situation du compte 521 Banque de l'exploitant agricole Dieu Merci en francs se présente comme suit en janvier N :

Compte 521 Banque de l'exploitant Dieu Merci

Date	Objet	Débit	Crédit	Solde
01/01	Solde au 01/01/N			2 800,00
03/01	Chèque Split n° 235566		2 766,00	34,00
15/01	Chèque commercial		14,85	19,15
20/01	Virement expert comptable		300,00	-280,85
31/01	Remise espèces	750,00		469,15
31/01	Chèque assurtout		200,00	269,15
02/02	Remise chèque	1 500,00		1 769,15

Relevé bancaire du Client Dieu Merci reçu du Crédit mutuel

Date	Objet	Débit	Crédit	Solde
01/01	Solde au 01/01/N			1 175,00
02/01	Remise chèque		1 625,00	2 800,00
15/01	Chèque Split n° 235566	2 766,00		34,00
24/01	Virement expert comptable	300,00		266,00
28/01	Frais tenue de compte	2,25		268,25
29/01	Virement bancaire		233,50	-30,25
02/02	Remise espèces		750,00	719,75
Solde créditeur au 31/01/N				**719,75**

3.4.3. Réalisation du pointage pour le rapprochement bancaire

Il faut au préalable s'assurer que l'on démarre bien avec le même solde de banque (en sens inverse). On retrouve un solde identique pour un montant de 2 800 F (au 1er janvier pour le compte 521 et le 2 janvier pour le relevé). Le pointage commence respectivement à partir de ces dates et de ce solde. Il faut également se mettre d'accord sur une date d'arrêt du rapprochement. Par simplicité, on retiendra ici la fin du mois de janvier.

L'étape suivante consiste à pointer les opérations présentes sur le relevé bancaire et dans le compte 521.

Compte 521 Banque de l'exploitant Dieu Merci

Date	Objet	Débit	Crédit	Solde
01/01	Solde au 01/01/N			2 800,00
03/01	Chèque Split n° 235566		2 766,00	34,00
15/01	Chèque commercial		14,85	19,15
20/01	Virement expert comptable		300,00	-280,85
31/01	Remise espèces	750,00		469,15
31/01	Chèque assurtout		200,00	269,15
02/02	Remise chèque	1 500,00		1 769,15

Relevé bancaire du Client Dieu Merci reçu du Crédit mutuel

Date	Objet	Débit	Crédit	Solde
01/01	Solde au 01/01/N			1 175,00
02/01	Remise chèque		1 625,00	2 800,00
15/01	Chèque Split n° 235566	2 766,00		34,00
24/01	Virement expert comptable	300,00		-266,00
28/01	Frais tenue de compte	2,25		-268,25
29/01	Virement bancaire		233,50	-30,25
02/02	Remise espèces		750,00	719,75
Solde créditeur au 31/01/N				**719,75**

3.4.4. Réalisation du rapprochement bancaire

La 3ème étape consiste à vérifier que l'on retrouve bien l'équilibre des soldes. Il convient tout d'abord d'indiquer dans chacun des comptes le solde obtenu au 31 janvier, soit pour la comptabilité, un solde débiteur (SD) de 269,15 F et pour le relevé bancaire, un solde créditeur (SC) de 719,75 F.

On reprend ensuite dans le relevé bancaire, les données absentes de la comptabilité :

- Les frais de tenue de compte du 28/01 constituent une charge qui viendra diminuer donc créditer le compte 521 (un enregistrement en comptabilité sera nécessaire ensuite). On indique en conséquence les 2,25 F au crédit du compte 521 Banque.
- Le virement du 29/01 correspond, après recherche, à un règlement du client (on utilise le compte 411 Client) relatif à une facture de la période précédente. Cette somme va venir augmenter donc débiter le compte 521 Banque. On débite ainsi de 238 F le compte 521 Banque. A nouveau, il sera nécessaire d'enregistrer cette opération en comptabilité de Dieu Merci.

On procède de même avec l'extrait du compte 521, en reprenant les données absentes du relevé bancaire. Les deux opérations (chèque à l'expert-comptable du 15 janvier et chèque à l'assureur Assurtout du 31 janvier) qui correspondent à deux chèques émis par l'exploitant, mais pas encore encaissés par les fournisseurs. Ces deux chèques apparaîtront à l'avenir au débit du relevé bancaire. On indique en conséquence ces montants au débit du compte 521 Banque correspondant.

Enfin, on procède au calcul du solde de chacun des comptes comme indiqué ci-dessous :

Compte 521 Banque de l'exploitant Dieu Merci

Date	Objet	Débit	Crédit	Observ
Solde débiteur au 31/01/N		269,15	2,25	Trais tenue compte
Virement du client		238,00	2,25	
Total		507,15	2,25	
			504,90	**Solde débiteur**

Relevé bancaire du Client Dieu Merci reçu du Crédit mutuel

Date	Objet	Débit	Crédit	Solde
Chèque de l'expert comptable		14,85	719,75	Solde créditeur au 31/01/N
Chèque Assurtout		200,00		
		214,85	719,75	
Solde créditeur		**504,90**		

Les soldes obtenus sont identiques mais de sens inverse, le rapprochement bancaire est donc équilibré. On trouve un solde positif de 504,90 F (débiteur en comptabilité et créditeur sur le relevé).

3.4.5. Ecritures liées au rapprochement bancaire

La dernière étape consiste à enregistrer en comptabilité les opérations du relevé bancaire, absentes de la comptabilité.

Journal

Comptes		Libellé et dates des opérations	Sommes	
Débit	Crédit		Débit	Crédit
		(29/01/N)		
521		Banque	238	
	411	à Clients		238
		(28/01/N)		
633		Frais bancaires	2,25	
	521	à Banque		2,25

Exercice 2

Le compte de l'exploitant Bern& Fils ouvert à l'Equity Bank est créditeur de 175 000 F alors que dans ses livres il est débiteur de 200 000 F à la fin du mois de décembre N.

Après les opérations de pointage, il se dégage que :

- Une remise à l'encaissement d'un chèque de 197 500 F inscrit dans ses livres ne figure pas sur l'extrait délivré par son banquier ;
- Des chèques n° 0005551 de 75 000 F et n° 0005567 de 62 500 F n'étaient pas encaissés par leurs bénéficiaires à cette période ;
- Une commission de 5 000 F et des intérêts de 12 500 F sur découvert bancaire n'ont pas été enregistrés dans sa comptabilité ;
- Un virement provenant de son client Adrien de 52 500 F en sa faveur, mais non inscrit dans ses livres.

Travail à faire :

Présenter l'état de rapprochement bancaire du compte de l'exploitante Eveline à la fin du mois de décembre et passer les écritures nécessaires.

1) Etat de rapprochement bancaire au 31/12/N

Libellés	**Comptes dans l'exploitation**		**Compte à l'Equity Bank**	
	Débit	**Crédit**	**Débit**	**Crédit**
Solde	200 000			175 000
Virement d'Adrien	52 500			
Chèque n° 0005551			75 000	
Chèque n° 0005567			62 500	
Commissions		5 000		
Intérêts sur découv		12 500		
Chèque à l'encaiss				197 500
Soldes rectifiés		**234 500**	**234 500**	
Totaux	**252 000**			**372 500**

2) Ecritures de r régularisation

Comptes		Libellés	Montants en Francs	
Débit	Crédit		Débit	Crédit
521		Banque	52 500	
	411	à Client		52 500
		(s/Etat de rapproch au 31/12/N)		
631		Frais bancaire	5 000	
67		Frais financiers	12 500	
	521	à Banque		17 500
		(s/Etat de rapproch au 31/12/N)		

Exercice 3[17]

Le compte 521 RAWBANK tenu par l'exploitant Bern & Fils se présente comme suit au 30 mars N se présente comme suit :

Compte 521 RAWBANK

Date	Libellés	Sommes en Francs		Soldes en Francs	
		Débit	Crédit	Débit	Crédit
1/3	Solde à nouveau			9 410	
2/3	Chèque n° 80326 du Fourn. Louis		240	9 170	
3/3	Retrait pour caisse		1 500	7 670	
6/3	Prélèvement pour messagerie		950	6 720	
7/3	Chèque n° 80327Alice		1 430	5 290	
13/3	Impayé client Serge		1 370	3 920	
15/3	Chèque n° 80328Richa		(1) 348	3 572	
20/3	Chèque n° 80329 SONAS		3 500	72	
21/3	Encaissements effets n° 547	3 840		3 913	
22/3	Échéance emprunt RAWBANK		8 640		4 728
23/3	Prélèvement DGI		1 836		6 564
25/3	Négoc d'effets, bordereau n° 3024		10 500	3 936	
29/3	Chèque n° 803306/Loyer		4 400		464
30/3	Remise des chèques	7 800		7 336	

(0) Vérification, il s'avère que le montant exact du chèque est 384 F.

[17] Adapté à l'exercice du livre de FOTSO D., 2010, pp. 138-141.

L'extrait du même compte reçu de la RAWBANK renseigne ce qui suit :

RAWBANK		Exploitation agricole Bern & Fils Avenue Patrice Emery Lumumba, n° 045			
	Extrait du compte au 31 mars N				
Date	**Libellés**	**Sommes en Francs**		**Soldes en Francs**	
		Débit	**Crédit**	**Débit**	**Crédit**
1/3/N	Solde à nouveau				10 840
4/3/N	Domiciliation (1)	4 320			6 520
5/3/N	Retrait pour caisse	1 500			5 020
8/3/N	Chèque n° 80326 Fournisseur Louis	250			4 780
10/3/N	Remise chèque (1)		3 450		8 230
11/3/N	Impayé Sainter	1 370			6 860
12/3/N	Chèque n° 80315 (1)	560			6 300
13/3/N	Coupon crédit foncier		783		7 083
15/3/N	Prélèvement emprunt RAWBANK	8 640		1 557	
19/3/N	Remise d'effets		3 840		2 283
20/3/N	Virement de Racine (2)		2 540		4 823
24/3/N	Chèque n° 80328	384			4 439
25/3/N	Chèque n° 80327	1 430			3 009
DITO	Prélèvement messagerie	950			2 059
28/3/N	Négociation d'effets (3)		9 884		11 943
29/3/N	Prélèvement SONAS (4)	1 968			9 975
30/3/N	Domiciliation	5 650			4 325

(1) Opération figurant sur l'état de rapprochement du 28/2/N
(2) Racine est un client de l'exploitant Bern et Fils
(3) Intérêts : 436 F, commission : 150 F, TVA : 30 F
(4) Dont la TVA : 308 F.

Travail à faire

1) Justifier la différence de deux soldes,
2) Présenter l'état de rapprochement au 31 mars N.

Solution

1) Justification de la différence de soldes au 1er mars N

Lors de l'établissement de l'état de rapprochement au 28 février, deux catégories d'opérations ont été recensées :

a) Les opérations prises en compte par la banque au titre du mois de février et non encore enregistrées au journal de l'exploitation agricole Bern & Fils.

Au 28 février N, le comptable de l'exploitation Bern & Fils a procédé aux régularisations nécessaires ; ces opérations ne peuvent donc expliquer la divergence des soldes initiaux.

b) Les opérations enregistrées au journal de l'exploitante Eveline au cours du mois de février et non encore prises en compte par la RAWBANK à la date du 28 février N.

Pour la RAWBANK, il s'agit d'opérations liquidées au titre du mois de mars ; elles figurent donc sur l'extrait de compte du mois de mars ; ce sont elles qui expliquent la divergence des soldes initiaux.

Soit :

Solde au 1/3/N mentionné sur l'extrait de compte	10 840 F
Domiciliation d'effets à payer	-4 320 F
Remise de chèque à l'encaissement	+3 450 F
Chèque n° 80315	-560 F
Solde au 1/7/N du compte 521 RAWBANK :	9 410 F

2) L'état du rapprochement au 31 mars N :

Après pointage :

- Sur l'extrait de compte, des mouvements occasionnant la différence des soldes initiaux,
- Sur les deux documents, des mouvements enregistrés pour des montants identiques, on obtient les opérations expliquant la divergence des soldes au 31 mars N.

Ces opérations sont reportées sur l'état de rapprochement suivant :

Etat de rapprochement bancaire

	Compte de l'expl Bern& Fils		Cpte RAWBANK chez Bern&Fils	
	Débit	**Crédit**	**Débit**	**Crédit**
Solde au 31 mars		4 325	7 336	
a) Opérations prises en compte par la banque et non encore par Bern&Fils				
- Coupons crédit foncier			783	
- Virement du client Racine			2 540	
- Erreur sur chèque n° 80328				36
- Agios sur négociation d'effets				616
- Prélèvement SONAS				1 968
- Domiciliation d'effets				5 650
b) Opérations prises en compte par Bern&Fils et non par RAWBANK				
- Chèque n°80329	3 500			
- Prélèvement SNEL	1 836			
- Chèque n°80330	4 400			
- Remise de chèques		7 800		
Soldes rapprochés	**2 389**			**2 389**
Totaux	**12 125**	**12 125**	**10 659**	**10 659**

Chapitre quatrième : Place de la comptabilité agricole dans le Plan comptable général OHADA (PCGO)

Comme on peut s'y attendre, le plan comptable agricole n'est autre qu'un recueil portant sur l'ensemble des normes comptables appliquées au domaine agricole. Ce plan comptable doit se conformer aux dispositifs de l'AUDCIF qui recense 9 classes distinguées de la manière suivante :

- Classes 1 à 5 pour les comptes de bilan ;
- Classes 6 à 8 pour les comptes de gestion ;
- Classe 9 qui sont des comptes des engagements hors bilan et des comptes analytiques de gestion. Ce manuel ne fera pas recours aux comptes de la classe 9.

Le plan comptable agricole n'est pas à proprement parlé, développé par le plan comptable général OHADA, même si le chapitre 37 de l'AUDCIF lui est consacré.

A la suite de diverses contraintes et demandes émanant des chercheurs, enseignants, étudiants et professionnels du secteur agricole (agronomes, vétérinaires, moniteurs agricoles, etc.) le présent chapitre va tenter de recenser dans le PCGO, les comptes qui s'adaptent mieux aux besoins des métiers de l'agriculture ou qui lui sont apparentés.

Il y a donc lieu de dire que Le SYCOHADA a vocation à s'appliquer aux entreprises du secteur agricole, comme à celles de tous les autres secteurs, à l'exception des entités soumises aux règles de la comptabilité publique (article2), et à celle des banques, établissements financiers et assurances (article 5).

Les problèmes spécifiques à l'agriculture nécessitent des solutions adaptées aux biens vivants et, secondairement, aux améliorations foncières, à l'autoconsommation prélevée, à certains contrats ou partenariats spécifiques, etc.

4.1. Les biens vivants ou actifs biologiques et les productions agricoles

Parmi les biens corporels qu'elle utilise soit à titre d'immobilisations, soit dans le cycle de production, l'entreprise agricole, par essence même de son activité, recourt de façon importante, voire primordiale, aux "biens vivants" que sont les animaux et les végétaux.

4.1.1. Classement des biens vivants, des récoltes et autres produits agricoles à l'actif du bilan

Les biens vivants, comme tous les autres actifs, sont à classer en fonction de leur destination économique :

- en investissements, actif immobilisé lorsqu'ils servent de façon durable à l'entreprise ; tels les plantations fruitières, les animaux reproducteurs ou de garde..., lorsque leur durée de vie ou d'utilisation au sein de l'exploitation agricole est supérieure à un an ;
- en stocks, lorsqu'ils interviennent dans le cycle d'exploitation pour être, exclusivement, vendus après transformation ou non ; tels les pépinières, les animaux à l'engrais...

4.1.2. Comptabilisation des biens vivants, des récoltes et autres produits agricoles

Les biens vivants immobilisés sont à comptabiliser comme toute immobilisation : acquisition dans un compte ad hoc de la classe 2 ; cession par crédit de ce compte avec jeu des comptes 81 (valeurs comptables des cessions) et 82 (produits des cessions) ou, si ces cessions sont courantes, des comptes 654 et 754 ; dans le cas particulier d'animaux reproducteurs, le caractère "ordinaire" ou courant des cessions sera fréquent, et, comme pour toutes les immobilisations ainsi traitées, le choix opéré par l'exploitation agricole sera à indiquer dans les Notes annexes. Les biens vivants relevant du cycle d'exploitation sont à classer en stocks.

4.1.3. Méthodes d'évaluation des biens vivants, des récoltes et autres produits agricoles

Les biens vivants sont évalués, conformément aux dispositions générales du SYSCOHADA, à leur coût d'acquisition (biens acquis), leur coût de production (biens produits) ou leur valeur actuelle (biens acquis à titre gratuit ou par échange).

Durant la période de croissance (de "croît"), l'accroissement de valeur est constaté, à hauteur du coût de production correspondant, soit par "Variation des stocks" comptes 603 et 73 (biens vivants stockés), soit par "Production immobilisée", compte 722 (biens vivants immobilisés).

Selon leur nature et les circonstances, ils font l'objet d'amortissements et de provisions pour dépréciation, dans les conditions générales d'utilisation de ces techniques.

Le coût de production est déterminé par la Comptabilité analytique de gestion, ou, à défaut, par des procédés statistiques ; exceptionnellement, si on ne peut recourir à ces méthodes, les biens vivants sont évalués à partir du cours du jour de clôture de l'exercice, sous déduction de la marge de l'exploitation agricole sur ces catégories de biens.

Dans le cas de la production animale, ce coût comprend, notamment, selon les cas :

- Le prix d'achat de l'animal, majoré des frais de transport correspondant ;
- Le coût de l'insémination artificielle ;
- Le coût de la saillie ;
- Les frais vétérinaires (pharmacie, soins) sachant que les frais de césarienne liés au vêlage d'une vache participent du coût de revient du veau ;
- Les frais d'entretien (fourrage, paille, aliments consommés), sauf s'agissant des poules, ceux relatifs à la période de ponte, qui entrent dans le prix de revient des œufs pondus ;
- L'amortissement des bâtiments et matériels d'élevage.

Quant au coût de production végétale, il comprend notamment :

- Les engrais, amendements, semences, plants, produits de défense des végétaux (fongicides, herbicides, insecticides), achetés ou produits effectivement utilisés au cours de l'exercice ;
- Les façons culturales (travaux agricoles) réalisés par des tiers (entreprises agricoles ou autres agriculteurs) ;
- Les frais de main d'œuvre du personnel salarié ;
- Les charges de matériel (amortissement, carburants, lubrifiants, réparations, assurances..) ;

- Les charges des bâtiments affectés à la production (amortissement, entretien, assurance, électricité…) ;
- Les charges de fermage.

4.2. L'autoconsommation et autres opérations particulières

4.2.1. L'autoconsommation

Il s'agit des consommations prélevées sur la production de l'exploitation, sans contrepartie monétaire, par l'exploitant, sa famille, et les salariés. En raison de son importance, cette autoconsommation est à enregistrer.

On créditera le compte 72, adapté à cet objet et intitulé, dans l'entreprise agricole, 721 Production immobilisée et autoconsommée par le débit du compte 104 Compte de l'exploitant, (sous-compte ad hoc 1047 Prélèvements d'autoconsommation) ; ou celui du compte 66 Charges de personnel dans le cas de consommation des salariés ; sous comptes ad hoc : 6617 et 6627 Avantages en nature.

4.2.2. Autres opérations particulières

Les améliorations du Fonds : Les dépenses et les charges engagées en vue de l'amélioration durable de la fertilité des terrains d'exploitation (travail du sol, assolements, fumures, apports organiques...) constituent, au plan économique, de véritables investissements à constater au débit d'un compte ad hoc d'immobilisations. Ces travaux augmentent la rentabilité potentielle des terrains, comme le font, par ailleurs, les travaux d'agencements et d'aménagements des terrains (drainage, irrigation, nivellement, etc.) ; leur coût s'inscrit, comme celui des précédents, au débit du compte 224, sous compte 2245 Améliorations du fonds.

La majorité de ces travaux, n'ayant pas une valeur pérenne, sont amortissables. L'importance de ces investissements justifie un poste particulier à l'actif du bilan : Aménagements et améliorations des terrains.

4.2.3. La participation dans des organismes professionnels agricoles

La fréquence et l'importance des participations des exploitations agricoles dans divers organismes coopératifs justifient la création, dans les Titres de participation, d'un compte ad hoc 265 Participations dans des Organismes professionnels.

4.2.4. Les indemnités et subventions diverses reçues

Les indemnités et subventions reçues sont à classer dans les "Produits des activités ordinaires" lorsqu'elles se substituent à des produits "ordinaires" ou compensent des charges ordinaires (exemple : indemnités pour calamités agricoles).
Le compte ad hoc 714 Indemnités d'exploitation est à utiliser.

Dans les autres cas, les indemnités et subventions sont à enregistrer, dans le résultat H.A.O., dans le compte ad hoc 844 Indemnités et subventions H.A.O.

4.2.5. Les montants compensatoires

Les montants compensatoires reçus ou payés sont à rattacher, soit aux achats, soit aux ventes, selon leur nature ; ils constituent des corrections du prix d'achat ou du prix de vente et sont donc inscrits : s'ils sont liés aux achats : au débit des comptes 60 (montants payés) ou au crédit d'un compte 609 (montants reçus) ; s'ils sont liés aux ventes : au crédit des comptes 70 (montants reçus) ou au débit d'un compte 709 (montants payés).

4.3. La différence entre le PCGO et le PCA concernant les biens vivants, les récoltes et autres produits agricoles

Tout en étant l'émanation du PCGO, le plan comptable agricole présente une certaine différence au niveau de certains aspects comptables.

Les différences essentielles entre le plan comptable général et le plan comptable agricole se situent essentiellement sur les classes suivantes :

Classe 2 - Comptes d'actif immobilisé

Une distinction est réalisée au niveau des immobilisations afin d'adapter le Plan comptable général OHADA aux spécificités agricoles notamment au niveau :

- des **types de terrains détenus** (comptes 221. Terrains agricoles et forestières, 2231 Terrains pour bâtiments industriels et agricoles, 224 Travaux de mise en valeur des terrains, 229 Aménagements de terrains en cours) ;
- des **bâtiments** détenus (comptes 2312-2322 Bâtiments agricoles et Bâtiments agricoles sur sol d'autrui) ;
- des **immobilisations corporelles** qui concernent les matériels et outillages agricoles ainsi que les actifs biologiques ou les **biens vivants** dans les comptes :

- 242 Matériel et outillage agricole ;
- 246 Actifs biologiques ;
- 249 Matériels et actifs biologiques en cours ;
- 2824 Amortissements de travaux de mise en valeur de terrains ;
- 2831 Amortissements des bâtiments industriels, agricoles, administratifs et commerciaux sur sol propre et
- 2832 Amortissements des bâtiments industriels, agricoles, administratifs et commerciaux sur sol d'autrui ;
- 2837 Amortissements des bâtiments industriels, agricoles, administratifs et commerciaux mis en concession ;
- 2842 Amortissements du matériel et outillage agricole ;
- 2846 Amortissements des actifs biologiques ;
- 2847 Amortissements des agencements et aménagements du matériel et actifs biologiques ;
- 2921 Dépréciations des terrains agricoles et forestiers ;
- 2924 Dépréciations de travaux de mise en valeur des terrains)...

Classe 3 - Comptes de stocks et en-cours

La différence essentielle entre les deux plans comptables porte sur les types de stocks d'intrants (marchandises, semences, pépinières, etc. et produits (récoltes, bœuf de boucherie, lait, viande, fruits, végétaux, etc.) détenus. Le plan comptable agricole va faire référence, par exemple aux animaux détenus, en utilisant les comptes :

- 313 Actifs biologiques, avec 3131 Animaux et 3132 Végétaux, 345 Actifs biologiques en cours, avec 3451 Animaux et 3452 Végétaux,

- 363 Produits finis, Actifs biologiques, avec 3631 Animaux et 3632 Végétaux, 3638 Autres stocks (activités connexes),...

Classes 6 à 8 Comptes de charges, et Comptes de produits

Ces trois classes représentent l'essentiel des adaptations du plan comptable agricole comparé au Plan comptable général OHADA.

- Les comptes 60 font référence aux semences, engrais, achats d'animaux,... : des informations propres au modèle agricole ;
- Les comptes 62 et 63 mentionnent des fermages ou encore des locations d'animaux ;
- Les comptes 64 laissent apparaître des taxes spécifiques ;
- Les comptes 70 font référence aux ventes de végétaux, d'animaux,... ;
- Les comptes 72 font état de tous les comptes liés aux stocks spécifiques à une activité agricole selon les types de végétaux, d'animaux détenus,...

Il est donc important de mettre en exergue les relations qui existent entre les comptes de stocks ; classe 3 et les comptes des charges ; classe 6 et les comptes de produits : classe 7 en ce qui concerne les variations des stocks et les variations d'inventaire[18].

Les variations de stocks concernent :

- les approvisionnements (engrais, amendements, semences, plants, ...) ;
- les autres approvisionnements : tout ce qui participe d'une manière indirecte à la production (engrais, produits phytosanitaires, carburants, lubrifiants, produits d'entretien, électricité, ...) ;
- les marchandises, destinées à être revendues sans transformation.

Deux comptes sont utilisés en fin d'exercice pour constater les variations de stocks :

- un compte appartenant à la classe 3 compte de stocks) et un autre appartenant à la classe 6 (comptes de charges). Les variations de stocks donnent lieu à deux écritures :

- 1ère écriture : le solde du stock initial

- 2ème écriture : constatation du stock final.

[18] Lejet G. et Arnold P., 1998, pp.209-221.

Tableau des comptes des stocks et des comptes des charges concernés

Comptes de stocks	**Comptes de charges**
31 Marchandises	6031 Variations de stocks de marchandises
32 Matières et fournitures liées	6032 Variations des stocks de matières premières et fournitures liées.
33 Autres approvisionnements	6033 Variations des stocks d'autres approvisionnements.

Exemple 1

- Le 1er janvier N, l'exploitant agricole Samuel, disposait d'un stock de 25 900 F d'approvisionnements non utilisés (semences, plants, aliments de bétail, etc.) ;
- Le 31 décembre N, le stock est de 32 602 F.

Quelles sont les écritures à présenter à cette date de clôture ?

1ère écriture - Solde du Stock initial

Le compte 6033 Variations des stocks d'autres approvisionnements est débité, le compte 33 Autres approvisionnements est crédité.

6033 Variations des stocks d'autres approvisionnements	
25 900	

33 Autres approvisionnements	
	25 900

2ème écriture – constatation du Stock final

Le compte 33 Autres approvisionnements est débité, le compte 6033 Variations des stocks d'autres approvisionnements est crédité.

33 Autres approvisionnements	
32 602	

6033 Variations des stocks d'autres approvisionnements	
	32 602

Les comptes 6031 Variations de stocks de marchandises, 6032 Variations des stocks de matières premières et fournitures liées et 6033 Variations des stocks d'autres approvisionnements peuvent être débiteurs ou créditeurs. Leur solde, quelle que soit sa nature (solde débiteur ou solde créditeur) est inscrit au débit du compte de résultat :

- en augmentation des achats, si le solde est débiteur
- en diminution des achats si le solde est créditeur.

Variations de stocks : 25 900 F – 32 602 F = -6 702 F.

Ici, la variation est négative, c'est-à-dire que le stock a augmenté. Cette variation constitue un produit qu'il faut soustraire aux charges.

Exemple 2.
Le 1er janvier N, l'exploitant Serge, disposait d'un stock de marchandises évalué à 39 000 F et au 31 décembre N, il évalue le stock final de ses marchandises à 35 000 F.

Quelles sont les écritures à présenter à cette date de clôture ?

1ère écriture - Solde du Stock initial
Le compte 6031 Variations des stocks des marchandises est débité, le compte 31 Marchandises est crédité.

6031 Variations des stocks de Marchandises	
39 000	

31 Marchandises	
	39 000

2ème écriture – constatation du Stock final
Le compte 31 Marchandises est débité, le compte 6031 Variations des stocks des Marchandises est crédité.

31 Marchandises	
35 000	

6031 Variations des stocks de marchandises	
	35 000

Variations de stocks : 39 000 F – 35 000 F = +4 000 F. Le stock a diminué, la variation est positive. Elle constitue une charge qui s'additionne aux autres charges.

4.4. Procédé comptable des stocks d'animaux et des végétaux
La production stockée correspond au volume de produits biens vivants en cours de production de biens et services non vendus à la date de clôture de chaque exercice comptable.

La différence entre la production stockée à la clôture de l'exercice et celle existante à la clôture de l'exercice précédent est dégagée dans le compte 73 Variations des stocks de biens et de services produits.

Cette variation d'inventaire, qu'elle soit positive ou négative, est comprise dans les produits d'exploitation.

Les subdivisions du compte 73 Variations des actifs biologiques stockés[19] permettent de distinguer les variations de productions par nature, par création ou substitution des comptes, ad hoc, d'une part et/ou par aménagement des comptes des stocks prévus par le SYSCOHADA :

[19]AUDCIF, 2017, p. 922 et 927.

Tableau de rapprochement des comptes des stocks avec les comptes de leurs variations en comptabilité agricole

Comptes des stocks des actifs biologiques				Comptes adaptés pour les variations de stocks		
31			Marchandises	6031 Variation des stocks de marchandises		
	313		Stocks d'actifs biologiques de marchandises			
		3131	Stocks d'animaux (marchandises)			
		3132	Végétaux (marchandises)			
32			Matières premières et fournitures liées		6032	Variations de stocks de MP et fournitures liées
33			Autres approvisionnements		6033	Variations de stocks d'autres approv.
34			Produits en cours	734	7341	Variations de stocks de produits en cours
	345		Stocks d'actifs biologiques en cours			
		3451	En-cours de production-animaux			
		3452	En-cours de production-végétaux			
35			Services en cours	735 Variations des encours de services		
					7351	Etudes en cours
					7352	Prestations de services en cours
36			Produits finis	736 Variations des stocks de produits finis		
	363		Stocks d'actifs biologiques			
		3631	Animaux			
		3632	Végétaux			
		3638	Autres stocks (activités annexes)			
37			Produits intermédiaires et résiduels	737 Variations de stocks des produits intermédiaires		
	373		Stocks d'actifs biologiques			
		3731	Animaux			
		3732	Végétaux			
		3738	Autres stocks (activités annexes)			
38			Stocks en cours de route, en consign. ou en dépôt	603 Compte de variation de stocks concerné		

4.4.1. Comptabilité des animaux à leur acquisition

Les animaux acquis pour les besoins d'**une activité agricole** sont récurrents. Il s'agit de comptabiliser ces achats dans les comptes avec une constatation, en créant en vertu de l'article 18, alinéa 5 de l'AUDCIF, le sous compte 60131, une subdivision du compte 601 Achat de marchandises à laquelle on ajoute 31 pour signifier qu'il concerne les animaux.

Ainsi donc, l'achat d'animaux se comptabilise soit en charge ou soit en immobilisation et cela doit être suivi lors de la clôture de l'opération.

Par conséquent, on constate, soit :

- en charges avec le compte 60131 Achat d'animaux ;
- soit en immobilisations avec les comptes 2461 Cheptel, animaux de trait, 2462 Cheptel, animaux reproducteurs ou 2463 Animaux de garde.

Selon le type d'achat réalisé, il faudra mouvementer l'un de ces deux comptes. L'**enregistrement comptable d'animaux** à leur acquisition est **fonction de leur finalité** définie d'après le plan comptable.

a) Des animaux comptabilisés en charges

Exemple d'achat d'animaux pour les revendre

Un paysan achète des animaux pour les revendre quelques jours plus tard. Ces animaux sont achetés 672 000 F HT et revendus 850 500 F HT. TVA de 16 %. L'acquisition d'animaux constatée en charges se comptabilise comme suit :

Comptes		Libellés et dates des opérations	Sommes	
Débit	Crédit		Débit	Crédit
60131		Achat d'animaux	672 000	
4452		TVA récupérable sur achat	107 520	
	401	à Fournisseurs		779 520
		(S/facture n°...)		
411		Clients	986 580	
	70131	à Ventes d'animaux		850 500
	4431	TVA facturée sur ventes		136 080
		(S/facture de vente n°...)		

La première opération signifie que les animaux acquis sortiront à un moment où à un autre pour une vente. La deuxième opération est la vente proprement dite.

En bref, les animaux passés en charges sont ceux **destinés à être commercialisés**. Cela signifie qu'ils font partie des achats commerciaux destinés à être revendus à court ou moyen terme. Ce sont donc des animaux comptabilisés en charges en vue de leur commercialisation.

b) Des animaux comptabilisés en immobilisation

Dans l'hypothèse où l'on achète des animaux en vue de les conserver soit en tant que reproducteurs de trait, soit en tant qu'animaux reproducteurs ou de garde, on doit les constater en immobilisations.

Exemple de comptabilisation des animaux dans un compte d'immobilisations

Un paysan achète des animaux pour un total de 257 000 F HT, TVA de 16 %. L'acquisition d'animaux constatée en charges se comptabilise comme suit :

Journal

Comptes		Libellés et dates des opérations	Sommes	
Débit	Crédit		Débit	Crédit
246		Actifs biologiques (Animaux)	257 000	
4451		TVA récupérable sur immob.	41 120	
	481	à Fournisseurs d'invest.		298 120
		(S/facture n°…)		

Le PCGO attribue aux animaux immobilisés, le sous compte 246 Actifs biologiques, subdivisé en son tour en :

- Compte 2461 Cheptel, animaux de trait ;
- Compte 2462 –Cheptel, animaux reproducteurs ;
- Compte 2463 - Animaux de garde.

Les entreprises à vocation commerciales n'ont pas de comptes 246 Actifs biologiques dans leur PCG pour constater l'achat éventuel d'animaux. Tel pourrait être le cas avec l'acquisition d'**un chien de garde**, par exemple. Toutefois, dans de telles entités, le compte 2463 y est utilisé, pour pouvoir constater ces achats qui restent à la marge pour les animaux de garde, notamment les chiens, chats, etc.

c) Comptabilité d'animaux et son impact à la clôture de l'exercice

Selon la comptabilisation retenue à l'achat des animaux pour une activité agricole, il est nécessaire de constater ce choix à la clôture du bilan. C'est à ce niveau qu'il faut dégager les variations de stocks et celles 'inventaire.

Exemple des animaux constatés en stock en fin de période

Comptabiliser un achat d'animaux sans qu'il y ait eu une revente nécessite la constatation d'un stock. Cela signifie que ces animaux sont toujours dans l'entreprise à la date de clôture.

Comptes		Libellés et dates des opérations	Sommes	
Débit	Crédit		Débit	Crédit
3131		Stocks d'animaux marchandises	x	
	6031	à Variations de stocks-Animaux		x
		OU		
3451		Encours de production-Animaux	x	
3631		Produits finis-Animaux	x	
3731		Produits intermédiaires-Animaux	x	
	73	à Variations de stocks de B&S produits		x
	735	Variations des en-cours des services		x
	736	Variations des stocks de produits finis		x
	737	Variations de stocks des produits intermédiaires		x

On doit donc passer l'écriture d'inventaire suivante pour un stock de 700 000 F. Il sera question de constater la variation de stocks et outrepasser la même écriture au premier jour du nouvel exercice.

Journal

Comptes		Libellés et dates des opérations	Sommes	
Débit	Crédit		Débit	Crédit
3131		Stocks d'animaux marchandises	700 000	
	731	à Variations de stocks des B&S services produits		700 000
		s/fiche des stocks		
731		Variations de stocks de B&S	700 000	
	3131	à Stocks d'animaux		700 000
		s/fiche des stocks		

d) Comptabilité de l'amortissement des animaux

La comptabilité des animaux en immobilisation a pour conséquence de générer une dotation aux amortissements. Les comptes 28 et 68 correspondants aux animaux concernes sont mouvementes.

Exemple

Une entreprise agricole a acquis des chevaux de trait au 01/07/N pour un montant de 800 000 F. L'amortissement est réalisé sur une durée de 5 ans soit un taux de 20% applicable chaque année au prorata temporis. La clôture de l'exercice est au 31/12.

Pour l'année N, il faudra constater l'amortissement à la clôture, sachant que seuls six mois viennent de s'écouler, soit un montant de 800 000 F x 20 % x 6 mois sur 12 mois de l'année,
Soit : 800 000 F x 20% x 6/12 = 8 000 F.

Comptes		Libellés et dates des opérations	Sommes	
Débit	Crédit		Débit	Crédit
6813		Dotations aux amortissements des immobilisations corporelles	8 000	
	2846	à Amortissements des actifs biologiques		8 000
		(S/fiche d'amortissements)		

4.4.2. Comptabilité des animaux produits ou acquis à titre gratuit

Les exploitations agricoles ont souvent la possibilité de fabriquer pour elles-mêmes leurs immobilisations corporelles. C'est le cas de travaux de construction des bâtiments commerciaux ou d'hangars, des plantations pérennes, des animaux reproducteurs, etc. l'écriture comptable est la suivante :

Comptes		Libellés et dates des opérations	Sommes	
Débit	Crédit		Débit	Crédit
22/23/24		Coût de prod. HT Immob. corporelles	d	
4451		TVA récup./Immobilisation corporelle	d	
	72	à Production immobilisée		c
	4434	TVA facturée sur production livrée à soi-même		c

Exemple 1

La plantation de Nyakalyamahemba s'engage à développer l'espèce améliorée de bœuf. Elle achète 2 génisses de bonne race et les élève comme animaux reproducteurs. Les dépenses hors taxes dans les comptes de charges sont les suivantes :

- Achat des génisses 1 200 000 F
- Produits phytosanitaires 300 000 F
- Services extérieurs 400 000 F
- Autres charges diverses 350 000 F
- Dotations aux amortissements 150 000 F
- La ferme est assujettie à la TVA au taux de 16 %

Déterminez le coût de production de ces animaux reproducteurs et enregistrez leur entrée dans le patrimoine de la ferme.

Calcul préliminaire :

- Coût de production : 1 200 000 F + 300 000 F + 400 000 F + 350 000 F + 150 000 F = 2 400 000 F
- TVA= 2 400 000 F x 16 % = 384 000 F.

Ecritures

Comptes		Libellés	Sommes	
Débit	Crédit		Débit	Crédit
2462 4451	 722 4434	Cheptel, animaux reproducteurs Etat, TVA récupér. sur immob. à Immobilisations corporelles TVA facturée sur livraison à soi-même (Entrée des animaux reproducteurs produits par la ferme)	2 400 000 384 000	 2 400 000 384 000

- **A leur valeur actuelle (biens acquis à titre gratuit) :**

Les immobilisations corporelles obtenues sous forme de don ou d'aide sont enregistrées dans le compte 14 Subvention d'investissement ou le crédit du compte 845 Dons et libéralités obtenus.

Exemple2

La collectivité chefferie de Buhavu accorde une subvention de 30 000 F à l'entreprise agricole Bern & Fils pour acquérir 2 vaches à lait valant 1 000 000 F.

Lors de l'accord, l'écriture comptable est :

Comptes		Libellés et dates des opérations	Sommes	
Débit	Crédit		Débit	Crédit
4494		Etat, Subv. d'équipement à recevoir	300 000	
	14	à Subvention d'investissement		300 000
		(Lors de l'accord)		
52/57		Banque ou Caisse	300 000	
	4494	à Etat, Subv. d'équipement à recevoir		300 000
		(Mise à disposition de fonds)		
2462		Cheptel, animaux reproducteurs	1 000 000	
	52/57	à Banque ou Caisse		1 000 000
		(Acquisition de deux vaches à lait)		

Exemple 3

La société agricole et d'élevage du Kivu montagneux SAEKIMO SARL, reçoit du PAM un don composé de 5charrues évaluées à 750 000 F et de 3 bœufs de trait estimés à 660 000 F pour tirer les charrues.

Les écritures comptables sont les suivantes :

Comptes		Libellés et dates des opérations	Sommes	
Débit	Crédit		Débit	Crédit
242		Matériel et outillage agricole	750 000	
2461		Cheptel, animaux de trait	660 000	
	845	à Dons et libéralités obtenus		1 410 000
		(Don reçu du PAM)		

- **Amortissement des immobilisations corporelles obtenues à titre gratuit (don ou aide) :**

L'amortissement du bien doit être suivi d'une écriture comptable de reprise partielle de la subvention amortie au rythme des amortissements comptables de manière à prendre en compte l'amortissement approprié. En reprenant l'exemple précédent et en considérant l'amortissement linéaire sur 10 ans, on a cette écriture :

Journal

Comptes		Libellés et dates des opérations	Sommes	
Débit	Crédit		Débit	Crédit
6813		Dot.aux amort. des immob. corporelles	10 000	
	2846	à Amort. des actifs biologiques		10 000
		(Lors de la prise en compte d'amort. annuel)		
14		Subventions d'investissement	3 000	
	865	à Reprise de Subvention d'invest.		3 000
		(Lors de la reprise de la part de subv.)		

Durant la période de croissance (de croît), l'accroissement de valeur est constaté, à hauteur du coût de production correspondant, soit par Variation des stocks comptes 603 et 73 biens vivants stockés, soit par Production immobilisée, compte 722 Biens vivants immobilisés. Selon leur nature et les circonstances, les biens immobilisés font l'objet d'amortissements et de provisions pour dépréciation, dans les conditions générales d'utilisation de ces techniques.

Le coût de production est déterminé par la Comptabilité analytique de gestion, ou, à défaut, par des procédés statistiques ; exceptionnellement, si on ne peut recourir à ces méthodes, les biens vivants sont évalués à partir du cours du jour de clôture de l'exercice, sous déduction de la marge de l'entreprise sur ces catégories de biens.

L'exemple d'entreprises agricoles, voire commerciales et industrielles réceptionnent des immobilisations en partie ou non achevées. C'est le cas des bâtiments. En effet, on peut successivement réceptionner la fondation, le rez-de-chaussée, la charpente, les travaux de finition, etc.

Les comptes d'immobilisations en cours, notamment le compte 229 Aménagement de terrains en cours, le 239 Bâtiments et installations en cours et le 249 Matériel en cours servent à enregistrer l'entrée, dans le patrimoine de l'entreprise, des immobilisations produites par l'entreprise elle-même et non encore terminées à la clôture de l'exercice ou, en cours d'exercice, des immobilisations produites par des tiers, livrées à l'entreprise, non achevées ou en partie.

Exemple
Les responsables du parc agro-industriel de Bukanga -Lonzo ont décidé, au mois de septembre N, la fabrication d'un outillage spécifique permettant la conservation, dans les meilleures conditions, d'une partie des produits laitiers.

A l'inventaire effectué le 31 décembre N, l'outillage n'est pas terminé. La comptabilité analytique indique que le coût des travaux est évalué à 3 500 000 F HT. La fabrication de l'outillage est terminée le 20 juin N+1. Le bien mis en service le jour même est évalué par la comptabilité analytique à 5 500 000 F HT. L'entité est assujettie à la TVA au taux de 16 %.

Le journal se présentera comme suit

Comptes		Libellés et dates des opérations	Sommes	
Débit	Crédit		Débit	Crédit
		(31/12/N)		
2491		Matériel et outillage en cours	3 500 000	
4451		TVA récupérable sur immobilisations	560 000	
	7222	à Immob. corporelles (actifs biologiques)		3 500 000
	4434	à TVA fact. sur prod. livrée à soi-même		560 000
		(20/06/N+1)		
2412		Outillage industriel	5 500 000	
4451		TVA récup. sur immob. (2 000 000 Fx 16%)	320 000	
	2491	à Matériel et outillage en cours		3 500 000
	7222	à Immob. corporelles (actifs biologiques)		2 000 000
	4434	à TVA fact. sur prod. livrée à soi-même		320 000

L'évaluation des immobilisations corporelles se fait au coût historique avec possibilité de réévaluation. En d'autres termes, l'évaluation se fait au coût historique réévalué en fonction du coefficient de réévaluation.

- Coût historique = coût d'acquisition ;
- Coût historique réévalué = valeur d'acquisition X coefficient de réévaluation ;
- Coefficient de réévaluation = Indice général de l'évaluation du prix dicté par le ministère de finances ou de l'économie en fonction du niveau d'appréciation ou de dépréciation de la monnaie nationale.

Exemple

Un matériel roulant acquis à 100 000 F le 1er janvier N est amorti avec 20 000 F au 31 décembre N. On annonce cependant que l'indice général de prix est passé de 100 à 120 de janvier à décembre de cette année. Présentez les opérations relatives à la réévaluation du matériel.

Solution

Coefficient de réévaluation ou indice de prix = mois d'arrivée sur le mois de départ

Où $\frac{120}{100} = 1{,}2$.

Tableau de réévaluation du matériel roulant au 31 décembre N.

Immobilisation	Avant réévaluat°	Coef. de rééval.	Rééval.	Ecart de rééval.
245 Mat. roulant	100 000	1,2	120 000	20 000
285 Amort. 20%	- 20 000	1,2	-24 000	-4 000
V.N.C	80 000		96 000	16 000

N.B. L'écart de réévaluation est la différence entre la valeur réévaluée et la valeur non réévaluée d'un bien qu'on va appeler : Plus-value de réévaluation (compte 106).

Le journal se présentera comme suit :

Comptes		Libellés et dates des opérations	Sommes	
Débit	Crédit		Débit	Crédit
		(31/12/N)		
245		Matériel roulant	20 000	
	285	à Amort. du matériel roulant		4 000
	106	Ecart de réévaluation		16 000
		(S/fiche d'amortissements n°…)		

De ce qui précède, il sied d'insister sur le taux d'amortissement des immobilisations qui se détermine par la formule élémentaire suivante :
Taux = $\frac{1}{n}$ x 100 ;

Avec T : taux d'amortissement
n : nombre d'années de vie de l'immobilisation ;
100 : l'équivalent de la valeur initial d'acquisition.

A partir de la durée de vie des immobilisations, on déduit que :

- L'immeuble industriel dure 25 ans : 100/25 = 4 % ;
- Le Matériel de transport dure 5 ans : 100/5 = 20 % ;
- Le Matériel et mobilier de bureau dure 10 ans : 100/10 = 10 % ;
- Le Gros matériel de calcul dure 2 à 3 ans : 100/3 = 30 % ;
- Arbres fruitiers ; selon sa durée de rendement
- Vache reproductrice : 8 à 10 ans : 10 %, même si l'animal reproducteur présente un cas spécifique, pour lequel l'amortissement dégressif est d'application, car à l'âge de réforme, sa valeur vénale est toujours supérieure à zéro.

Sans être exhaustif, nous présentons un tableau qui repend la nature et la durée de vie d'immobilisations amortissables, à l'exception du fonds commercial et du terrain.

Nature et durée de vie des immobilisations amortissables

Nature de l'immobilisation	**Durée de vie admise**
Biens vivants et autres actifs biologiques	Durée de vie estimée par les services spécialisés
Construction à usage industriel	20 ans
Constr. à usage d'habitation et commercial	25 ans
Matériel et outillage	5 ans
Aménagement et installation	10 ans
Mobilier de bureau	10 ans
Matériel de bureau et d'informatique(MBI)	5 à 10 ans
Camion	4 ans
Voiture	5 ans
Bateaux et navires de pêche :	
- d'occasion	6 ans
- neufs	8 ans
Avions et aéronefs civils	16 ans
Frais d'établissement	2 ans
Brevet et licence	Durée de la protection juridique

Il y a quelques précisions complémentaires qui nécessitent d'être retenues :

- Les vaches laitières sont considérées comme un stock à constater à chaque clôture d'exercice ;
- Pour conserver une valeur résiduelle à un actif biologique, à l'âge de réforme, la comptabilité agricole préconise la pratique d'amortissement dégressif, à raciné carrée ;

- Les certificats d'emphytéoses attachés aux terrains d'exploitation agricoles sont amortis pendant la durée de leur validité, pour maîtriser leur valeur actuelle chaque année ;
- Les poules pondeuses constituent des immobilisations, même si leur durée d'utilité est inférieure à une année. Il ne s'agit pas de constater un stock pour ces animaux ;
- Les travaux de mise en valeur de terrain sont considérés comme des immobilisations et comptabilisés en tant que tel.

➢ **Amortissement dégressif avec racine carrée pour l'évaluation des biens vivants**

La comptabilité agricole distingue les animaux reproducteurs de grandes espèces des animaux reproducteurs de petites espèces. La première catégorie est constituée d'animaux dont la durée de vie productive est supérieure à 12 mois et peuvent donc faire objet d'actif immobilisé, tandis que la deuxième catégorie est constituée d'animaux dont la durée de vie productive est courte, voire très courte. A cause de cette durée de productivité courte, ces animaux sont classés parmi les stocks.

Pour certains actes dont la longévité est assez grande (exemple le cheval, le taureau reproducteur,…), l'estimation de leurs valeurs peut se faire selon la méthode d'amortissement dégressif en appliquant la racine carrée.

Exemple

Un porc de reproduction acquis à 150 000 F présente une valeur résiduelle de 15 000 F à la 5ème année. Son tableau d'amortissement dégressif se présente comme suit :

Formule : t $= 1 - \sqrt[n]{\frac{VNC}{VA}} =$

$$= 1 - \sqrt[5]{\frac{15\,000}{150\,000}}$$

$$\frac{1}{5}$$

$$= 1 - \sqrt{\frac{15\,000}{150\,000}}$$

$$= 1 - 0{,}1^{0,2} = \mathbf{0{,}36904.}$$

Tableau d'amortissement dégressif

Année	Valeur d'acquisition	Base	Annuité	Valeur nette comptable
1	150 000	0,36904	55 346	94 644
2	150 000	0,36904	34 927	59 717
3	150 000	0,36904	22 038	37 679
4	150 000	0,36904	13 905	23 774
5	150 000	0,36904	8 774	15 000

Procédé du calcul :

Il faut veiller à ce que le nombre de décimaux, servant de base de calcul soit constitué de même nombre de chiffres que comprend le montant de la valeur d'acquisition. Sinon, on n'atteint pas la dernière valeur résiduelle arrondie.

C'est dans ce cas que la base de calcul d'amortissement est constituée de six chiffres (0,36904) comparativement à la valeur d'acquisition du porc qui a six chiffres (150 000 F).

- **Autres méthodes d'estimation de valeur d'autres actifs biologiques amortissables**

D'autres procédés de calcul de valeurs résiduelles ou marchandes s'appliquent à l'évaluation d'actifs biologiques. C'est le cas pour certaines espaces animales et spéculations agricoles, qu'il faut évaluer en fin d'exercice, en se servant de leur âge ou de leur poids.

Ainsi, pour les animaux qui ne sont pas encore prêts pour la vente et dont l'estimation à la valeur marchande est trop difficile (goret de 4 semaines, porc de 40 kg, poule pondeuse de 6 mois, etc., on estime leur valeur à l'échelle basée sur l'âge ou sur le poids.

Sur base de l'âge, la formule est : $V2 = V1 + \left(\frac{a2-a1}{a3-a1}\right)(V3 - V1)$,

avec :

V1 = valeur marchande à l'âge 1
a1 = l'âge initial de référence
V2 = valeur recherchée à l'âge 2
a2 = l'âge correspondant à V2, intermédiaire entre a1 et a3
V3 = valeur marchande à l'âge normal
a3 = l'âge correspondant à la période normale de vente.

Exemple
Les gorets sont vendus normalement à l'âge de 8 semaines au prix de 35 000 F. A une semaine, ils sont vendus à un prix de 20 000 F par unité. Calculez la valeur d'un goret de 6 semaines.

Résolution
V2 = V1 + $\left(\frac{a2-a1}{8-1}\right)$ (35 000 – 20 000)= 30 714 F.

La même formule est applicable en tenant compte du poids :

Sur base de l'âge, la formule est : V2 = V1 + $\left(\frac{P2-P1}{P3-P1}\right)(\boldsymbol{V3} - \boldsymbol{V1})$

Exemple
Supposons que le prix du goret de 20 kg est de 16 000 F et que la valeur du porc de 100 kg (poids normal de vente) est de 75 000 F. Déterminez la valeur du porc de 50 kg de ce lot.

V2 = V1 + $\left(\frac{P2-P1}{P3-P1}\right)(V3 - V1)$
V2 = 16 000 F + $\left(\frac{50kg-20kg}{100kg-20kg}\right)(75\,000 - 16\,000)$
V2 = 16 000 F + $\left(\frac{30kg}{80kg}\right)(59\,000)$
16 000 F + 22 125 F = 38 125 F.

L'autre problème d'inventaire d'animaux se pose dans l'estimation comptable de la poule pondeuse. Pour cette catégorie d'être et pour d'autres dont la valeur à la fin du cycle de production est inférieure à celle du début de ce même cycle, la formule précédente se modifie et elle prend la forme suivante :

V2 = V1 - $\left(\frac{b2-b1}{b3-b1}\right)(V1 - V3)$

Avec :
V1 = valeur de l'animal au début du cycle de production ;
b1 = l'âge de début de ce cycle (5 mois pour la poule pondeuse et 22 à 26 mois pour la vache laitière) ;

V2 = valeur recherchée comprise entre le début et la fin du cycle de production ;
b2 = l'âge correspondant à V2 ;
V3 = valeur de l'animal à l'âge de la réforme ;
b3 = l'âge de réforme (13 mois pour la poule pondeuse et 5 à 8 ans pour la vache laitière).

Exemple
Quelle est la valeur comptable d'une poule pondeuse de 8 mois estimée par référence à la valeur d'une poulette en instance de la ponte correspondant à 10 000 F et la valeur de réforme de la poule de 13 mois qui est de 3 000 F ?

Résolution

$V2 = 10\ 000\ F - \left(\frac{8-5}{13-5}\right)(10\ 000 - 3\ 000)$

$V2 = 10\ 000\ F - \left(\frac{3}{8}\right)(7\ 000)$

$V2 = 10\ 000\ F - \frac{21\ 000}{8}$

V2 = 10 000 F – 2 625 F = 7 375 F.

- L'estimation de la valeur de remplacement des équipements agricoles et des certificats d'emphytéose de terrains d'exploitation.

- **Le Modèle de remplacement de l'équipement**

Désignons par A : le coût d'acquisition, Ct : le coût de fonctionnement de l'année t, Rt : la valeur de revente en fin d'année t ; t : le nombre d'années avant le remplacement de l'équipement, K(r) : le coût total de l'équipement pour la durée r où on le conserve ; k(r) : le coût moyen de l'équipement par an. Si on remplace l'équipement après r années, on a le coût total : **K(r) = A + C1 + C2 + … + Cn – Rt.**

Dans la comptabilité agricole, il sera question de déterminer la fonction économique à rendre minimum, qui est le coût moyen annuel : k(r) = K(r)/r.

Dans ce cas, l'optimum a lieu quand le coût marginal (supplément de coût total si l'on garde l'équipement 1 an de plus) vient de dépasser le coût moyen.

Exemple
La valeur d'acquisition d'une moissonneuse est de 60 000 F, sa valeur de revente s'établit comme suit :
- 1ère année, la valeur est de 30 000 F ;
- 2ème année : 20 000 F ;
- 3ème année : 12 000 F ;
- 4ème année : 8 000 F ;
- 5ème année : 6 000 F ;
- 6ème année : 5 000 F.

Le coût de fonctionnement est de 20 000 F à la 1ère année et s'accroît ensuite de 5 000 F par an. Pendant combien de temps faut-il conserver l'équipement avant de le remplacer par un nouvel identique ?

Tableau de valeurs de remplacement de l'équipement :

Année	Dépréciation (A – Rr)	Coût de fonctionnement		Coût total K(r)	Coût moyen k(r)
		Nominal	Cumulé		
1	30 000	20 000	20 000	50 000	50 000
2	40 000	25 000	45 000	85 000	42 500
3	48 000	30 000	75 000	123 000	41 000
4	**52 000**	**35 000**	**110 000**	**162 000**	**40 500**
5	54 000	40 000	150 000	204 000	40 800
6	55 000	45 000	195 000	250 000	41 667

On voit que, la période 4 est celle qui procure le coût moyen annuel minimum. C'est le moment stratégique de remplacement qui correspond au point où le coût marginal dépasse le coût moyen. Si l'on conservait l'équipement 1 an de plus, il coûterait un supplément dû au coût de fonctionnement de la 5ème année auquel s'ajouterait la différence dans la valeur de revente.

4.5. Lees équipements et animaux en leasing et droits similaires

Sont portés sous cette rubrique : les droits d'usage à long terme sur des immobilisations corporelles dont l'entreprise dispose en vertu de contrats non résiliables d'emphytéose, de superficie, de location-financement ou de conventions similaires, à condition que :

a) les redevances échelonnées prévues au contrat couvrent, outre les intérêts et les charges de l'opération, la reconstitution intégrale du capital investi par le donneur, et

b) la propriété de l'immobilisé soit, au terme du contrat, transférée de plein droit à l'entreprise ou que le contrat comporte une option d'achat pour l'entreprise.

4.5.1. Le contrat d'un pâturage

Exemple

Le contrat suivant est conclu au début de l'année N :

- valeur de mise en valeur d'un pâturage	1 200 000 F
- option d'achat au terme des 5 ans	300 000 F
- valeur du contrat (1 200 000 F – 300 000 F)	900 000 F
-durée du contrat	5 ans
-taux du contrat	2%
- remboursement	5années constantes

Formule : $A = \frac{r(Valeurducontrat)}{1-(1+r)^{-5}} \Longrightarrow A = \frac{0,12(900000)}{1-(1,12)^{-5}} = 249669\,F.$

$$A = \frac{0,12(90000)}{1-(1,12)^{-5}} = \frac{108000}{1-\frac{1}{(1,12)5}} = \frac{108000}{1-0,567426855} = \frac{108000}{0,432573144} = 249669\ F.$$

Plan de remboursement

Année	**Annuité**	**Intérêts**	**Remboursement**	**Restant dû en début d'année**
Mode de calcul	Cfr formule	Restant dû x 12%	Annuité – intérêts	Restant dû initial – remboursement précédent
1	249 669	108 000	141 669	900 000
2	249 669	91 000	158 669	758 331
3	249 669	71 959	177 710	599 662
4	249 669	50 634	199 035	421 952
5	249 669	26 750	222 917	222 917
Total	**1 248 345**	**348 343**	**900 000**	**0**

4.5.2. Le contrat d'une concession d'agriculture

Exemple

Une concession destinée à l'agriculture dont le donneur est la société OLIVE est accordée au preneur qu'est l'ISTD/Kalehe au début de l'année N. Le contrat d'emphytéose est ainsi conclu :

- Valeur de la concession : 160 000 F
- Valeur du contrat (Valeur + 15 %) : 184 000 F
- Durée du contrat : 25 ans
- Taux du contrat : 5 %
- Remboursement : Vingt cinq annuités constantes.

Formule : $A = \frac{0,05(Valeurducontrat)}{1-(1+0,05)^{-25}} \Rightarrow A = \frac{0,05(184000)}{1-(1,05)^{-25}} =$

$$= \frac{0,05(184000)}{1-(1,05)^{-25}} = \frac{9200}{1-\frac{1}{(1,05)^{25}}} = \frac{9200}{1-0,295302772} = \frac{9200}{0,704697228} = 13055,25 \text{ F.}$$

Plan de remboursement selon les clauses du contrat d'emphytéose de 25 ans

Année	Annuité	Intérêts	Remboursement	Solde restant dû
Mode de calcul	Cfr formule	Restant dû x 5%	Annuité – intérêts	Restant dû initial – remboursement précédent
1	13 055,25	9 200,00	3 855,25	184 000,00
2	13 055,25	9 007,24	4 048,01	180 144,75
3	13 055,25	8 804,84	4 250,41	176 096,74
4	13 055,25	8 592,32	4 462,93	171 846,32
5	13 055,25	8 369,17	4 686,08	167 383,39
7	13 055,25	8 134,87	4 920,38	162 697,31
8	13 055,25	7 888,85	5 166,40	157 776,93
9	13 055,25	7 630,53	5 424,72	152 610,52
10	13 055,25	7 359,29	5 695,96	147 185,80
11	13 055,25	7 074,49	5 980,76	141 489,84
12	13 055,25	6775,45	6 279,80	135 509,08
13	13 055,25	6 461,46	6 593,79	129 229,28
14	13 055,25	6 131,77	6 923,48	122 635,50
15	13 055,25	5 785,60	7 269,65	115 712,02
16	13 055,25	5422,12	7 633,13	108 442,37
17	13 055,25	5040,46	8 014,79	100 809,24
18	13 055,25	4 639,72	8 415,53	92 794,45
19	13 055,25	4 218,95	8 836,30	84 378,93
20	13 055,25	3 777,13	9 278,12	75 542,62
21	13 055,25	3 313,23	9 742,02	66 264,51
22	13 055,25	2 826,12	10 229,13	56 522,48
23	13 055,25	2 314,67	10 740,58	46 293,35
24	13 055,25	1 777,64	11 277,61	35 552,77
25	13 055,25	1 213,76	11 841,49	24 275,16
Total	**313 326,00**	**141 759,67**	**171 566,33**	**12 433,67**

4.5.3. L'amortissement d'animaux, d'équipements et d'autres valeurs immobilisées

Les amortissements sont calculés en différentes méthodes, à savoir :

- La Méthode constant ou linéaire : Ici on calcule l'annuité : a = Vo X taux ;
- La Méthode d'amortissement dégressif (ou décroisant) : par le pourcentage fixe, la somme des années ;
- La Méthode d'amortissement progressif (ou croissant) ;
- La Méthode d'amortissement proportionnel ;
- Etc.

1° Méthodes d'amortissement constant.

Par cette méthode, l'amortissement appelé annuité est le même pendant toute la période de vie du bien.

Exemple

Un matériel roulant acquis à 200 000 F sera amorti totalement après 10 ans, son tableau d'amortissement au taux de 10 % est le suivant :

Tableau d'amortissement

Durée	Valeur d'acquisition	Annuité	Amortissement cumulé	Valeur résiduelle
1	200 000	20 000	20 000	180 000
2	200 000	20 000	40 000	160 000
3	200 000	20 000	60 000	140 000
4	200 000	20 000	80 000	120 000
5	200 000	20 000	100 000	100 000
6	200 000	20 000	120 000	80 000
7	200 000	20 000	140 000	60 000
8	200 000	20 000	160 000	40 000
9	200 000	20 000	180 000	20 000
10	200 000	20 000	200 000	0

2° Méthode d'amortissement dégressif (décroissant)
L'un des faits les plus communs des immobilisations est qu'elles sont caractérisées par la faculté d'être utilisées plus intensément quand elles sont encore neuves.

Dans ce cas, le montant de l'annuité diffère d'une année à l'autre allant du plus grand au plus petit qui est la dernière annuité. On peut appliquer soit la méthode du pourcentage fixe, soit la méthode de la somme des années.

- ***Méthode du pourcentage fixe :***

Ici l'amortissement s'effectue sur la valeur nette comptable dans cette variante, l'amortissement est calculé après déduction des amortissements antérieurs sur la valeur nette comptable.

Tableau d'amortissement

Durée	Valeur d'acquisition	Annuité	Amortissement cumulé	Valeur résiduelle
1	200 000	20 000	20 000	180 000
2	180 000	18 000	38 000	162 000
3	162 000	16 200	54 200	145 800
4	145 800	14 580	68 780	131 220
5	131 220	13 122	81 902	118 098
6	118 098	11 809,8	93 711,8	106 288,2
7	106 288,2	10 628,82	104 340,62	95 659,38
8	95 659,38	9 565,938	113 906,558	86 093,442
9	86 093,442	8 609,3442	122 515,902	77 484,0978
10	77 484,098	7 748,40978	130 264,312	69 735,688

Anomalie
- La méthode ne parvient pas à annuler totalement le bien.
- Pour la corriger, il faut qu'on prenne comme le dernier amortissement, la dernière Vo.

Inconvénient
En lisant ce tableau, on constate qu'après la durée de vie du bien (matériel roulant) il n'est pas complètement amorti. Or, le principe est que la valeur résidentielle (VNC) d'un bien après sa durée de vie doit arithmétiquement être égale à 0.

Ce qui n'est pas vrai lorsqu'on applique la méthode d'amortissement dégressif du pourcentage fixe. C'est donc une anomalie pour résoudre cette difficulté, un groupe des penseurs a proposé deux solutions :

- La portion d'amortissement qui reste à courir pour la dernière année est donc, à la 10ème année pour notre exemple on aura :

10	7 744,0978	7 744,0978	200 000	0

En appliquant la correction à la 10ème année, le problème n'est pas totalement résolu. En effet, la 10ème année est obligée de supporter seule la charge liée à l'amortissement alors qu'elle n'a subi qu'une dépréciation égale à 10 % de la valeur d'origine. En outre, le principe de la dégression n'est plus respecté entre la 9ème année et la 10ème année. Pour pallier à cette insuffisance, un autre groupe d'auteurs a préconisé qu'à partir d'une période qui se situe le plus souvent au milieu de la durée de vie du bien, on applique l'amortissement constant ou linéaire.

Pour cet exemple, la démarche sera la suivante :

Tableau d'amortissement

Durée	Val d'acquisition	Annuité	Amortissement cumulé	Valeur résiduelle
1	200 000	20 000	20 000	180 000
2	180 000	18 000	38 000	162 000
3	162 000	16 200	54 200	145 800
4	145 800	14 580	68 780	131 220
5	131 220	13 122	81 902	118 098
6	118 098	23 619,6	105 521,6	94 478,4
7	94 478,4	23 619,6	129 141,2	70 858,8
8	70 858,8	23 619,6	152 760,8	47 239,2
9	47 239,2	23 619,6	176 380,4	23 619,6
10	23 619,6	23 619,6	200 000	0

L'application de l'amortissement constant ou linéaire à partir de la 6e année, allège la difficulté de faire supporter à 10ème année, une charge lourde, mais ne trouve pas des solutions au non-respect du principe de la dégression car à partir de la 6ème année on constate une progression de la dotation aux amortissements par rapport aux années antérieures.

b) La méthode de la somme des années

Elle est utilisée comme base de répartition de la valeur d'origine en différente annuité. Pour une immobilisation qui a une durée de vie de 10 ans, les annuités seront déterminées sur base de la somme de 10 premiers entiers naturels.

Soit 1 + 2 + 3 + 4 + 5 + 6 + 7 + 8 + 9 + 10 = 55.

D'où : Base = $n\left(\frac{n+1}{2}\right) = 10\left(\frac{10+1}{2}\right)$

= 10(11/2)

= 110/2 = 55.

Tableau d'amortissement

Durée	Valeur d'acquisition	Base	Annuité	Amortissement cumulé	Valeur résiduelle
			Vo x base/55	Annuité1+ annuité initiale	Vo – amort. cumulé
1	200 000	10/55ème	36 363,6364	36 363,6364	163 636,364
2	200 000	9/55ème	32 727,2727	69 090,9091	130 909,091
3	200 000	8/55ème	29 090,9091	98 181,8182	101 818,182
4	200 000	7/55ème	25 454,5455	123 636,364	76 363,6364
5	200 000	6/55ème	21 818,1818	145 454,545	54 545,4545
6	200 000	5/55ème	18 181,8182	163 636,364	36 363,6364
7	200 000	4/55ème	14 545,4545	178 181,818	21 818,1818
8	200 000	3/55ème	10 909,0909	189 090,909	10 909,0909
9	200 000	2/55ème	7 272,72727	196 363,636	3 636,36364
10	200 000	1/55ème	3 636,36364	200 000	0

c) Méthode d'amortissement progressif

La pratique offre rarement l'occasion d'appliquer ces types d'amortissement. Toutefois, cette méthode est utilisée pour le jugement, les brevets et d'autres valeurs (biens) pour lesquels l'évaluation pose problème. Il se peut que la valeur d'une cession (jugement, brevet, etc.) ne se déprécie pas les premières années. Une nouvelle valeur qui apparaît quelques années plus tard peut faire diminuer la valeur de l'ancien brevet par ex. cette méthode est choisie pour les biens dont le rendement pendant les premières années est normalement plus faible que dans la suite. Les annuités seront ainsi calculées par la formule suivante :

$a1 = \frac{2Vo}{n(n+1)}$ or Vo = 200 000 F, n = 10 ans.

$a1 = \frac{2(200000)}{10(10+1)} = \frac{400000}{110} = 3636{,}364$

a2 = a1 x 2 = 3 636,364 x 2 = 7 272,728
a3 = a1 x 3 = 3 636,364 x 3 = 10 909,092
a4 = a1 x 4 = 3 636,364 x 4 = 14 545,456
a5 = a1 x 5 = 3 636,364 x 5 = 18 181,82
a6 = a1 x 6 = 3 636,364 x 6 =21 818,184
a7 = a1 x 7 = 3 636,364 x 7 =25 454,548
a8 = a1 x 8 = 3 636,364 x 8 =29 090,912
a9 = a1 x 9 = 3 636,364 x 9 =32 727,276
a10=a1 x 10 = 3 636,364 x 10 =36 363,64

c) la méthode d'amortissement progressif :

a = $\frac{2Vo}{n(n+1)}$

Durée	Valeur d'acquisition	Annuité	Amortissement cumulé	Valeur résiduelle
1	200 000	3 636,363636	3 636,36364	196 363,636
2	200 000	7 272,727273	10 909,0909	189 090,909
3	200 000	10 909,09091	21 818,1818	178 181,818
4	200 000	14 545,45455	36 363,6364	163 636,364
5	200 000	18 181,81818	54 545,4545	145 454,545
6	200 000	21 818,18182	76 363,6364	123 636,364
7	200 000	25 454,54545	101 818,182	98 181,8182
8	200 000	29 090,90909	130 909,091	69 090,9091
9	200 000	32 727,27273	163 636,364	36 363,6364
10	200 000	36 363,63636	200 000	0

En SYSCOHADA, le terrain agricole est porté au compte **2211 Terrains d'exploitation agricole.**

Dans le cas où l'exploitation procède aux constructions, il y a lieu de distinguer le terrain de construction et le chantier, c'est-à-dire le compte **2221 Terrains à bâtir**.

Les travaux d'aménagement du terrain sont portés au compte **224 Travaux de mise en valeur des terrains.** Il s'agit des travaux de défrichement, de renouvellement, d'irrigation, de drainage,…

Par contre, les travaux de mise en état de terrain ne représentant pas de caractère d'immobilisation sont considérés comme des charges à enregistrer dans le compte **624 Entretien, réparations et maintenance**.

Toutefois, si ces charges sont très importantes pour un exercice et ne peuvent être supportées par plusieurs exercices, et par conséquent, doivent être considérées comme des charges à étaler. Ainsi, tous les travaux annuels ou saisonniers de désherbage, labour, semi et plantation, récolte et autres entretiens ne sont pas de travaux d'immobilisation.

4.5.4. Cas d'opérations comptables concernant les récoltes

Au moment du stockage de la récolte, la valeur de celle-ci ou coût de production est comptabilisée au débit du compte **36 Produit fini ou récoltes** par le crédit du compte **72 Production immobilisée.**

Exemple

Une entreprise reçoit dans le territoire de Kalehe, un terrain de 15 ha. Les travaux d'aménagement se sont élevés à 52 000 F payés par banque, en contrepartie du terrain, elle paye 2 000 F par banque au territoire. Cinq ans plus tard, les travaux de la culture de pommes de terre (labour, désherbage, sarclage) ont occasionné les charges classées comme suit :

605 Autres achats et fournitures	30 000 F
61 Transport :	15 000 F
62 et 63 Services extérieurs	10 000 F
64 Impôts et taxes	12 000 F
65 Autres charges	5 000 F
66 Charges de personnel	25 000 F
67 Charges financières	1 000 F
68 Dotations aux amortissements	34 000 F

Tous les paiements s'opèrent par banque.

Travail à faire

Passer les écritures à la première année et toutes les écritures à la 5ème année y compris celles de stockage de récoltes du premier rapport.

Journal

N°	Comptes		Libellés et dates d'opérations	Comptes	
	Débit	Crédit		Débit	Crédit
1	2211		Terrains d'exploitation agricole	2 000	
	224		Travaux de mise en valeur des terrains	52 000	
		521	à Banque locale		54 000
			(s/Chèque n°…)		
2	605		Autres achats	30 000	
	610		Transport	15 000	
	62/63		Services extérieurs	10 000	
	64		Impôts et taxes	12 000	
	65		Autres charges	5 000	
	66		Charges de personnel	25 000	
	67		Charges financières	1 000	
	68		Dotations aux amortissements	34 000	
		28	à Amortissements		34 000
		521	Banque locale		98 000
			(s/Fiche d'amort. n° … & Chèq n°….)		
3	3632		Produits finis (récoltes de pommes)	132 000	
		7222	à Production immobilisée (actifs biol.)		132 000
			(s/Fiche des stocks pommes de terre)		
			Total général	**318 000**	**318 000**

Supposons qu'on ait vendu ¾ de ces pommes de terre à 150 000 F, moitié à crédit, ¼ en espèces et le reste par chèque bancaire, les écritures seront :

Pré-calculs

- Stocks de pommes de terre : 132 000 F x ¾ = 99 000 F
- Prix de vente : 150 000 F
- Dont moitié à crédit : 150 000 F x ½ = 75 000 F
- Quart en espèce : 150 000 F x ¼ = 37 500 F
- Quart par chèque : 150 000 F x ¼ = 37 500 F.

Journal

N°	Comptes		Libellés et dates d'opérations	Comptes	
	Débit	Crédit		Débit	Crédit
1	7222		Production immobilisée (actifs biolog)	99 000	
		3632	à Produits finis (Récoltes)		99 000
			(s/fiche des stocks pommes de terre)		
2	411		Clients	75 000	
	521		Banque locale	37 500	
	571		Caisse principale	37 500	
		702	à Ventes de produits finis (récoltes)		150 000
			(s/facture de vente n°...)		
			Total général	**249 000**	**249 000**

4.5.5. Cas d'opérations comptables concernant les plantations pérennes ou à demeure

o ***La création d'une plantation***

Les plantations pérennes enregistrent :

- Les valeurs des travaux d'aménagement consacrés à la création des plantations ou de leurs valeurs d'acquisition.
- Les coûts évalués du travail de l'entrepreneur à cette création de plantation.

NB. Les frais d'aménagement continueront à augmenter la valeur de la plantation tant qu'elles ne sont pas arrivées à un stade de production normale. A partir de la première année de rapport ou de production normale, toutes les dépenses sont considérées comme des dépenses normales d'exploitation.

Pendant la croissance de la plantation, à la fin de chaque année, le compte 229 Aménagements de terrains en cours qui est soldé à la fin de l'année.

o ***La récolte***

Sa valeur est portée au débit du compte 36 produit fini, par le crédit du compte 72 production immobilisée.

Exemple

Un exploitant agricole disposant de 61 000 F, décide d'affecter son terrain d'une valeur de 10 000 F à la culture du caféier. Les travaux de défrichement, labour, plantation et le coût de semence y compris se sont élevés à 10 000 F.

L'entretien et autres frais ont coûté : 1ère année : 15 000 F, 2ème année : 10 000 F, 3ème année : 5 000 F, 4ème année : 2 000 F.
A la fin de la 4ème année, la production est évaluée à 500 000 F.

Dresser le journal et le jeu des comptes ou Grand-livre.

1) Journal

N°	Comptes Débit	Comptes Crédit	Libellés et dates d'opérations	Comptes Débit	Comptes Crédit
1	571		Caisse principale	61 000	
		104	à Compte de l'exploitant		61000
			(s/Bon d'entrée n°)		
2	2211		Terrains d'exploitation agricole	10 000	
	224		Travaux de mise en valeur des terrains	10 000	
		571	à Caisse principale		20 000
			(s/Bon de sortie caisse n°...)		
3			1ère année		
	624		Entretien, réparations et maintenance	15 000	
		571	à Caisse principale		15 000
			(S/Bon de sortie caisse n°....)		
			Dito		
	229		Aménagement des terrains en cours	15 000	
		7342	à Travaux en cours		15 000
			(Création plantation de caféier)		
4			2ème année		
	624		Entretien, réparations et maintenance	10 000	
		571	à Caisse principale		10 000
			(S/Bon de sortie caisse n°....)		
			Dito		
	229		Aménagement des terrains en cours	10 000	
		7342	à Travaux en cours		10 000
			(Création de la plantation de caféier)		
5			3ème année		
	624		Entretien, réparations et maintenance	5 000	
		571	à Caisse principale		5 000
			(S/Bon de sortie caisse n°....)		
			Dito		
	229		Aménagement des terrains en cours	5 000	
		7342	à Travaux en cours		5 000
			(Création de la plantation de caféier)		
6			4ème année		
	624		Entretien, réparations et maintenance	2 000	
		571	à Caisse principale		2 000
			(S/Bon de sortie caisse n°....)		
			Dito		
	224		Travaux de mise en valeur des terrains	32 000	
		229	à Aménagement des terrains en cours		30 000
		7342	à Travaux en cours		2 000
			(Pour solde des crédités)		
7			Dito		
	3632		Produits finis (1er rapport du café)	500 000	
		7222	à Production immobilisée		500 000
			(s/Fiche des stocks de café)		
			Total général	**675 000**	**675 000**

2)

104 Compte de l'exploitant

SC 61 000	61 000 (1)
61 000	61 000

571 Caisse

(1) 61 000	20 000 (2)
	15 000 (3)
	10 000 (4)
	5 000 (5)
	2 000 (6)
	9 000 SD
61 000	61 000

624Entretien, répar. et mainten.

(2) 20 000	
(3) 15 000	
(4) 10 000	
(5) 5 000	
(6) 2 000	32 000 SD
32 000	32 000

2211 Terrains d'exploit. agricole

(2)10 000	10 000 SD
10 000	10 000

224 Trav. de mise en val des terr.

(2)10 000	
(6) 32 000	42 000 SD
42 000	42 000

229 Aménag. de terrains en cours

(3) 15 000	
(4) 10 000	
(5) 5 000	30 000 SD
30 000	30 000

7342 Travaux en cours

	15 000 (3)
	10 000 (4)
	5 000 (5)
SD 32 000	2 000 (6)
32 000	32 000

3632 Produits finis (1er rapport)

(7) 500 000	500 000 SD
500 000	500 000

7222 Production immobilisée

SC 500 000	500 000 (7)
500 000	500 000

Exercices d'application

1. La valeur résiduelle de 198 $ est attribuée à une vache achetée à 580 $ USD il y a six ans, présenter son tableau d'amortissement dégressif.

Formue : $t = 1-\sqrt[6]{198/580}$

$$t = 1- 0,341^{0,16'}$$

t = 1 – 0,835 = 0,164.

Tableau d'amortissement dégressif :

Année	Valeur d'acquisition	Base	Annuité	Valeur nette comptable
1	580	0,164	95,12	484,88
2	580	0,164	78,86	406,02
3	580	0,164	66,58	339,44
4	580	0,164	55,67	283,77
5	580	0,164	46,54	237,23
6	580	0,164	38,91	198,32

2) Donnez la valeur d'une poule pondeuse de 9 mois estimée à sa valeur initiale de 12 000 F par rapport à la valeur de réforme de 3 000 F.

Résolution

$$V2 = 12\ 000\ F - (\frac{9-5}{13-5})\ (12\ 000\ F - 3\ 000\ F)$$

$$V2 = 12\ 000\ F - (\frac{4}{8})\ (9\ 000\ F)$$

$$=36\ 000\ F/8 = 4\ 500\ F.$$

Chapitre cinquième : Evaluation des résultats agricoles annuels et des opérations en devises

Les résultats agricoles annuels s'évaluent en fonction des spéculations exploitées dans un domaine agricole au cours de l'année.

Rey de Planazu a établi un tableau pour chaque unité économique de la terre de Beaumont (château, domaines, laiteries, moulins, étangs, tuileries, carrières, bois...). En utilisant un modèle répétitif fait de colonnes de largeur variable, il donne les éléments constitutifs de ces unités qui composent les trois grandes catégories de facteurs utilisés dans l'exploitation agricole, à savoir : les hommes, les terres et les animaux.

Selon sa théorie, l'agronome énumère dans la première colonne le nom des habitants, dans la seconde leurs qualités et emploi, puis dans la troisième, plus étroite, leur âge. L'auteur passe ensuite aux biens. Dans la quatrième colonne, également étroite, il y a des numéros d'enregistrement. Au regard de chacun d'eux, il a écrit dans la cinquième colonne le nom des biens, regroupés par nature(champs, prés, vignes, jardins, pacages et terres incultes), dont sont indiquées les surfaces dans l'étroite sixième colonne. Les septième et huitième colonnes précisent, pour chacune des terres, les récoltes de l'année précédente (nature et quantité) et les emblavements de l'année en cours. Viennent ensuite huit colonnes étroites consacrées à huit espèces d'arbres fruitiers dont sont notées les quantités plantées sur chaque parcelle.

Les quatre dernières colonnes qui suivent, retracent les mouvements du cheptel, sous forme d'un inventaire valorisé, mentionnant les achats, les ventes et les pertes. Un cadre est également prévu pour y porter d'éventuelles observations.

Pour les autres unités de la terre de Beaumont, la même présentation a été conservée et exploitée, le cas échéant adaptée à des spécificités techniques (moulin, four à chaux, pêche, etc.). Toutes ces données sont ensuite centralisées en un seul tableau récapitulatif.

Dans la pratique comptable actuelle, cette procédure est de mise, mais l'utilisation des tableaux n'est pas obligatoire et/ou peut se limiter à dégager les résultats sectoriels des spéculations et le résultat global.

5.1. L'évaluation des résultats agricoles annuels

Les produits d'exploitation agricole comprennent :

- Les ventes ;
- Les variations d'inventaires
- Les productions immobilisées et autoconsommées ;
- Les indemnités ;
- Les subventions d'exploitation ;
- Les autres produits de gestion courante ;
- La reprise sur amortissement et provision relative à l'exploitation.

5.1.1. Les ventes

Elles comprennent :

- Les ventes des produits végétaux (fruits, légumes, grains, écorces,...) ;
- Les ventes des produits animaux (lait, viandes, œufs, laines, ...) ;
- Les ventes des produits transformés (beurre, vin, fromage, poudre, peau, graisse, ...) ;
- Les ventes des animaux (bœuf, chèvre, porcelet, poule, chien,...) ;
- Les ventes des produits résiduels (fourrage, fumier, pailles,...) ;
- Les ventes des marchandises et autres produits dérivés.

5.1.2. Les variations d'inventaire

Celles-ci concernent surtout les stocks :

- D'une part les matières premières, les approvisionnements et les marchandises ;
- D'autre part, les animaux reproducteurs immobilisés si l'exploitant désire les traiter comme des stocks, les biens vivants, les animaux et végétaux qu'il s'agisse de cycle long ou cycle court, les encours,...

Ces éléments sont enregistrés pour des variations de stock avec des charges d'exploitation au moyen du compte « 73 Variations des stocks de biens et de services produits » :

- En positif si le stock initial est supérieur au stock final ; on parle de Déstockage.

Exemple : SI : 100, entrée 500, sortie 540 : stock final 60.

- En négatif si le stock initial est inférieur au stock final ; on parle de Stockage.

Exemple : SI : 120, entrée 700, sortie 690 : stock final : 130.

Illustration

La situation des stocks d'une exploitation agricole au 1er janvier n et au 31 décembre n est la suivante :

- Engrais : 11 800 F au début et 10 600 F à la fin ;
- Phytosanitaire : 15 900 F au début et 17 120 F à la fin ;
- Animaux cycle court : 18 700 F au début et 15 150 F à la fin ;
- Vin 86 200 F au début et 97 500 F à la fin.

Comment se présentent les différents stocks au compte résultat ? Signalons que pour l'évaluation des marchandises, des matières premières et des consommables et fournitures, le calcul s'effectue en faisant la différence entre le SI et SF, soit : (ΔS= SI – SF), tandis que pour le stock de récoltes, animaux et des produits finis, la différence se dégage en inverse, c'est-à-dire : ΔS= SF – SI

Résolution :

- Engrais (est une matière consommable) :
  ΔS= SI – SF = 11 800 F – 10 600 F = 1 200 F.

Comme le SI est supérieur au SF, il s'agit d'un déstockage,
D'où -1 200 F.

- Phytosanitaires (est une matière cons.) :
  ΔS= SI – SF = 15 900 F – 17 120 F = 1 220 F.

Comme le SI est inférieur au SF, il s'agit d'un Stockage,
d'où +1 220 F.

- Animaux cycle court (produit fini) : ΔS= SF – SI =
  15 150 F – 18 700 F = 3 550 F.

Comme le SF est inférieur au SI, alors qu'il s'agit de PF, ce qu'il y a déstockage. D'où : -3 550 F.

- Vin (produit fini) : ΔS= SF – SI = 97 500 F – 85 200 F = 11 300 F.

Comme le SF est supérieur au SI, alors qu'il s'agit de PF, ce qu'il y a stockage, d'où : +11 300 F.

Le compte 73 Variations des stocks de biens et de services produits » se présente comme suit :

733 Variations des stocks de biens et services produits

1 200	1 220
3 550	11 300
SC 7 770	
12 520	12 520

5.1.3. Détermination du résultat d'un système de production agricole
On procède dans un premier temps au calcul de la valeur ajoutée nette obtenue avec chaque système de production pour une année moyenne, d'où :
VAN = PB – CI – Am

Avec : VAN = Valeur ajoutée nette
PB = Produit brut annuel
CI= Consommations intermédiaires et
Am = Amortissement économique du capital fixe.

Produit brut annuel= valeur de production finale à l'exception de toutes les productions intermédiaires dans l'exploitation agricole.

Connaissant la VAN d'un système de production donné, il est possible de calculer :
- Productivité par travailleur : p = VAN/T
- Productivité par journée de travail : p′ = VAN/HJ (homme-jour)

On peut rapporter la VAN à la surface agricole utilisée pour évaluer si le système de production est plus ou moins intensif :
- Productivité par hectare utilisé : p′′ = VAN/SAU (Surface agricole utilisée).

Le revenu agricole moyen obtenu par exploitant et sa famille peut être calculé en additionnant les subventions perçues à la valeur ajoutée nette produite et en retirant de cette somme, les intérêts des emprunts, la rente foncière, les impôts directs et indirects et la rémunération de la main d'œuvre salariée.

Ce revenu agricole peut être rapporté quant à lui au nombre d'actifs familiaux impliqués dans la mise en œuvre du système de production, à la quantité effective du travail familial engagé dans le processus et à la surface agricole utilisée.
Soit : R = VAN + Sub – Int – RF – Imp – Sal

Avec :
- R= Revenu agricole
- RF= Rente foncière
- Imp= impôt
- Sub= Subventions
- Sal= Salaire
- Int= Intérêts des emprunts
- r= R/Tf(travail actif d'un membre de la famille)
- r′ = Revenu agricole journalier ;
- R/HTf (Heure de travail par membre de la famille
- r′′ = R/SAU = Revenu agricole à l'hectare.

Exemple
Un agriculteur récolte 3 tonnes de haricots, 6 tonnes de maïs, 12 tonnes de manioc et 1 tonne d'aubergine. Il réalise un accroissement d'animaux marchands de lots suivants :
- Bovins de boucherie : 300 têtes ;
- Animaux de cycle court : 200 têtes ;
- Autres animaux : 400 têtes.

Son travail lui a exigé l'utilisation de 12 membres de sa famille rémunérés à 1 000 F chacun par jour pendant une année, sauf les dimanches. Il a payé l'intérêt de 3 000 F sur le capital emprunté de 35 000 F et a versé la rente foncière de 7 000 F/ha ainsi que des impôts et taxes à la collectivité de 5 200 F et a constitué un amortissement de 20 000 F de son terrain d'exploitation de 15 ha qu'il a acquis à 200 000 F.

Evaluer la valeur ajoutée par ses produits agricoles dont les récoltes ont été vendues à leurs coûts de production majorés de 10 %, tandis que les lots d'animaux se vendent avec majoration de 15 % de leurs coûts de production, tel qu'indiqué dans le tableau des coûts de différentes spéculations.

Récoltes		**Animaux**	
Spéculations	Montant par tonne	spéculations	Montant par tête
Haricot	40 000	Bovin	10 000
Maïs	70 000	Animaux cycle court	8 000
Manioc	50 000	Autres animaux	5 000
Aubergine	50 000		

Pré-calcul
Récoltes

Haricot : 3 tonnes x 40 000 F	120 000 F
Maïs : 6 tonnes x 70 000 F	420 000 F
Manioc : 12 tonnes x 50 000 F	600 000 F
Aubergine : 1 tonne x 50 000 F	50 000 F
Cout total :	1 190 000 F

Chiffre d'affaires = Coût de production + 10 %
= 1 190 000 F + (1 190 000 F x 0,1)
= 1 309 000 F.

Animaux

Bovins de boucherie : 300 têtes x 10 000 F	3 000 000 F
Animaux cycle court 200 têtes x 8 000 F	1 600 000 F
Autres animaux : 400 têtes x 5 000 F	2 000 000 F
Coût total	**6 600 000 F**

Chiffre d'affaires : coût total + 15 %
= 6 600 000 F + (6 600 000 F x 0,15)
= 7 590 000 F.

On doit chercher la valeur ajoutée à partir de formule de base qui est :
VAN = PB – CI – Am ;
or PB = Total de toutes les productions
= 1 309 000 F + 7 590 000 F
= 8 899 000 F.

CI = Achats et autres consommations + transport + services extérieurs.

Pas d'achats, mais la rente foncière de 7 000 F par hectare, soit :
7 000 F x 15 ha = 105 000 F.

Amortissement économique du terrain = 20 000 F.

- VAN = 8 899 000 F – 105 000 F – 20 000 F
= 8 899 000 F – 125 000 F
= 8 774 000 F.

- Productivité par travailleur (p) :
p = VAN/T = 8 774 000 F/12= 73 167 F.

- Productivité par journée de travail :p′ = VAN/HJ.

Or 12 personnes ont travaillé pendant une année sauf les dimanches, soit 365 jours – 52 jours de dimanches ; soit (365 – 52) x 12 membres = 3 756 jours.

- p′ = 8 774 000 F/ 3 756 = 23 336 F.

- Productivité par hectare utilisé :
- p′′ = VAN/SAU
- p′′ = 8 774 000 F/15 ha
  = 584 933 F.

- Revenu = R = VAN + Sub – Int – RF – Imp – Sal.

On sait que :
- VAN est : 8 774 000 F,
- Sub est : 0
- Int est : 3 000 F
- RF est : 7 000 F x 15 ha= 105 000 F
- Imp est : 5 200 F
- Sal est 12 hommes à 1 000 F/jour pendant 313 jours

= 313 x 12 x 1 000 F = 3 756 000 F.

D'où :
R = 8 774 000 F + 0 F – 3 000 F – 105 000 F – 5 200 F – 3 756 000 F
= 8 774 000 F – (3 000 F + 105 000 F + 5 200 F + 3 756 000 F)
= 8 774 000 F – 3 869 200 F= 4 904 800 F.

Revenu agricole par actif familial :
- r = R/Tf, or il y a 12 membres actifs de la famille.
- r = 4 904 800 F/12 = 40 8733 F.

Revenu agricole journalier :
- r′ = R/HTf = 4 904 800 F/3 756 = 1 306 F.

Revenu agricole à l'hectare :
- r′′ = R/SAU = 4 904 800 F/15 = 326 987 F.

5.2. Les opérations en devises

Conformément à l'article 17 alinéa 1er de l'AUDCIF, la comptabilité est tenue dans la langue officielle et dans l'unité monétaire du pays. Les articles 51 et 52 précisent par ailleurs que les créances, les dettes, les opérations commerciales et financières réalisées en devises étrangères doivent être converties dans l'unité monétaire légale sur la base du cours de change à la date de l'opération.

Cette disposition concerne également les exploitations agricoles de l'espace OHADA. Elles effectuent la plupart de leurs opérations et transactions en dollars, que ce soit pour les équipements, produits phytosanitaires et autres biens importés que des produits agricoles exportés. Il en est de même pour la location des véhicules pour les différentes expéditions de colis et plis destinés aux sites d'exploitation en dehors de pays de siège.

En conséquence, celles-ci s'obligent à tenir leur comptabilité en francs et ce dans la langue officielle de l'Etat partie de l'OHADA.

Ainsi, l'étude du mécanisme d'enregistrement des opérations liées à la facture d'achats, de ventes, aux emprunts et prêts est nécessaire.

5.2.1. La facturation

a) Principe

Les achats et les ventes sont enregistrés sur la base du dernier cours de change à la date de la facturation.

1er cas : Les achats d'équipement et outillage en devise

Schéma comptable lors des achats en devise :

Comptes		Libellés et dates des opérations	Sommes	
Débit	Crédit		Débit	Crédit
6056	401/521 ou 5712	Achats de petit matériel et outillage à Fournisseurs/Banque ou à Caisse en devise *(s/facture n°...)*	X	x y

Partant de l'achat de chaussures de travail (safety boots) par l'exploitation agricole Bernard et Fils, du 20 mai N, au prix de 50 250 $ USD sur la facture n° 31. Le cours de change à cette date étant de 1 $ USD pour 900 F.

Pré-calculs

Montant de la facture 50 250 $ USD,

Taux de change : 1$ = 900 F : 50 250 $ x 900 F = 45 225 000 F.

Ecriture comptable après conversion en monnaie nationale

Journal

Comptes		Libellés et dates des opérations	Sommes	
Débit	Crédit		Débit	Crédit
6056		Achats de petit matériel et outillage	45 225 000	
	401	à Fournisseurs		45 225 000
		(Ecriture d'engagement s/ fact n°...)		
400		Fournisseurs	45 225 000	
	572	à Caisse principale		45 225 000
		(s/BSC n°151)		
		Totaux	**90 450 000**	**90 450 000**

2ème cas : La vente en devises

Comme dit ci-haut, les factures établies par les exploitations agricoles à charge de leurs acheteurs étrangers, sont émises en dollars américains ou en Euros, tout comme dans d'autres monnaies de pays de destination des produits agricoles. Leurs montants doivent être convertis en Francs ou en toute autre monnaie ayant cours légal dans l'Etat partie de l'OHADA, avant tout enregistrement comptable.

Partant de l'exemple des factures établies par l'exploitation agricole Bern& Fils, en date du 25 novembre N, à savoir :

- Facture n° 18/11 des cafés secs exportés de : 157 527,51 $ USD ;
- Facture n° 19/11 des maïs en sacs exportés de : 279,38 $ USD et la
- TVA de : 1 594 $ USD ; Le cours de change à cette date étant de 1 $USD pour 900 F, le travail à faire consiste à :

Pré-calcul

Montants des factures :

- Facture n° 18/11 : 157 527,51 $ x 900 F = 141 774 759 F
- Facture n° 19/11 : 279,38 $ x 900 F = 251 442 F
- TVA : 1 594,00 $ x 900 F = 1 434 600 F.

L'écriture comptable lors de l'établissement de facture de vente est :

Journal

Comptes		Libellés et dates des opérations	Sommes	
Débit	Crédit		Débit	Crédit
4111		Clients X, maïs en sacs	251 442	
4111		Clients Y, cafés secs	141 774 759	
4431		TVA facturée sur ventes	1 434 600	
	7022	Ventes de produits finis hors région		143 460 801
		(S/factures n°18/11 et 19/11)		
		Totaux	**143 460 801**	**143 460 801**

3ème cas : Les Règlements en devise

Les règlements en devises sont enregistrés sur la base du cours du jour (du règlement). Il en découle :

- **Un gain** : lorsqu'il ya augmentation du cours dans le cas d'une créance (client) ; et diminution du cours dans le cas d'une dette (fournisseur).
- **Une perte** : lorsqu'il y a diminution du cours dans le cas d'une créance (client) ; et augmentation du cours dans le cas d'une dette (fournisseur).

a) Traitement comptable en cours d'exercice

- **Pertes de change**

Elles sont notées dans le compte 676 : Pertes de change.

- **Gains de change**

Ils sont notés dans le compte 776 : Gains de change.

Illustrons le cas des factures du mois d'octobre N émises le 25 octobre et honorées par tous les clients, en date du 02 novembre N.

Considérons qu'il y ait eu hausse du cours de change de 1 $ USD, de 900 F à 910 F, ceci fera :

Pré-calcul

- Règlement de la facture n° 18/19 de cafés : 157 806,90 $ x 910 F = 143 604 270 F.
- Gain : 143 604 270 F – 142 026 201 F = 1 578 070 F.

L'écriture comptable lors d'encaissement des recettes de vente sera :

Comptes		Libellés et dates des opérations	Sommes	
Débit	Crédit		Débit	Crédit
571		Caisse principale	143 604 270	
	411	à Clients acheteurs de café sec		142 026 201
	776	Gains de change		1 578 070
		(Règlement de la facture n° 18/11)		
		Totaux	**143 604 270**	**143 604 270**

4ème cas : Situation à l'inventaire

a) **Principe**

Conformément à l'article 54 de l'AUDCIF, si la date d'arrêté des comptes (en principe au 31/12/N), se situe entre la facturation et les règlements, les créances et les dettes en monnaies étrangères doivent être régularisées et inscrites au cours du jour de fin d'exercice. Cette inscription peut faire apparaître un gain latent ou une perte latente, inscrits au pied du bilan dans les comptes 478 et 479, respectivement : Ecart de conversion-actif et Ecart de conversion-passif.

Signalons que ces deux comptes n'ont aucune influence directe sur le résultat, par contre le compte 478 influence indirectement le résultat parce qu'il entraîne la constitution d'une charge provisionnée pour les risques à court terme et d'une provision pour les risques financiers à long terme.

b) **Enregistrement comptable**

L'analyse peut se faire à deux niveaux : Gain latent et perte latente.

- **Gains latents**

Cas d'augmentation d'une créance : l'écriture au journal lors de l'écart de conversion-passif sera :

Comptes		Libellés et dates des opérations	Sommes	
Débit	Crédit		Débit	Crédit
411		Clients	x	
	479	à Ecarts de conversion-passif		x
		(Différence de change à l'inventaire)		

La situation des comptes au bilan sera présentée comme suit :

Bilan au 31/12/N

ACTIF			PASSIF		
N°Cptes	Intitulés	Montant	N°cptes	Intitulés	Montant
411	Clients	A+x	479	Ecart de conversion-passif	x

- **Cas de diminution d'une dette** : l'écriture au journal lors de l'écart de conversion-passif sera :

Comptes		Libellés et dates des opérations	Sommes	
Débit	Crédit		Débit	Crédit
401		Fournisseurs	y	
	479	à Ecarts de conversion-passif		y
		(Différence de change à l'inventaire)		

La situation des comptes au bilan : Son extrait après régularisation se présentera comme suit :

Bilan au 31/12/N

ACTIF			PASSIF		
N° cptes	Intitulés	Montant	N°cptes	Intitulés	Montant
			401	Fournisseurs	f-y
			479	Ecart de conversion-passif	y

➢ **Pertes latentes**

Cas de diminution d'une créance, l'écriture au journal lors de l'écart de conversion-actif sera :

Comptes		Libellés et dates des opérations	Sommes	
Débit	Crédit		Débit	Crédit
478		Ecarts de conversion-actif	e	
	411	à Clients		e
		(Différence de change à l'inventaire)		

- **La situation des comptes au bilan sera :**

Extrait du bilan après régularisation

Bilan au 31/12/N

ACTIF			PASSIF		
N° cptes	Intitulés	Montant	N°cptes	Intitulés	Montant
411	Clients	c – e			
478	Ecarts de conversion-actif	e			

Cas d'augmentation d'une dette : dette fournisseur par exemple, l'écriture au journal lors de l'écart de conversion-actif

Comptes		Libellés et dates des opérations	Sommes	
Débit	Crédit		Débit	Crédit
478		Ecarts de conversion-actif	d	
	401	à Fournisseurs		d
		(Différence de change à l'inventaire)		

La situation des comptes au bilan sera : Extrait du bilan après régularisation

Bilan au 31/12/N

ACTIF			PASSIF		
N° cptes	Intitulés	Montant	N° cptes	Intitulés	Montant
478	Ecarts de conversion-actif	d	401	Fournisseurs	d

5ème cas : Constitution de charges provisionnées

En vertu du principe de prudence, il faut tenir compte de la perte « ''les charges probables sont comptabilisées, mais les produits probables ne le sont pas'' » ; ce qui implique l'unique écriture suivante :

Journal lors de prise en compte de la perte latente

Comptes		Libellés et dates des opérations	Sommes	
Débit	Crédit		Débit	Crédit
6491		Charges provisionnées sur risques financiers	z	
	4997	à Risq. provisionnés sur opérations financières		z
		(Dotation de l'exercice)		

6ème cas : Le sort des comptes 478 et 479 au 1er janvier n+1

Ces deux comptes sont soldés à l'ouverture des livres au 1er janvier de l'exercice suivant pour ramener la créance ou la dette à son coût historique (article 59 de l'AUDCIF).

7ème cas : Enregistrement lors du règlement

Au moment du règlement, le compte 6791 : Charges provisionnées sur risques financiers qui avait été annulé au moment de la détermination du résultat dans le compte 13 va être activé dans le compte 7791 : Reprises de charges provisionnées sur risques financiers par le débit du compte 4997 : Risques provisionnés sur opérations financières ; soit l'écriture ci-après :

Journal lors du règlement

Comptes		Libellés et dates des opérations	Sommes	
Débit	Crédit		Débit	Crédit
4997		Risques provisionnés sur opérations financières	x	
	7791	à Repr. de charges provisionnées sur risques financiers		x
		(Annulation de la charge provisionnée)		

5.2.2. Les prêts et les emprunts

a) Principe

Il est le même que précédemment. Au moment des règlements, il peut y avoir des pertes de change ou des gains de change. A l'inventaire, il peut y avoir également des écarts de conversion-actif et des écarts de conversion-passif.

Au premier janvier c'est-à-dire à l'ouverture des livres, le prêt ou l'emprunt doit être ramené à sa valeur initiale.

b) Traitement comptable

➢ **Prêt et emprunt à court terme**

Il n'y a aucun changement par rapport aux situations précédemment analysées.

Application :

1er cas d'un emprunt dont la durée est inférieure ou égale à un an

Le 01 juillet N, la Société agropastorale Lemera SARLU contracte un emprunt de 68 200 $ USD auprès de la Bank of Africa. La durée de l'emprunt est d'un an, au taux de 6% l'an.

Ecriture à passer

Soit qu'aux dates de :

01/07/N : 1 $ = 1 620 F ⇨ 68 200 $ USD x 1 620 F = 110 484 000 F

31/12/N :1 $ = 1 565 F ⇨ 68 200 $ USD x 1 565 F = 106 733 000 F

Les écritures à passer après conversion en monnaie nationale :

Comptes		Libellés et dates des opérations	Sommes	
Débit	Crédit		Débit	Crédit
		(01/07/N)		
521		Banque (BOA)	110 484 000	
	162	à Empr. auprès des établissements de crédit		110 484 000
		-31/12/2011-		
162		Empr. auprès des établissements de crédit	3 751 000	
	479	à Ecart conver.-passif (68 200$x(1 620-1565)		3 751 000
		-dito-		
6712		Intérêts des empr. auprès des établ. de crédit	4 971 780	
	162	à Empr. auprès des établisse de crédit (Intérêts à payer : 110 484 000 F x9% x6/12)		4 971 780
		(01/01/N+1)		
479		Ecarts de conv.-passif (68 200$x(1 620-1 565)	3 751 000	
	162	à Empr. auprès des établissements de crédit (solde du compte 479)		3 751 000
		-dito-		
162		Empr. auprès des établissements de crédit	4 971 780	
	6712	à Intér. des empr. auprès des établ. de crédit		4 971 780
		Totaux	**127 929 560**	**127 929 560**

Au 01/07/N+1, le règlement s'opère au taux de 1 660 F pour 1$ USD :

Pré-calcul
Règlements : 1 660 F x 68 200 $ USD = 113 212 000 F
Intérêts à payer : 110 484 000 F x 6 % = 6 629 040 F
A débourser : = 106 582 960 F

Pertes de change : 113 212 000 F – 110 484 000 F =2 728 000 F

L'écriture comptable constatant la perte de change

Comptes		Libellés et dates des opérations	Sommes	
Débit	**Crédit**		**Débit**	**Crédit**
		(01/07/N)		
162		Emprunts auprès des établ de crédit	110 484 000	
676		Pertes de change	2 728 000	
6712		Intér. empr. auprès établ. de crédit	6 629 040	
	521	à Banque		
		(Règl. empr auprès d'une Bq. en devise)		119 841 040
		Totaux	**119 841 000**	**119 841 040**

➢ **Cas d'un emprunt dont la durée est supérieure à un an**

La Plantation Nyakalyamahemba, obtient de l'ECOBANK un emprunt de 903 000 $ USD en date du 1er avril N. Cette dette est remboursable annuellement par parts égales sur six ans au taux de 10 %.

Le premier remboursement aura lieu le 31 mars N+1.
Les cours sont les suivants :
Le 1er avril N : 1 $ USD = 1 620 F
Le 31 décembre N : 1 $ USD = 1 675 F
Le 31 mars N+1 : date de remboursement : 1 $ USD = 1 650 F.

Travail à faire :

- Montant de l'emprunt au 1er/04/ N: 903 000 $ USD.
  1 620 F x 903 000 $ USD= 1 462 860 000 F

- Cours de change au 31/12/ N : 1 675 F, l'écart de conversion sera :
  (1 675F – 1 620 F) x 903 000 $ USD=49 665 000 F.

- Calcul des intérêts à payer : Du 1er/04 au 31/12/N = 9 mois.
  Soit : $\frac{1\,675\ F \times 903\,000\ \$ \times 6\ \% \times 9}{12}$ = 68 063 625 F.

L'article 56 de l'AUDCIF stipule que : (...) lorsqu'un emprunt est contracté ou qu'un prêt est consenti à l'étranger [ceci est aussi valable pour les opérations en devise au sein du même Etat-partie] pour une période supérieure à un an, la perte ou le gain résultant à la clôture de l'exercice de l'emprunt ou du prêt en devises doit être étalé sur la durée restant à courir jusqu'au dernier remboursement ou encaissement, en proportion des remboursements ou encaissements à venir prévus au contrat. Le gain futur total ou la perte future totale est recalculé à la clôture de chaque exercice et le montant potentiel est mentionné dans les Notes annexes.

Dans notre cas d'application, l'emprunt à une durée de 6 ans, soit 12 mois x 6 ans = 72 mois. Au 31/12/N qu'est la date de l'inventaire, il restera 63 mois à courir, soit : (72 mois – 9 mois).

Ainsi on aura :

La perte différée de : $\frac{49\,665\,000\ F \times 63}{72}$

= 43 456 875 F.

La perte à constater de : (49 665 000 F - 43 456 875 F)

=6 208 125 F.

L'écriture comptable au journal à la date d'inventaire sera :

Journal

Comptes		Libellés et dates des opérations	Sommes	
Débit	Crédi		Débit	Crédit
		(01/07/N)		
521		Banque	1 462 860 000	
	162	à Emprunts auprès des établis. de crédit (903 000 $ x 1 620 F)		1 462 860 000
		(31/12/N)		
478		Ecart de conversion-actif	49 665 000	
	162	à Emprunts auprès des établis. de crédit 903 000 $ x (1 675 F – 1 620 F)		49 665 000
		-d°-		
6712		Intérêts empr. auprès des établ. de crédit	68 063 625	
	162	à Emprunts auprès des établis. de crédit (1 675 F x 903 000 $ x 6% x 9/12)		68 063 625
		-d°-		
6971		Dotat° aux prov° financières pr risques et charges	6 208 125	
	194	à Provisions pour perte de change (49 665 000 F-(49 665 000 F x 63/72 mois) (Dotation de l'exercice)		6 208 125
		(01/01/N+1)		
162		Emprunts auprès des établ. de crédit	49 665 000	
	478	à Ecart de conversion-actif (Pour solde du compte 478)		49 665 000
		-d°-		
162		Emprunts auprès des établ. de crédit	68 063 625	
	6712	à Intérêts empr. auprès établ. de crédit (1675 F x 903 000 $ x 6 % x 9/12)		68 063 625
		(31/03/N+1)		
162		Emprunts auprès des établ. de crédit (903 000 $ x1 620 F/6ans)	243 810 000	
676		Pertes de change (1 650 F x 903 000 $)-(1 620 F x 903 000 $)/6ans	27 090 000	
6712		Intérêts des empr. auprès des établ. de crédit (903 000 $ x1 650 F x 6 %)	89 397 000	
	521	à Banque (chèque n°…)		360 297 000
		Totaux	2 064 822 375	2 064 822 375

Supposons que les cours sont les suivants :

- Le 1er avril N : 1 $ USD = 1 620 F ;
- Le 31 décembre N : 1 $ USD = 1 675 F ;
- Le 31 mars N+1 : date de remboursement : 1 $ USD = 1 650 F.

Le règlement au 31/03/N+1, au cours de 1650 F sera :

Montant effectif à rembourser :
1 650 F x 903 000 $ USD x 1/6 = 248 325 000 F

Montant emprunté au 31/04/N :
1 620 F x 903 000 $ USD x 1/6 = 243 810 000 F

Perte de change :
(248 325 000 F – 243 810 000 F) = 4 515 000 F

Intérêt à payer au 31/03/N+1 :
1 650 F x 903 000 $ USD x 6 % = 89 397 000 F

Le montant de l'emprunt restant dû est :
903 000 $–(903 000 $ x 1/6) = 752 500 $ USD.

Exercices d'application

1) L'exploitant agricole Roger a réalisé les opérations suivantes au cours du second semestre de l'exercice N :

15/7 : Acquisition d'un terrain à bâtir soumis à la TVA de 16 %, montant HT: 36 000 000 F

- Droits d'enregistrement : 125 000 F
- Honoraires du notaire (TVA 16 % incluse) :1 620 000 F
- Honoraires hors taxes du géomètre (TVA 16 %) : 1 400 000 F

Un chèque du montant global a été remis au notaire.

5/9 : Commande de quatre bureaux à la société ERGO ; versement d'un acompte de 1 000 000 F, par chèque bancaire.

15/11 : Livraison des bureaux commandés le 5 sept. : P.U HT (TVA 16 %) :1 700 000 F. Une lettre de créance (LCR) est jointe à la facture à échéance du 15 janvier.

20/11 : Acceptation de la lettre de change tirée par la société ERGO.

8/12 : Achat d'un véhicule de tourisme, montant HT (TVA 16 %) : 15 000 000 F. Escompte : 2 %, règlement, ce jour, par chèque bancaire.

22/12 : Achat à crédit d'un ensemble informatique soumis à la TVA de 16 %, comprenant :

- 4 ordinateurs au prix unitaire HT de 2 000 000 F
- 4 systèmes d'exploitation au prix unitaire HT de 96 000 F
- 4 imprimantes au prix unitaire HT de 540 000 F
- 4 disques durs externes au prix unitaire HT de 84 000 F

- 4 ensembles de logiciels de comptabilité de gestion (facturation, paie, comptabilité) au prix unitaire HT de 640 000 F.

Question

Comptabilisez l'ensemble de ces opérations au journal de l'entreprise, sachant que la société a décidé de n'incorporer aux coûts d'acquisition que les coûts directement affectables à ceux-ci.

2) L'entreprise agricole Furaha a réalisé les opérations suivantes :

7/11 : L'entreprise a payé par chèque au propriétaire trois mois de loyer d'avance, à titre de garantie, pour métayage d'une concession agro-pastorale ; montant mensuel : 100 000 F.

12/11 : Acquisition de 600 actions, non cotées, de la société anonyme Vodacom, d'une valeur unitaire de 820 000 F, permettant d'exercer un contrôle exclusif de la société. Les frais d'acquisition s'élèvent à 7 380 000 F HT, TVA : 16 %.

18/11 : L'entreprise accorde un prêt de 4 000 000 F sur quatre ans au salarié Amani pour effectuer des travaux de rénovation concernant sa résidence principale.

22/11 : Achat de 25 actions d'une SICAV[20] monétaire, au prix unitaire de 175 000 F ; frais bancaires HT (TVA 16 %) : 40 000 F par prélèvement bancaire.

27/11 : L'entreprise achète en bourse, pour un placement à long terme, 30 obligations cotées à 400 000 F. Les frais bancaires de cette opération se montent à 31 000 F, HT, TVA 16 %.

Questions

1) Identifiez parmi ces opérations celle qui ne concerne pas les immobilisations financières ;
2) Enregistrez les opérations nécessaires, sachant que l'entreprise a opté pour la comptabilisation en charges des frais d'acquisition pour les titres autres que ceux de participation.

[20] SICAV : Société d'investissement à capital variable

Résolution

Réponse à la 3ème question :Pré-calculs et notions

- Le 15/07, les droits d'enregistrement 125 000 F et les honoraires du notaire 1 620 000 F doivent être comptabilisés au débit des comptes de charges concernés (648 droits d'enregistrement et 6324 honoraires).
- Le 15/12, les escomptes obtenus sur acquisition d'immobilisations sont déduits directement du coût d'acquisition. La TVA sur véhicules de tourisme n'est pas récupérable. Elle fait partie du coût d'acquisition du véhicule.
- Le 22/12, le matériel informatique comprend :
  - 4 ordinateurs, soit : 2 000 F x 4 = 8 000 F
  - 4 systèmes d'exploitation, soit : 96 F x 4 = 384 F
  - 4 imprimantes, soit : 540 F x 4 = 2 160 F
- Les 4 progiciels de comptabilité-gestion, soit : 640 F x 4 sont des logiciels dissociés du matériel informatique et constituent des immobilisations incorporelles.
- Les 4 disques durs externes, soit : 84 F x 4 sont des fournitures non stockées.
- Il faut distinguer TVA sur autres biens et services de TVA sur immobilisations.

Journal

N°	Comptes		Libellés et dates des opérations	Sommes	
Ops	Débit	Crédit		Débit	Crédit
1			15/7		
	2221		Terrains à bâtir	37 400 000	
	4451		TVA récupérable sur immob.	5 984 000	
	648		Droits d'enregistrement	125 000	
	6324		Honoraires (Notaire)	1 360 800	
	4454		TVA récup. sur ser. ext. &autr charges	259 200	
		521	à Banque locale		45 129 000
			(s/chèque n°…)		
2			5/9		
	252		Av. et acompt versés sur immo. Corp.	1 000 000	
		521	à Banque locale		1 000 000
			(s/chèque n°…)		
3			15/11		
	2444		Mobilier de bureau (1 700 000 F x4)	6 800 000	
	4451		TVA récupérable sur immobilisations	1 080 000	
		252	à Av. et acompt versés sur immo. corp.		1 000 000
		4812	Fournisseurs d'immobil. corporell		6 880 000
			(s/Fact. d'achat du fournisseur, n°...)		
4			20/11		
	4812		Fournisseurs d'immobilisation corp.	6 880 000	
		4822	à Fourn. d'immo. corp. Effets à payer		6 880 000
			(s/fact. d'achat du fournisseur, n°...)		
5			8/12		
	2451		Matériel automobile	17 640 000	
		521	à Banque locale		17 640 000
			(s/fact achat, chq n°…(15 000 000 F - 2%)+ 20%)		
6			22/12		
	2193		Logiciels et internet (640 000 F x4)	2 560 000	
	2442		Mat.Inform. (2 000 F x4)+(540 x 4)	10 544 000	
	6055		Fournitures de bureau non stockables	340 000	
	4451		TVA récupérable sur immobilisations	2 096 700	
	4454		TVA récup. sur serv. ext.& autr. charg	54 400	
		481	à Fournisseurs d'investissement		14 595 100
			(s/fact d'achat n°…)		

Réponse à la 4ème question :Pré-calculs et notions

a) Les 25 actions d'une Société d'investissement à capital variable (SICAV) monétaires, acquises le 22/11/N, ne sont pas de titres immobilisés, mais des valeurs mobilières de placement.

b) Enregistrement des opérations dans le journal

Journal

N° ops	Comptes Débit	Comptes Crédit	Libellés et dates des opérations	Sommes Débit	Sommes Crédit
1			7/11		
	2751		Dépôt pour loyer d'avance	300 000	
		521	à Banque locale		300 000
			(s/chèque n°...)		
2			12/11		
	261		Titre de partic. dans des Stés sous contrôle exclusif (600 x 820 000 F) + (7 380 000 F)	499 380 000	
	4432		TVA facturée sur prestation de services	1 476 000	
		521	à Banque locale		500 856 000
			(s/chèque n°...)		
3			18/11		
	2721		Prêt immobilier au personnel	4 000 000	
		521	à Banque locale		4 000 000
			(s/chèque, n°...)		
4			22/11		
	5012		Titres d'organismes financiers (25x175)	4 375 000	
	6311		Frais sur titres (vente, garde)	40 000	
	4432		TVA fact. sur prestation de services (40 000 F x 16 %)	6 400	
		521	à Banque locale		4 421 400
			(s/prélèvement n°...)		
5			27/11		
	2745		Titres immo/obligat. (30 x 400 000 F)	12 000 000	
	6311		Frais sur titres	31 000	
	4432		TVA fact. sur prest. de services (31 000 F x16%)	4 960	
		521	à Banque locale		12 035 960
			(s/chèque n°...)		

Exercice 5

L'UPN/Kinshasa veut évaluer ses tomates récoltées sur un terrain qu'elle loue à 10 000 F et aménagé avec 18 000 F. Les entretiens ont valu : insecticides et fumier 5 000 F, autres frais 3 000 F, prix de vente 72 000 F.

Faire les opérations et trouvez le résultat.

Résolution

Charges : Terrain : 10 000 F
Travaux d'aménagement : 18 000 F
Entretien (5 000 F + 3 000 F) : 8 000 F.

Produits : **72 000 F**

Résultat = Produits – Charges
= 72 000 F – (10 000 F + 18 000 F + 5 000 F + 3 000 F)
= 72 000 F – 36 000 F
= 36 000 F.

6) Exercices sur la vente des produits libellée en devises

La plantation Nyakalyamahemba a exporté des écorces de quinquina pour les vendre à son client de Montréal. Cette exportation a été conclue, le 10 septembre N pour un montant de 6 000 CAD (dollars canadiens). Le règlement du client intervient le 31 octobre N par virement bancaire. L'opération est exonérée de TVA (à l'exportation).

Les informations de la banque centrale indiquent le cours de change de Francs en dollars canadiens (CAD) est :

- Le 10 octobre N : 1 520 F = 1 CAD
- Le 31 octobre N : 1 570 F = 1 CAD.

Résolution

- **Pré-calcul**

A partir d'un tableau de traitement de l'opération, il y a lieu de dégager ce qui suit :

Analyse comptable de la transaction		
Lors de la facturation, le 10/10	Lors du règlement, le 31/10	Traitement de l'écart
Compte client : 6 000 CAD x 1 520 F = 9 120 000 F	Compte banque débité : 6 000 CAD x 1 570 F = 9 420 000 F	Gain de change : (1 570 F – 1 520 F) x 6 000 CAD = 300 000 F

- **Journal**

Comptes		Libellés et dates des opérations	Sommes	
Débit	Crédit		Débit	Crédit
411		Clients	9 120 000	
	702	à Ventes de PF(écorces quinquina) (s/facture n°…)		9 120 000
521		Banque	9 420 000	
	411	à Clients		9120 000
	776	Gains de change		300 000
		Totaux	**18 540 000**	**18 540 000**

7) Exercice sur l'achat des produits phytosanitaires et du tracteur libellé en devises

La société Pharmakina SARL achète à crédit, le 1er janvier N des produits phytosanitaires et du tracteur pour un montant de 100 000 EUR auprès des fournisseurs allemands. Le règlement au fournisseur intervient le 15 juin N, par virement bancaire. La TVA de 16 % est acquittée auprès des services douaniers par virement bancaire le 1er janvier mai N.

L'indication des cours de change d'un (1) Euro en Franc est :

- Le 1er janvier N : 1 EUR = 1 700 F
- Le 15 juin N : 1 EUR = 1 780 F.

Résolution

- **Pré-calcul**

A partir d'un tableau de traitement de l'opération, il y a lieu de dégager ce qui suit :

Analyse comptable de la transaction		
Lors de la facturation, le 10/10/N	Lors du règlement, le 31/10/N	Traitement de l'écart
Compte fournisseur : 100 000 EUR x 1 700 F = 170 000 000 F	Compte banque crédité : 100 000 EUR x 1 780 F = 178 000 000 F	Perte de change : (1 700 F–1 780 F) x 100 000 EUR = -8 000 000 F

- **Journal**

Comptes		Libellés et dates des opérations	Sommes	
Débit	Crédit		Débit	Crédit
		(1er/01/N)		
604		Achats stockés de matières et fournitures consommables	170 000 000	
4452		TVA récupérable sur achats (16 000 EUR x 1 700 F)	27 200 000	
	4011	à Fournisseurs		170 000 000
	521	Banque		27 200 000
		(s/facture n°…)		
		(15/05/N)		
4011		Fournisseurs	170 000 000	
676		Perte de change	8 000 000	
	521	à Banque		178 000 000
		(s/chèque n°…)		
		Totaux généraux	**375 200 000**	**375 200 000**

Chapitre sixième : Les comptes du SYSCOHADA adaptés à la comptabilité agricole

Le SYSCOHADA a institué un Plan comptable général qui comprend 9 classes de comptes, dont 8 pour la comptabilité financière (générale), voire la comptabilité agricole et la classe 9 consacrée à la comptabilité d'engagement hors bilan et à la comptabilité [analytique] de gestion.

La comptabilité agricole se sert principalement de comptes des classes 1 à 8, dont les plus couramment utilisés feront l'objet du présent chapitre. Ce recensement n'exclut pas le recours à tous les autres comptes pour le besoin des enregistrements comptables au sein d'une exploitation agricole.

L'article 18 de l'AUDCIF distingue les huit classes de comptes qui se rapportent à la comptabilité financière, tels qu'ils sont regroupés par catégories homogènes appelés classes, dont cinq classes de comptes de situation et trois classes de comptes de gestion, à savoir :

- Classe 1 : Comptes de ressources durables
- Classe 2 : Comptes d'Actif immobilisé
- Classe 3 : Comptes de stocks
- Classe 4 : Comptes de tiers
- Classe 5 : Compte de trésorerie
- Classe 6 : Comptes de charges des activités ordinaires
- Classe 7 : Comptes de produits des activités ordinaires
- Classe 8 : Comptes des autres charges et des autres produits.

Classe 1 : Comptes de ressources durables

COMPTE 104 : Compte de l'exploitant

Contenu

Ce compte sert à établir la situation de l'entrepreneur en ce qui concerne :

- les apports et compléments d'apports financiers et/ou de biens et services effectués à titre temporaire en cours d'exercice. Ces apports et compléments d'apports financiers peuvent consister en des versements dans la caisse ou sur un compte bancaire de l'entité ou en des règlements de dépenses de l'entité sur la trésorerie privée de l'exploitant ;

- les retraits effectués au cours de l'exercice pour son usage personnel ou celui de sa famille et dans le cadre de l'exploitation.

Ceux-ci consistent en des :

  - prélèvements en nature de biens et services, objets de l'activité, qui concourent à la détermination du résultat ;
  - prélèvements financiers opérés sur un compte de trésorerie affecté à l'activité, qu'il s'agisse de prélèvements directs (retraits de fonds) ou indirects (paiement d'une dépense privée).

Subdivisions

1041 Apports temporaires
1042 Opérations courantes
1043 Rémunérations, impôts, et autres charges personnelles
1047 Prélèvements d'autoconsommation
1048 Autres prélèvements.

Commentaires

Le compte 104 – Compte de l'exploitant est en fait un démembrement du compte 103 – Capital personnel. A ce titre, il est systématiquement soldé à la clôture de l'exercice.

COMPTE 105 : Primes liées aux capitaux propres

Contenu

La prime peut être analysée comme étant un droit d'entrée, demandé au nouvel actionnaire ou associé d'autant que l'action ou la part sociale vaut, avant augmentation du capital, beaucoup plus que sa valeur nominale. Elle représente une partie des apports purs et simples non comprise dans le capital social.

Les primes liées aux capitaux propres doivent figurer distinctement au passif du bilan dans les rubriques appropriées. Selon la nature des opérations d'augmentation de capital, en nature ou en espèces, il y a lieu de distinguer quatre (4) catégories de primes, d'émission, de fusion, d'apport et de conversion.

Subdivisions

1051 Primes d'émission
1052 Primes d'apport
1053 Primes de fusion

1054 Primes de conversion
1058 Autres primes.

Commentaires

1) la prime d'émission est égale à l'excédent du prix d'émission en numéraire (c'est-à-dire le prix payé par le souscripteur) sur la valeur nominale des actions ou parts sociales.
2) la prime de fusion représente la différence entre la valeur réelle de l'entité absorbée et la valeur nominale des actions ou parts sociales rémunérant l'apport.
3) la prime d'apport représente la différence entre la valeur du ou des biens apportés et la valeur nominale des actions ou des parts sociales rémunérant l'apport.
4) la prime de conversion représente la différence entre la valeur de conversion du ou des titres de créances et la valeur nominale des actions ou des parts sociales rémunérant l'apport.

COMPTE 106 : Ecarts de réévaluation

Contenu

L'écart de réévaluation représente la contrepartie au passif du bilan des augmentations de valeur d'éléments actifs, soit dans le cadre d'une réévaluation légale, soit dans celui d'une réévaluation libre.

La différence entre les valeurs réévaluées et les valeurs nettes précédemment comptabilisées constitue l'écart de réévaluation.

L'écart de réévaluation s'inscrit distinctement au passif du bilan dans les capitaux propres.

Subdivisions

Des sous comptes peuvent être ouverts, notamment par catégorie d'actif réévalué, voire par élément, afin de suivre les éventuelles réductions de l'écart par sortie des actifs réévalués.

- 1061 Ecarts de réévaluation légale,
- 1062 Ecarts de réévaluation libre.

Commentaires

L'écart de réévaluation n'a pas la nature d'un résultat et ne peut être utilisé à compenser les pertes de l'exercice de réévaluation. Il n'est pas distribuable ; il peut être incorporé en tout ou partie au capital.

COMPTE 11 : RESERVES

Contenu

Les réserves correspondent à des bénéfices laissés à la disposition de l'entité et non incorporés au capital. L'obligation de constituer des réserves résulte des dispositions statutaires ou réglementaires et des décisions des organes compétents.

Subdivisions

111 RESERVE LEGALE
112 RESERVES STATUTAIRES OU CONTRACTUELLES
113 RESERVES REGLEMENTEES
1131 Réserves de plus-values nettes à long terme
1132 Réserves d'attribution gratuite d'actions au personnel salarié et aux dirigeants
1133 Réserves consécutives à l'octroi de subventions d'investissement
1134 Réserves de valeurs mobilières donnant accès au capital
1138 Autres réserves réglementées
118 AUTRES RESERVES
1181 Réserves facultatives
1188 Réserves diverses.

Commentaires

Les réserves accroissent les capitaux propres et comprennent les réserves indisponibles : légales, réglementées et statutaires ainsi que les réserves libres ou facultatives.

1) le compte 111 – Réserve légale est destiné à constater l'obligation annuelle d'alimentation ou de constitution d'un fonds de réserves, en application de dispositions juridiques régissant certains types de sociétés (SA et SARL, notamment) : la dotation est égale à 10 % au moins, prélevée sur le bénéfice de l'exercice, diminué, le cas échéant des pertes antérieures.
2) La réserve légale, qui peut également être constituée par prélèvement sur toute réserve disponible (notamment primes liées au capital), cesse d'être obligatoire lorsque son montant atteint 20 % du montant du capital. Le compte 113 – Réserves réglementées comprend des subdivisions telles que :
   - 1131 – Réserve de plus-values nettes à long terme. Lorsque la législation fiscale le prévoit, ce compte enregistre la plus-value nette à long terme, pour son montant net d'impôt.
   - 1132 – Réserves d'attribution gratuite d'actions au personnel salarié et aux dirigeants, le paiement ou la libération des

actions acquises en vue d'une attribution gratuite est réalisée par un prélèvement obligatoire, à concurrence des actions à attribuer, sur la part des bénéfices d'un ou de plusieurs exercices ainsi que des réserves, à l'exception de la réserve légale.
- 1133 – Réserves consécutives à l'octroi de subventions d'investissement.
- 1134 – Réserves de valeurs mobilières donnant accès au capital, lorsqu'il existe des valeurs mobilières donnant accès au capital, la société qui procède à l'attribution gratuite d'actions vire à un compte de réserve indisponible, la somme nécessaire pour attribuer lesdites actions aux titulaires des droits attachés aux valeurs mobilières donnant accès au capital qui exerceraient leur droit ultérieurement en nombre égal à celui qu'ils auraient reçu s'ils avaient été actionnaires au moment de l'attribution principale.

COMPTE 12 : Report à nouveau

Contenu

Le report à nouveau correspond au montant soit des bénéfices d'exercices antérieurs dont l'affectation a été reportée sur les exercices ultérieurs, soit des pertes constatées à la clôture d'exercices antérieurs qui n'ont pas été compensées par des prélèvements opérés sur les bénéfices, les réserves ou le capital. Le report à nouveau est inscrit au passif du bilan où il doit figurer sur une ligne distincte : en moins si son solde est débiteur, et en plus si son solde est créditeur. Il constitue un élément des capitaux propres.

Subdivisions

121 REPORT A NOUVEAU CREDITEUR
129 REPORT A NOUVEAU DEBITEUR
1291 Perte nette à reporter
1292 Perte-Amortissements réputés différés.

Commentaires

Le report à nouveau est constitué par :

- les sommes non affectées et laissées à la disposition de l'exploitation agricole ;
- les pertes non compensées par des réserves ou par une diminution du capital et les sommes venant des arrondis des dividendes distribués.

Le fonctionnement de ce compte est subordonné à la décision de l'Assemblée générale statuant sur l'affectation du bénéfice de l'exercice précédent ou sur le sort des pertes constatées à la clôture de l'exercice précédent.

COMPTE 13 : Résultat net de l'exercice

Contenu

Le résultat net de l'exercice peut être défini de deux façons :

1) Différence entre les produits (reçus ou à recevoir) et les charges (payées ou à payer) de la période ;
2) Variation des capitaux propres entre le début et la clôture de l'exercice, hors nouveaux apports et retraits d'apports et hors réévaluation.

Quel que soit son signe, le résultat net de l'exercice est inscrit au passif du bilan sur la ligne correspondante, parmi les capitaux propres.

Subdivisions

130 RESULTAT EN INSTANCE D'AFFECTATION
1301 Résultat en instance d'affectation : Bénéfice
1309 Résultat en instance d'affectation : Perte
131 RESULTAT NET : BENEFICE
132 MARGE BRUTECOMMERCIALE (M.BC.)
133 VALEUR AJOUTEE (V.A.)
134 EXCEDENT BRUT D'EXPLOITATION (E.B.E.)
135 RESULTAT D'EXPLOITATION (R.E.)
136 RESULTAT FINANCIER (R.F.)
137 RESULTAT DES ACTIVITES ORDINAIRES (R.A.O.)
138 RESULTAT HORS ACTIVITES ORDINAIRES (R.H.A.O.)
1381 Résultat de fusion,
1382 Résultat d'apport partiel d'actif
1383 Résultat de scission
1384 Résultat de liquidation
139 RESULTAT NET : PERTE.

Commentaires

Le compte 13 – Résultat net de l'exercice permet de calculer, à la clôture de l'exercice, le résultat net à affecter, après déduction de l'impôt sur les bénéfices et autres prélèvements obligatoires.

Le solde du compte 13 représente un bénéfice si les produits l'emportent sur les charges (solde créditeur) ou une perte si les charges l'emportent sur les produits (solde débiteur).

L'affectation du résultat d'un exercice est décidée par les organes compétents au cours de l'exercice suivant. Pour l'exploitation agricole, son affectation dépend de la politique du propriétaire. Le compte 13 est donc soldé lors de la comptabilisation de cette affectation.

En fin d'exercice, le résultat de l'exercice précédent non affecté à un compte de réserves et non distribué sera viré au compte de report à nouveau et à la réouverture des comptes de l'exercice suivant, les entités ont la possibilité d'utiliser un compte spécial "Résultat en instance d'affectation".

Dans les entités individuelles, le solde du compte 13 – Résultat net de l'exercice est viré au compte 103 – Capital personnel ou dans 104 Compte de l'exploitant pour les exploitations agricoles.

COMPTE 14 : Subventions d'investissement

Contenu

Les subventions d'investissement sont des aides financières non remboursables accordées aux entités (publiques ou privées), pour différentes raisons : acquisition, création de valeurs immobilisées (subventions d'équipement) ou financement d'activités à long terme, afin de pourvoir au remplacement ou à la remise en état des immobilisations. Elles peuvent également consister en l'octroi de biens et services.

Subdivisions

141 SUBVENTIONS D'EQUIPEMENT
1411 Etat
1412 Régions
1413 Départements
1414 Communes et collectivités publiques décentralisées
1415 Entités publiques ou mixtes
1416 Entreprises et organismes privés
1417 Organismes internationaux
1418 Autres
148 AUTRES SUBVENTIONS D'INVESTISSEMENT.

Commentaires
Les subventions d'investissement sont accordées par l'Etat, les collectivités publiques, les organismes internationaux ou les tiers, éventuellement, en vue d'acquérir ou de créer des immobilisations et de financer des activités à long terme.

Dans certains cas, l'entité reçoit ladite subvention d'investissement sous la forme d'un transfert direct d'immobilisations, à titre gratuit.

Les subventions d'investissement figurent pour leur montant net au passif du bilan, parmi les capitaux propres, jusqu'à ce qu'elles aient rempli leur objet.

Le compte 14 permet aux entités subventionnées d'échelonner sur plusieurs exercices l'enrichissement provenant de ces subventions. La quote-part de subvention reprise dans le résultat de l'exercice est égale:

- soit au montant de la dotation de l'exercice aux comptes d'amortissements des immobilisations amortissables acquises ou créées au moyen de la subvention ;
- soit à un montant déterminé en fonction du nombre d'années pendant lesquelles les immobilisations non amortissables acquises ou créées au moyen de la subvention sont inaliénables aux termes du contrat, ou à défaut d'une clause d'inaliénabilité dans le contrat, d'une somme égale au dixième du montant de la subvention.

Des dérogations à ces règles générales pourront être admises lorsqu'une telle mesure sera justifiée par des circonstances particulières, notamment par le régime juridique des entités, l'objet de leur activité, les conditions posées ou les engagements demandés par les autorités ou organismes ayant alloué ces subventions.

COMPTE 15 : Provisions réglementées et fonds assimilés

Contenu
Les provisions réglementées sont des provisions à caractère purement fiscal ou réglementaire, comptabilisées non pas en application de principes comptables, mais suivant des dispositions légales et réglementaires (lois de finances, par exemple).

Peuvent être classées dans cette catégorie, les provisions :

- autorisées spécialement pour certaines professions (reconstitution de gisements miniers et pétroliers) ;
- pour hausse des prix et fluctuation des cours ;
- pour investissement.

Ont notamment le caractère de fonds assimilés, lorsqu'ils sont prévus par la législation fiscale:

- les amortissements dérogatoires ;
- les plus-values de cession à réinvestir ;
- les fonds réglementés ;
- la provision spéciale de réévaluation, lorsque la législation fiscale n'autorisant pas la déductibilité du supplément d'amortissement (concept dit de "neutralité fiscale") impose la comptabilisation sous cette forme.

Subdivisions

151 AMORTISSEMENTS DEROGATOIRES
152 PLUS-VALUES DE CESSION A REINVESTIR
153 FONDS REGLEMENTES
1531 Fonds national
1532 Prélèvement pour le Budget
154 PROVISION SPECIALE DE REEVALUATION
155 PROVISIONS REGLEMENTEES RELATIVES AUX IMMOBILISATIONS
1551 Reconstitution des gisements miniers et pétroliers
156 PROVISIONS REGLEMENTEES RELATIVES AUX STOCKS
1561 Hausse de prix
1562 Fluctuation des cours
157 PROVISIONS POUR INVESTISSEMENT
158 AUTRES PROVISIONS ET FONDS REGLEMENTES.

Commentaires

Du fait de leur caractère de réserves non libérées d'impôt sur lesquelles pèsent une charge latente ou différée d'impôt qui n'est pas comptabilisée, les provisions réglementées et fonds assimilés sont inscrits au passif du bilan parmi les capitaux propres.

Elles sont créées ou augmentées exclusivement par "Dotations H.A.O.", et sont réduites ou annulées exclusivement par "Reprises H.A.O.".

COMPTE 16 : Emprunts et dettes assimilées

Contenu

Les emprunts et les dettes assimilées sont des ressources financières externes, contractées auprès d'établissements de crédit et/ou de tiers divers, affectées de façon durable au financement des moyens d'exploitation ou de production.

Remboursables à terme, les emprunts obligataires participent concurremment avec les capitaux propres à la couverture des besoins durables de l'exploitation agricole.

Subdivisions

161 EMPRUNTS OBLIGATAIRES
1611 Emprunts obligataires ordinaires
1612 Emprunts obligataires convertibles en actions
1613 Emprunts obligataires remboursables en actions
1618 Autres emprunts obligataires
162 EMPRUNTS ET DETTES AUPRES DES ETABLISSEMENTS DE CREDIT
163 AVANCES REÇUES DE L'ETAT
164 AVANCES REÇUES ET COMPTES COURANTS BLOQUES
165 DEPÔTS ET CAUTIONNEMENTS REÇUS
1651 Dépôts
1652 Cautionnements
166 INTERÊTS COURUS
1661 sur emprunts obligataires
1662 sur emprunts et dettes auprès des établissements de crédit
1663 sur avances reçues de l'Etat
1664 sur avances reçues et comptes courants bloqués
1665 sur dépôts et cautionnements reçus
1667 sur avances assorties de conditions particulières
1668 sur autres emprunts et dettes
167 AVANCES ASSORTIES DE CONDITIONS PARTICULIERES
1671 Avances bloquées pour augmentation du capital
1672 Avances conditionnées par l'Etat
1673 Avances conditionnées par les autres organismes africains
1674 Avances conditionnées par les organismes internationaux
1676 Droits du concédant exigibles en nature
168 AUTRES EMPRUNTS ET DETTES
1681 Rentes viagères capitalisées
1682 Billets de fonds

1683 Dettes consécutives à des titres empruntés
1685 Emprunts participatifs
1686 Participation des travailleurs aux bénéfices.

Commentaires
Les emprunts et dettes assimilées ne sont pas distingués en fonction du terme d'exigibilité. Toutefois, à la clôture de l'exercice, les fractions devenues exigibles à un an au plus, à deux ans au plus, et à plus de deux ans sont isolées, afin d'être portées distinctement dans le tableau des créances et dettes.

S'agissant de leur position au passif du bilan, les comptes 161 – Emprunts obligataires et 162 – Emprunts et dettes auprès des établissements de crédit doivent être regroupés sur une ligne distincte "Emprunts". Les comptes 163 à 168 figurent en dettes financières diverses.

COMPTE 17 : Dettes de location acquisition

Contenu
Ce compte enregistre le montant correspondant à la valeur d'entrée du bien acquis par contrats de location acquisition. Il s'agit de la valeur qui figure dans le contrat ou la somme actualisée des redevances de location acquisition.

Subdivisions
172 DETTES DE LOCATION ACQUISITION/CREDIT- BAIL IMMOBILIER
173 DETTES DE LOCATION ACQUISITION/ CREDIT- BAIL MOBILIER
174 DETTES DE LOCATION ACQUISITION /LOCATION VENTE
176 INTERÊTS COURUS
1762 sur dettes de location acquisition/crédit-bail immobilier
1763 sur dettes de location acquisition/crédit-bail mobilier
1764 sur dettes de location acquisition/location vente
1768 sur autres dettes de location acquisition
178 DETTES D'AUTRES CONTRATS DE LOCATION ACQUISITION.

Commentaires
Ne sont visés par ce compte que les contrats de location acquisition.

COMPTE 18 : Dettes liées à des participations et comptes de liaison des établissements et sociétés en participation

Contenu

Les dettes liées à la valeur d'entrée du bien acquis par des participations sont des emprunts contractés auprès d'entités liées ou avec lesquelles elles ont un lien de crédit-bail et assimilés. Cette valeur est celle figurant dans le contrat ou la somme actualisée des redevances de participation.

Les dettes liées à des participations figurent au passif du bilan parmi les dettes financières diverses.

Le compte de liaison des établissements et succursales est un compte de bilan ouvert au nom de l'établissement. Il fonctionne comme un compte courant, de sorte que toutes les opérations réalisées entre le siège et l'établissement y soient enregistrées comme s'il s'agissait d'un tiers.

En conséquence, il conviendra :

- de créer, au siège, un compte de liaison au nom de chaque établissement ou succursale ;
- de créer, dans l'établissement ou la succursale, un compte réfléchi au nom du siège.

Les opérations entre le siège et l'établissement ou la succursale sont à enregistrer de manière symétrique, dans la même période comptable et sur la base des mêmes pièces justificatives. Il en résulte que les comptes de liaison soient égaux et de sens contraire dans la comptabilité du siège et dans celle de l'établissement ou la succursale.

Subdivisions

184 COMPTES PERMANENTS BLOQUES DES ETABLISSEMENTS ET SUCCURSALES
185 COMPTES PERMANENTS NON BLOQUES DES ETABLISSEMENTS ET SUCCURSALES
186 COMPTES DE LIAISON CHARGES
187 COMPTES DE LIAISON PRODUITS
188 COMPTES DE LIAISON DES SOCIETES EN PARTICIPATION.

Commentaires

L'utilisation des comptes 181, 182, 183 et 188 est exclusivement limitée aux opérations financières entre les entités liées.

Celle des comptes 184, 185, 186 et 187 est réservée aux opérations entre établissements d'une même entité. Le terme établissement s'applique à toute division de l'entité disposant d'une comptabilité autonome (succursales, usines, ateliers).

Il convient d'entendre par comptabilité autonome, toute comptabilité distincte rattachée à la comptabilité du siège par un compte de liaison.

COMPTE 19 : Provisions financières pour risques et charges

Contenu

Une provision est un passif externe (dette) dont l'échéance ou le montant est incertain.

Les provisions financières pour risques et charges sont destinées à couvrir des charges, des risques et pertes nettement précisés quant à leur objet que des événements survenus ou en cours, mais comportant un élément d'incertitude quant à leur montant ou leur réalisation prévisible à plus d'un an.

Les provisions pour risques et charges sont inscrites au passif du bilan dans les dettes financières et ressources assimilées.

Subdivisions

191 PROVISIONS POUR LITIGES
192 PROVISIONS POUR GARANTIES DONNEES AUX CLIENTS
193 PROVISIONS POUR PERTES SUR MARCHES A ACHEVEMENT FUTUR
194 PROVISIONS POUR PERTES DE CHANGE
195 PROVISIONS POUR IMPÔTS
196 PROVISIONS POUR PENSIONS ET OBLIGATIONS SIMILAIRES
1961 Provisions pour pensions et obligations similaires – engagement de retraite
1962 Actif du régime de retraite
197 PROVISIONS POUR RESTRUCTURATION
198 AUTRES PROVISIONS POUR RISQUES ET CHARGES
1981 Provisions pour amendes et pénalités
1983 Provisions de propre assureur
1984 Provisions pour démantèlement et remise en état
1985 Provisions de droits en nature (Chèques cadeau, cartes de fidélité…)
1988 Autres provisions pour divers risques et charges.

Commentaires

191 – Provisions pour litiges : à constituer lorsque l'entité engagée dans un procès, risque d'être condamnée au versement de dommages et intérêts ou autres indemnités.192 – Provisions pour garanties données aux clients : la régularité des comptes et la sincérité du résultat d'exploitation exigent que l'on tienne compte des risques liés aux garanties accordées aux clients contractuellement, en liaison notamment avec des biens vendus ou des prestations fournies. L'estimation des provisions y afférentes peut être faite sur des bases statistiques provenant de l'expérience des années antérieures. 195 – Provisions pour impôt : le principe de base étant la méthode de l'impôt exigible.

Toutefois, en cas d'imposition fractionnée et pour des montants significatifs, il convient de doter le compte de provision pour impôts (exemple : étalement des plus-values nettes à long terme). 196 – Provisions pour pensions et obligations similaires.

Dans la plupart des Etats de l'espace OHADA, il est institué une obligation légale ou conventionnelle, à la charge des entités, de verser au profit de l'employé une indemnité spéciale dite de fin de carrière, le jour du départ à la retraite d'un montant proportionnel à l'ancienneté et à la rémunération atteinte à cette date.

Pour respecter cet engagement, deux solutions s'offrent aux entités :

- verser à un organisme tiers (compagnie d'assurances) ou à un fonds de pension des cotisations mensuelles, trimestrielles ou annuelles pendant toute la période d'activité du salarié. L'organisme prend en charge le versement des prestations à l'échéance :

- Lorsque l'entité n'a pas d'obligation juridique ou implicite de combler les pertes sur le contrat, elle n'a pas l'obligation de payer les indemnités de fin carrière aux membres du personnel, le paiement de celles-ci relevant de la seule responsabilité de l'assureur. La prime due à la compagnie d'assurance est enregistrée au débit du compte 6686 Assurances retraite et fonds de pension et au crédit du compte 4332 Assurance retraite ;
- Lorsque l'entité a une obligation juridique ou implicite de combler les pertes sur le contrat, elle a l'obligation de payer les indemnités de fin de carrière aux membres du personnel, le paiement de celles-ci relevant de la responsabilité de l'entité. La prime versée à la compagnie d'assurance ou au fonds de pension est enregistrée au

débit du compte 1962 Actif du régime retraite par le crédit d'un compte de trésorerie. A la clôture de l'exercice une dotation aux provisions (débit compte 6911 par le crédit du compte 196 doit être constituée pour tenir compte des engagements de retraite. Cette provision sera reprise au fur et à mesure du départ à la retraite.

- verser elles-mêmes à l'échéance les prestations acquises par les salariés. Cet engagement devrait être constaté sous forme de provision (par le biais du compte 6911 Dotations aux provisions pour risques et charges) et réajustée (en cas de reprises par le biais du compte 7911 Reprises de provisions pour risques et charges).

Les indemnités de fin de carrière sont considérées comme des avantages à prestations définies, ressortant de la catégorie des avantages postérieurs à l'emploi dont la prise en charge s'effectue de façon linéaire pendant toute la durée d'acquisition conditionnelle des droits conférés aux bénéficiaires, tout en probabilisant les risques que le salarié quitte l'entreprise avant son départ en retraite.

Classe 2 : Comptes d'Actif immobilisé

COMPTE 21 : Immobilisations incorporelles

Contenu

Les immobilisations incorporelles sont des actifs non monétaires identifiables sans substance physique, contrôlés par l'entité qui a le pouvoir d'obtenir des avantages économiques futurs et peut restreindre l'accès des tiers à caractère général ayant une incidence sur le résultat de l'entreprise. Elles sont non répétitives et peuvent engendrer soit des économies, soit des gains sur les exercices ultérieurs.

Un actif est identifiable s'il :

- est séparable, c'est-à-dire qu'il peut être séparé de l'entité et être vendu, transféré, concédé par licence, loué ou échangé, soit de façon individuelle, soit dans le cadre d'un contrat, avec un actif ou un passif liés; ou
- résulte de droits contractuels ou d'autres droits légaux, que ces droits soient ou non cessibles ou séparables de l'entité ou d'autres droits et obligations.

Une entité contrôle ses avantages si ces connaissances sont protégées par des droits légaux.

Subdivisions
211 FRAIS DE DEVELOPPEMENT
212 BREVETS, LICENCES, CONCESSIONS ET DROITS SIMILAIRES
2121 Brevets
2122 Licences
213 LOGICIELS ET SITES INTERNET
2131 Logiciels
2132 Sites internet
214 MARQUES
215 FONDS COMMERCIAL
216 DROIT AU BAIL
217 INVESTISSEMENTS DE CREATION
218 AUTRES DROITS ET VALEURS INCORPORELS
2181 Frais de prospection et d'évaluation de ressources minérales
2182 Coûts d'obtention du contrat
2183 Fichiers clients, notices, titres de journaux et magazines
2188 Divers droits et valeurs incorporelles
219 IMMOBILISATIONS INCORPORELLES EN COURS
2191 Frais de développement
2193 Logiciels
2198 Autres droits et valeurs incorporels.

Commentaires
Le compte 211 enregistre les dépenses résultant du développement (ou de la phase de développement d'un projet interne) si et seulement si l'entité peut démontrer qu'elle satisfait aux 6 critères suivants :

- la faisabilité technique nécessaire à l'achèvement de l'immobilisation incorporelle en vue de sa mise en service ou de sa vente : faisabilité technique démontrée ;
- son intention d'achever l'immobilisation incorporelle et de la mettre en service ou de la vendre : intention de produire et de commercialiser ;
- sa capacité à mettre en service ou à vendre l'immobilisation incorporelle : capacité de produire et de commercialiser ;
- la façon dont l'immobilisation incorporelle générera des avantages économiques futurs probables.

L'entité doit démontrer, entre autres choses, l'existence d'un marché pour la production issue de l'immobilisation incorporelle ou pour l'immobilisation incorporelle elle même ou, si celle-ci doit être utilisée en interne, son utilité : existence d'un marché potentiel;

- la disponibilité de ressources techniques, financières et autres, appropriées pour achever le développement et mettre en service ou vendre l'immobilisation incorporelle : ressources suffisantes pour terminer le projet;
- sa capacité à évaluer de façon fiable les dépenses attribuables à l'immobilisation incorporelle au cours de son développement : capacité d'évaluation fiable des dépenses à immobiliser.

Cette immobilisation incorporelle est amortie en fonction de sa durée d'utilité.

Compte 212 Brevets, licences, concessions et droits assimilés. Il enregistre les dépenses engagées pour obtenir la protection accordée sous certaines conditions aux inventeurs, auteurs ou bénéficiaires du droit d'exploitation des brevets, modèles, dessins, procédés, propriétés littéraire et artistique sous forme directe ou sous forme de licences ou de concessions.

Les éléments du compte 212 sont amortissables sur leur durée de vie économique au maximum égale à la durée de la protection juridique.

Les Marques enregistrent le coût d'acquisition des marques commerciales ou industrielles. Dans le cas où ces marques ne semblent pas avoir une valeur pérenne, elles sont à amortir.

Compte 213 logiciels et sites internet enregistre les dépenses faites en vue d'acquérir le droit d'usage, d'adaptation, ou encore de reproduction d'un logiciel acquis, de même que le coût de production d'un logiciel créé ou développé pour les besoins internes de l'entité.

Le logiciel est un ensemble de programmes, procédés, et règles assortis ou non de documentation, acquis ou créés par l'entité en vue du traitement automatique des données.

Compte 215 – Fonds commercial est constitué par les éléments incorporels qui ne font pas l'objet d'une évaluation et d'une comptabilisation séparées au bilan et qui concourent au maintien ou au développement du potentiel d'activité de l'entité, de la clientèle, de l'achalandage, du droit au bail, du nom commercial et de l'enseigne.

La clientèle et l'achalandage correspondent au potentiel de bénéfice représenté par l'existence d'une clientèle déterminée ou justifié par l'emplacement de l'entité.

Les éléments composant le fonds commercial ne bénéficient pas toujours d'une protection juridique leur donnant une valeur pérenne. Seul est inscrit à ce compte le fonds commercial acquis.

Compte 216 – Droit au bail est constitué par le montant versé ou dû au locataire précédent en considération du transfert des droits résultant tant des conventions que de la législation sur la propriété commerciale.

Le compte 217 – Investissements de création se rapporte aux fabricants, producteurs, éditeurs et distributeurs de phonogrammes, aux entités de spectacle, aux établissements exerçant des activités culturelles et aux industries textiles (créateurs de mode).

Sont donc portés au compte 217, les dépenses particulièrement élevées que les éditeurs engagent pour l'étude et la production de certains ouvrages et de certaines éditions (ouvrages de grandes collections, ouvrages d'art et encyclopédies) ainsi que les frais de collection exposés dans l'industrie textile.

Compte 2181 Frais de prospection et d'évaluation de ressources minérales enregistre des dépenses d'exploration et d'évaluation des ressources minérales après obtention des droits d'exploitation.

L'entité peut prendre en compte toutes les dépenses qui peuvent être associées à la découverte de ressources minérales spécifiques, par exemple :

- l'acquisition de droits de prospecter ;
- les études topographiques, géologiques ; géochimiques et géophysiques ;
- le forage d'exploration ;
- le creusement de tranchées ;
- l'échantillonnage ;
- les activités en liaison avec l'évaluation de la faisabilité technique et de la viabilité commerciale de la ressource minérale.

Les actifs de prospection et d'évaluation doivent être soumis à un test de dépréciation. Compte 2182 Coûts d'obtention du contrat. Le

SYSCOHADA préconise l'activation sur option des coûts d'obtention du contrat, lorsque les conditions suivantes sont remplies :

- ces coûts sont marginaux, c'est-à-dire que l'entité ne les aurait pas encourus si elle n'avait pas obtenu le contrat ;
- l'entité s'attend à les recouvrer ;
- les frais d'établissement : dépenses concernant la constitution de l'entreprise (honoraires, droits d'enregistrement, frais de formalités légales, frais de prospection, frais de publicité et de lancement) coûts d'obtention du contrat sont significatifs ;
- en cas d'activation, la durée d'amortissement de ces coûts d'obtention aurait été supérieure à 12 mois.

Les coûts d'obtention du contrat qui auraient été supportés en tout état de cause sont enregistrés en charge lorsqu'ils sont encourus ; toutefois, même si le contrat n'est pas obtenu, ces coûts sont inscrits à l'actif lorsqu'ils peuvent être facturés au client.

Par contre, les coûts suivants sont exclus du coût d'obtention du contrat :

- les charges concernant les frais encourus pour répondre à venir pour laquelle il y a de fortes chances de succès commercial et de rentabilité : frais de démarrage d'immobilisations et de chantiers, de pré exploitation, d'ouverture de points de vente des appels d'offre ;
- les charges à caractère général dues à des opérations nécessaires pour la poursuite de l'activité de l'entité (frais marketing que l'entité encourt, qu'elle obtienne ou son développement (frais d'augmentation de capital,...); les frais d'acquisition d'immobilisations : droits d'enregistrement, honoraires, commissions, frais d'actes ; les frais d'émission d'emprunts ; les dépenses de gros entretien ou de grosses réparations qui ne s'incorporent pas dans une immobilisation ; les primes de remboursement des obligations accordées aux souscripteurs.

COMPTE 22 : Terrains

Contenu

Ce compte enregistre la valeur des terrains dont l'entité est propriétaire et de ceux qui sont mis à sa disposition par des tiers.

Subdivisions
221 TERRAINS AGRICOLES ET FORESTIERS
2211 Terrains d'exploitation agricole
2212 Terrains d'exploitation forestière
2218 Autres terrains
222 TERRAINS NUS
2221 Terrains à bâtir
2228 Autres terrains nus
223 TERRAINS BÂTIS
2231 pour bâtiments industriels et agricoles
2232 pour bâtiments administratifs et commerciaux
2234 pour bâtiments affectés aux autres opérations professionnelles
2235 pour bâtiments affectés aux autres opérations non professionnelles
2238 Autres terrains bâtis
224 TRAVAUX DE MISE EN VALEUR DES TERRAINS
2241 Plantations d'arbres et d'arbustes
2245 Améliorations du fonds
2248 Autres travaux
225 TERRAINS DE GISEMENTCARRIERES TREFONDS
2251 Carrières
226 TERRAINS AMENAGES
2261 Parkings
227 TERRAINS MIS EN CONCESSION
228 AUTRES TERRAINS
2281 Terrains-immeubles de placement
2285 Terrains des logements affectés au personnel
2286 Terrain location-acquisition
2288 Autres
229 AMENAGEMENTS DE TERRAINS EN COURS
2291 Terrains agricoles et forestiers
2292 Terrains nus
2295 Terrains de carrières – tréfonds
2298 Autres terrains
229 AMENAGEMENTS DE TERRAINS EN COURS
2291 Terrains agricoles et forestiers
2292 Terrains nus
2295 Terrains de gisement
2298 Autres terrains.

Commentaires
Les terrains nus sont des terrains pouvant constituer le sol de bâtiments ou d'ouvrages. Ils sont par conséquent sans construction.

Les terrains bâtis sont ceux sur lesquels des constructions sont édifiées. La valeur d'entrée de ces terrains doit toujours être distinguée de celle du bâtiment correspondant. A défaut de pièces justificatives indiquant séparément la valeur des terrains et celle des constructions, la ventilation du prix global d'acquisition peut être effectuée par tous moyens à la disposition de l'entité.

Il est à remarquer que les agencements et aménagements des terrains, des constructions et autres aménagements sont rattachés directement aux comptes issus des postes ci-dessus.

Par aménagement, il convient d'entendre les dépenses effectuées en vue de la mise en état de l'utilisation des immobilisations corporelles concernées.

Sont notamment à porter aux divers comptes d'aménagement et d'agencement, les dépenses afférentes à des immobilisations prises en location ou celles qui sont destinées à établir une liaison entre diverses immobilisations utilisées par l'exploitation agricole. Par contre, les dépenses qui sont intégrées à des immobilisations appartenant à l'exploitation agricole doivent suivre le sort de ces immobilisations.

Le compte 2288 – Autres correspond aux terrains correspond aux terrains non évoqués dans les rubriques précédentes, tels que, notamment, les sous- sols et les sur-sols au cas où l'exploitation agricole ne serait pas propriétaire des trois éléments rattachés à une même parcelle de terrain, à savoir le sous- sol, le sol et le sur-sol.

Les terrains de gisement sont des terrains d'extraction de matières destinées soit aux besoins de l'exploitation agricole, soit à être revendues en l'état ou après transformation.

Les travaux de mise en valeur des terrains, dont la valeur peut être enregistrée par le compte 224 sont essentiellement des travaux de défrichage, drainage, irrigation, nivellement, défonçage, plantation d'arbres et d'arbustes, à l'exclusion de tout travail de construction et de fondation qui feraient partie intégrante du coût des bâtiments.

Ces travaux ne peuvent être isolés dans un compte et donner lieu à amortissement que s'ils ont été effectués par l'entité ou sous ses ordres et, en aucun cas, pour les terrains acquis.

COMPTE 23 : Bâtiments, installations techniques et agencements

Contenu

Ce compte enregistre le montant des opérations ayant trait aux apports effectués par les associés ou à l'acquisition et à la création par l'entité, de bâtiments, installations et agencements, de même que leur cession, disparition et mise au rebut.

Subdivisions

230 BÂTIMENTS INDUSTRIELS, AGRICOLES, ADMINISTRATIFS ET COMMERCIAUX SUR SOL PROPRE
2312 Bâtiments agricoles
2316 Bâtiment de location-acquisition
232 BÂTIMENTS INDUSTRIELS AGRICOLES, ADMINISTRATIFS ETCOMMERCIAUX SUR SOL D'AUTRUI
2322 Bâtiments agricoles
2326 Bâtiment de location-acquisition
233 OUVRAGES D'INFRASTRUCTURE
2331 Voies de terre
2332 Voies de fer
2333 Voies d'eau
2334 Barrages, Digues
2335 Pistes d'aérodrome
2338 Autres
234 INSTALLATIONS TECHNIQUES
2341 Installations complexes spécialisées sur sol propre
2342 Installations complexes spécialisées sur sol d'autrui
2343 Installations à caractère spécifique sur sol propre
2344 Installations à caractère spécifique sur sol d'autrui
2345 Aménagements et agencements des bâtiments
235 AMENAGEMENTS DE BUREAUX
2351 Installations générales
2358 Autres
237 BÂTIMENTS INDUSTRIELS, AGRICOLES ET COMMERCIAUX MIS EN CONCESSION
238 AUTRES INSTALLATIONS ET AGENCEMENTS
239 BÂTIMENTS ET INSTALLATIONS EN COURS
2391 Bâtiments en cours

2392 Installations en cours
2393 Aménagements et agencements.

Commentaires
La valeur des terrains n'est pas comprise dans celle des bâtiments. Les terrains et les bâtiments doivent faire l'objet d'évaluations distinctes.

Il faut en revanche inclure dans la valeur des bâtiments les éléments ci-après qui peuvent être ventilés dans des sous comptes spécifiques du bâtiment concerné et amortis sur leur durée d'utilité et non celle du bâtiment :

- le coût de la peinture extérieure et intérieure des constructions neuves ;
- le coût de tous les aménagements permanents, tels que les appareils de chauffage, de conditionnement d'air et de climatisation, les conduites d'eau, de gaz, d'électricité, de réception d'images ;
- le coût du matériel normalement installé avant que le bâtiment soit occupé.
- Toute construction sur un terrain d'autrui, bien qu'elle revienne en fin de bail au bailleur, doit être constatée dans les livres du locataire par le compte 232 en tenant compte de toutes les dépenses engagées pour réaliser la construction.

En revanche, Le bailleur ne doit faire figurer dans ses livres que la valeur des terrains pendant toute la durée du bail.

Le locataire est tenu d'amortir les constructions sur la durée la plus courte entre la durée d'utilité du bien et la durée du bail.

En fin de bail, le locataire rétrocède les constructions en soldant le compte 232 et le compte 2832 par le compte 812. Si le transfert se fait contre indemnité du bailleur, celle-ci sera constatée par le compte 822.

Chez le bailleur, la construction reçue gratuitement sera constatée en retenant la valeur actuelle du jour de transfert en contrepartie du compte 841 produits HAO constatés.

Les bâtiments et installations en cours sont ceux qui ne sont pas encore terminés à la clôture de l'exercice, mais qui appartiennent cependant à l'entité. Après achèvement, ces derniers seront portés au débit des comptes 231 à 238 par le crédit du compte 239 – Bâtiments et installations en cours. En principe, l'amortissement des bâtiments ou installations en cours ne peut avoir lieu qu'à partir de leur mise en service effective.

COMPTE 24 : Matériel, Mobilier et Actifs biologiques

Contenu

Le matériel (machines, mobiliers) est constitué par l'ensemble des objets et instruments avec (et ou par) lesquels :

- sont extraites, transformées ou façonnées les matières ou fournitures ;
- sont fournis les services qui sont l'objet même de la profession exercée.

Le mobilier est constitué de meubles et objets utilisés sur une période supérieure à un an dans l'exploitation, comme les tables, les chaises, les classeurs. L'actif biologique est constitué d'animaux vivants, de plantes vivantes et secondairement, des améliorations foncières, de l'autoconsommation prélevée, de certains contrats ou partenariats spécifiques.

Subdivisions

242 MATERIEL ET OUTILLAGE AGRICOLE
2421 Matériel agricole
2422 Outillage agricole
2426 Matériel et outillage agricole de location – acquisition
246 ACTIFS BIOLOGIQUES
2461 Cheptel, animaux de trait
2462 Cheptel, animaux reproducteurs
2463 Animaux de garde
2465 Plantations agricoles
2468 Autres
247 AGENCEMENTS, AMENAGEMENTS DU MATERIEL ET ACTIFS BIOLOGIQUES
2471 Agencements et aménagements du matériel
2472 Agencements et aménagements des actifs biologiques
249 MATERIEL ET ACTIFS BIOLOGIQUES EN COURS
2491 Matériel et outillage industriel et commercial
2492 Matériel et outillage agricole
2495 Matériel de transport
2496 Actifs biologiques
2497 Agencements et aménagements du matériel et des actifs biologiques
2498 Autres matériels et actifs biologiques en cours.

Commentaires

Le matériel bureautique est constitué notamment par tout le matériel :

- de substitution au support papier, tels les ardoises électroniques, les écrans et progiciels ;
- les animaux reproducteurs utilisés pour rationaliser le support vocal, en vue de téléconférences, messagerie vocale, reconnaissance de la parole ;
- les animaux servant à regrouper des informations sous la forme de garde chronos, échéanciers, dossiers électroniques ;
- les plantations. Elles ne comprennent pas les animaux achetés ou élevés pour être commercialisés qui font partie du stock. Le matériel bureautique est constitué notamment par tout le matériel :
- de substitution au support papier tels les ardoises électroniques, les écrans et progiciels ; utilisé pour rationaliser le support vocal, en vue de téléconférences, messagerie vocale, reconnaissance de la parole ; servant à regrouper des informations sous la forme de chronos, échéanciers, dossiers électroniques ; de télétransmission, notamment à l'aide de modems de communication.

En termes clairs, le matériel est constitué par l'ensemble des équipements et machines utilisés notamment pour :

- l'extraction, la transformation, le façonnage, le conditionnement de s matières et des fournitures ;
- les prestations de services.

Le matériel et l'outillage sont constitués par l'ensemble des instruments, machines et objet nécessaires à la production et à la commercialisation. Ils comprennent en particulier :

- le matériel de travail au sol ;
- le matériel d'épandage, de semis et de traitement ;
- le matériel de récolte ;
- le matériel de manutention et de stockage ;
- le matériel de conditionnement, d'emballage et de transformation ;
- le matériel d'intérieur de ferme ;
- le matériel de chais ;
- le matériel d'atelier ;
- le gros outillage ;
- le matériel de chais tel que foudres utilisées à l'intérieur de l'entreprise.

Parmi les sous comptes de ce poste, figurent les emballages récupérables identifiables. Il s'agit d'objets tels que les fûts ou les caisses à fruits qui sont livrés à la clientèle en même temps que leur contenu et que leur importance, leur durée de vie et leur caractère identifiable font classer parmi les immobilisations. Les petits emballages non identifiables (sacs, bouteilles, clayettes, bonbonnes…) qu'ils soient livrés perdus ou qu'ils soient récupérables sont compris dans les charges d'exploitation.

Le matériel de transport comprend les véhicules et appareils servant au transport des personnes, des marchandises, des matières et des produits sous quel que mode que ce soit.

L'exploitation agricole peut créer, le cas échéant, les sous-comptes distinguant le matériel par types (véhicules lourds, véhicules légers, matériel aérien, navires, matériel ferroviaire, voitures de tourisme, motocyclettes …).

Le mobilier de bureau enregistre le mobilier de bureau qui comprend les meubles et objets tels que tables, chaises, classeurs, fauteuils, bureaux utilisés par les services de l'exploitation agricole.

Le matériel de bureau se compose des machines et instruments tels que machines à calculer ou à écrire, photocopieurs etc., utilisés par les différents services de l'exploitation agricole.

Le matériel informatique comprend les unités centrales des ordinateurs, les terminaux, les imprimantes etc., à l'exclusion des logiciels non intégrés au prix d'achat de ce matériel.

Les autres mobilier, matériel de bureau et aménagements divers est destiné à enregistrer, s'il y a lieu, les autres mobilier, matériel de bureau et aménagements divers non spécifiés dans les comptes précédents.

Les plantations concernent celles destinées à rester à la place qu'elles doivent être occupées durablement et ayant atteint un stade de production normale.

Le coût doit intégrer les dépenses engagées pour l'acquisition ou la création des plantations jusqu'au stade de production normale. Elles sont amorties à partir de la première année de production normale, en fonction de leur longévité technique et économique.

Sont inscrites à ce compte notamment les dépenses importantes engagées pour la protection des plantations telles que coupe-vent et filets paragrêles lorsque l'entreprise est propriétaire des plantations. Autrement, elles sont portées au compte "aménagements divers".

D'autres végétaux immobilisés sont des plantations autres que les plantations à demeure pour autant qu'elles répondent à la définition d'immobilisations. Il s'agit notamment des plantations forestières.

Quant aux animaux, il y a lieu de distinguer les animaux reproducteurs qui sont ceux destinés à rester durablement sur l'exploitation pour produire des biens vendus ou incorporés dans le cycle de production.

Les exploitations agricoles peuvent enregistrer les opérations concernant les animaux reproducteurs suivant deux méthodes, sans pouvoir les utiliser simultanément pour une même catégorie d' animaux reproducteurs.

La méthode classique de comptabilisation des immobilisations. Cette méthode consiste à traiter les animaux reproducteurs au même titre que les immobilisations corporelles.

Ce choix se traduira par l'identification et le suivi des animaux immobilisés, la constatation de leur amortissement, la constatation de leur sortie pour cause de vente, de décès ou tout autre événement. Il suppose également le traitement comptable des jeunes animaux issus de ceux déjà immobilisés (par exemple, les vaux issus des vaches laitières, …).

Ces jeunes animaux peuvent avoir deux destinations différentes :
- Soit, ils viendraient « grossir » le cheptel immobilisé de l'exploitation agricoles, auquel il s'agit d'immobilisations en cours agricoles – Animaux ;
- Soit, ils viendraient « grossir » les « valeurs en stocks » à la clôture de l'exercice, auquel cas il s'agit de Stocks d'a Animaux à enregistrer dans le compte de stocks 31.

Méthode simplifiée de comptabilisation des immobilisations :

Par dérogation aux principes comptables généralement admis, le traitement comptable des animaux reproducteurs s'effectue sous cette option selon les modalités suivantes :

- En cours d'exercice, les achats et les ventes d'animaux reproducteurs sont considérés comme portant sur des stocks. Ils sont inscrits dans les comptes de gestion des classes 6 et 7.

  A la date d'inventaire, les variations d'inventaire correspondantes sont assimilées à des variations de stocks. Elles interviennent ainsi au Compte de Produits et Charges en contrepartie dudit compte d'immobilisations. Les animaux reproducteurs sont ainsi enregistrés à ce dernier compte et ne sont pas amortis.

Les animaux de service de leur part sont destinés à être utilisés de façon durable pour la production de services : animaux de trait, de course, de monte, de combat,...Les « animaux de service » sont amortissables à compter de la date de leur affectation en tant que tel, sur une durée qui dépend de leur longévité naturelle normale.

COMPTE 25 : Avances et acomptes versés sur immobilisations

Contenu

Sommes versées par l'entité à des tiers pour des commandes en cours d'immobilisations. Le solde de ce compte représente la créance de l'entité sur ses fournisseurs d'immobilisations.

Subdivisions

251 AVANCES ET ACOMPTES VERSÉS SUR IMMOBILISATIONS INCORPORELLES
252 AVANCES ET ACOMPTES VERSÉS SUR IMMOBILISATIONS CORPORELLES.

Commentaires

Les avances et acomptes versés par l'entité à des tiers pour les opérations en cours sont des versements effectués au profit des fournisseurs d'immobilisations au moment des commandes ou au cours de l'exécution des contrats. Selon que ces sommes ont pour objet l'acquisition d'une immobilisation incorporelle ou corporelle, elles sont portées dans les comptes appropriés.

COMPTE 26 : Titres de participation

Contenu

Les titres de participation sont constitués par les droits dans le capital d'autres entités, matérialisés ou non par des titres, afin de créer un lien durable avec celles-ci et de contribuer à l'activité et au développement de la société détentrice.

Subdivisions

265 PARTICIPATIONS DANS DES ORGANISMES PROFESSIONNELS
266 PARTS DANS DES GROUPEMENTS D'INTERÊT ECONOMIQUE (G.I.E.)
268 AUTRES TITRES DE PARTICIPATION.

Commentaires

Les titres de participation sont ceux dont l'acquisition et la possession durable permettent d'exercer une certaine influence sur la société qui les a émis.

Le compte 266 – Parts dans des G.I.E. enregistre les prises et les cessions de "parts sociales" dans les groupements d'intérêt économique, à l'exclusion des avances aux G.I.E. non réalisables à court terme et susceptibles d'être consolidées par incorporation au capital social. Ces avances sont suivies dans le compte 2774 – Avances à des G.I.E.

Les apports à un G.I.E., non évalués, sont à mentionner dans les engagements donnés. Les autres opérations effectuées avec un GIE doivent être portées au compte 463 – Associés, opérations faites en commun qui, pour le cas d'espèce, pourrait donner lieu à ouverture d'un compte divisionnaire.

La valeur d'entrée est le prix d'acquisition majoré des frais accessoires d'achat ; les titres de participation figurent de ce fait à l'actif (montant brut) pour leur coût d'acquisition.

COMPTE 27 : Autres immobilisations financières

Contenu

Les autres immobilisations financières comprennent :

- les titres autres que les titres de participation, que l'entité n'a ni l'intention, ni la possibilité de revendre dans un bref délai ;
- les prêts nés en vertu de dispositions contractuelles ;
- les créances non commerciales assimilées à des prêts (dépôts et cautionnements).

Subdivisions

271 PRÊTS ET CREANCES NON COMMERCIALES
2711 Prêts participatifs
2712 Prêts aux associés
2713 Billets de fonds
2714 Créances de location financement
2715 Titres prêtés
272 PRÊTS AU PERSONNEL
2721 Prêts immobiliers
2722 Prêts mobiliers et d'installation
2728 Autres prêts (frais d'études)
273 CREANCES SUR L'ETAT
2731 Retenues de garantie
2733 Fonds réglementé
2734 Créances sur le concédant
2738 Autres
274 TITRES IMMOBILISES
2741 Titres immobilisés de l'activité de portefeuille (T.I.A.P.)
2742 Titres participatifs
2743 Certificats d'investissement
2744 Parts de fonds commun de placement (F.C.P.)
2745 Obligations
2746 Actions ou parts propres
2748 Autres titres immobilisés
275 DEPÔTS ET CAUTIONNEMENTS VERSES
2751 Dépôts pour loyers d'avance
2752 Dépôts pour l'électricité
2753 Dépôts pour l'eau
2754 Dépôts pour le gaz
2755 Dépôts pour le téléphone, le télex, la télécopie
2756 Cautionnements sur marchés publics
2757 Cautionnements sur autres opérations

2758 Autres dépôts et cautionnements
276 INTERÊTS COURUS
2761 Prêts et créances non commerciales
2762 Prêts au personnel
2763 Créances sur l'Etat
2764 Titres immobilisés
2765 Dépôts et cautionnements versés
2766 Créances de location financement
2767 Créances rattachées à des participations
2768 Immobilisations financières diverses.

Commentaires

Les prêts sont ceux qui répondent aux conditions juridiques en matière de contrat. Les billets de fonds à recevoir sont assimilés aux prêts.

Les titres immobilisés sont des titres autres que des titres de participation que l'entité a l'intention de conserver durablement. Ils sont représentatifs de placements à long terme.

En cas de libération partielle, la part non libérée des titres constitue une dette inscrite au compte 4813 – Versements restant à effectuer sur titres de participation et titres immobilisés non libérés et devra faire l'objet d'information dans les Notes annexes. Les frais accessoires d'achat de titres (impôts, courtages, commissions, honoraires) sont inclus dans le prix d'achat des titres.

Par définition :

- Les dépôts sont des sommes versées à certains fournisseurs (gaz, eau, électricité) ou prestataires de services (téléphone, bailleur) pour leur garantir le paiement des redevances ou des loyers.
- Les cautionnements sont les sommes déposées en vue de garantir la bonne fin de l'exécution d'un marché ou d'une opération. Elles sont remboursées lors du dénouement du marché ou de l'opération.
- Les créances rattachées à des participations sont des prêts ou des avances consentis à une société qui est une participation de l'entité.

Les prêts et créances ne sont pas distingués en fonction du terme d'exigibilité de leur remboursement. Toutefois, lorsque le délai d'exigibilité est inférieur ou égal à un an, à la clôture de l'exercice, la partie ainsi devenue exigible est isolée afin d'être portée distinctement dans le tableau d'échéances des créances et des dettes. De même, les prêts et créances devront être distingués selon le terme à un an au plus, à deux ans au plus, et à plus de deux ans.

Les prêts assortis d'une garantie font l'objet d'une mention dans les Notes annexes (nantissement, hypothèque, dépôt de titres, caution bancaire, gages divers).

COMPTE 28 : Amortissements

Contenu

L'amortissement est la constatation comptable obligatoire de l'amoindrissement de la valeur des immobilisations qui se déprécient de façon certaine et irréversible.

Le montant du bien amortissable s'entend de la différence entre le coût du bien sur la durée probable d'utilisation selon un plan prédéfini. Le coût du bien pour l'entreprise s'entend de la différence entre son coût d'entrée d'un actif et sa valeur résiduelle prévisionnelle.

La valeur résiduelle d'un actif est nulle lorsque le montant estimé qu'une entité obtiendrait actuellement de la sortie de l'actif, après déduction des coûts de sortie estimés, si l'actif avait déjà l'âge et se trouvait déjà dans l'état prévu à la fin de sa durée probable de vie du bien coïncide avec sa durée d'utilisation dans d'utilité.

Toute modification significative dans l'environnement économique, technique Différents modes d'amortissement peuvent être utilisés pour répartir de façon systématique le montant amortissable d'un actif sur sa durée d'utilité. Ces modes incluent :

- le mode linéaire ;
- le mode dégressif ;
- le mode des unités de production ;
- et juridique ou des conditions d'utilisation du bien tout autre mode mieux adapté.

Le mode d'amortissement retenu est appliqué de manière cohérente d'une période à l'autre, sauf en cas de changement du rythme attendu de consommation de l'actif en diminution de la valeur brute des biens correspondants pour donner leur valeur comptable nette.
La date de début d'amortissement est la date à laquelle l'actif immobilisé est en l'état et en lieu d'utilisation prévue par l'entité.

Subdivisions
281 AMORTISSEMENTS DES IMMOBILISATIONS INCORPORELLES
2811 Amortissements des frais de recherche et de développement
2812 Amortissements des brevets, concessions et droits similaires
2813 Amortissements des logiciels et sites internet
2814 Amortissements des marques
2816 Amortissements du droit au bail
2817 Amortissements des investissements de création
2818 Amortissements des autres droits et valeurs incorporels
282 AMORTISSEMENTS DES TERRAINS
2821 Amortissements des terrains agricoles et forestiers
2824 Amortissements des travaux de mise en valeur des terrains
2825 Amortissements des terrains de gisement
283 AMORTISSEMENTS DES BÂTIMENTS, INSTALLATIONS TECHNIQUES ET AGENCEMENTS
2831 Amortissements des bâtiments industriels, agricoles, administratifs et commerciaux sur sol propre
2832 Amortissements des bâtiments industriels, agricoles, administratifs et commerciaux sur sol d'autrui
2833 Amortissements des ouvrages d'infrastructure techniques industriels
2834 Amortissements des aménagements, agencements et installations techniques
2835 Amortissements des aménagements de bureaux
2837 Amortissements de bâtiments industriels, agricoles et commerciaux agricoles et mis en concession
2838 Amortissements des autres installations et agencements
284 AMORTISSEMENTS DU MATERIEL
2841 Amortissements du matériel et outillage industriel et commercial
2842 Amortissements du matériel et outillage agricole
2843 Amortissements du matériel d'emballage récupérable et identifiable
2844 Amortissements du matériel et mobilier
2845 Amortissements du matériel de transport
2846 Amortissements des actifs biologiques
2847 Amortissements des agencements et aménagements du matériel et des actifs biologiques
2848 Amortissements des autres matériels.

Commentaires

L'amortissement est en principe calculé selon les usages de la profession, de façon à amortir chaque catégorie d'immobilisations sur la durée normale d'utilisation prévue. Toutefois, les annuités d'amortissement peuvent être adaptées aux conditions d'exploitation (calcul sur la base d'unités de mesure de l'utilisation : tonnage, cubage, heures de fonctionnement, etc.).

Les annuités d'amortissement peuvent être modifiées si les perspectives d'avenir justifient une telle mesure. Dans ce cas, la correction effectuée sur les taux d'amortissement doit être révélée et quantifiée, de même que les raisons de cette modification. En revanche, si des prévisions devaient conduire à des prix plus élevés que les premières estimations, aucune correction ne devrait être pratiquée.

Si la durée d'utilité du bien dans l'entité devait être nettement inférieure à sa durée probable de vie, il doit être tenu compte d'une valeur résiduelle raisonnablement appréciée au moment de l'établissement du plan d'amortissement. Dans le cas d'espèce, le calcul de l'amortissement doit être effectué sur la différence entre la valeur d'entrée et la valeur résiduelle, déduction faite des frais estimés de la revente.

Pour fixer le taux d'amortissement, il est tenu compte de l'usure correspondant aux conditions d'utilisation prévisibles, notamment :

- du travail en fonction du nombre d'équipes tournantes (double ou triple équipes) ;
- de la désuétude potentielle due aux changements technologiques, c'est-à-dire, des circonstances qui peuvent rendre prématurément caduques certaines immobilisations ;
- de l'obsolescence potentielle due aux variations de la demande affectant les articles produits ou les services fournis par l'utilisation.

Les amortissements doivent être pratiqués à la clôture de chaque exercice, même en cas d'absence ou d'insuffisance de bénéfice.

COMPTE 29 : Dépréciations des immobilisations

Contenu

A la clôture de chaque exercice une entité doit apprécier, s'il existe un quelconque indice qu'un actif a subi une perte de valeur. S'il existe un tel indice, l'entité doit estimer la valeur d'un élément d'actif résultant de causes dont les effets ne sont pas jugés irréversibles. Cette provision est constatée par une dotation au compte de résultat actuelle et la comparer avec la valeur nette comptable.

L'actif doit être déprécié lorsque la valeur nette comptable est supérieure à la valeur actuelle. Pour évaluer s'il existe un indice quelconque de dépréciation d'actif, une entité doit tenir compte, au minimum, des indications suivantes :

Sources externes :

- durant l'exercice, la valeur de marché d'un actif a diminué de façon plus importante que du seul effet attendu du passage du temps ou de l'utilisation normale de l'actif;
- d'importants changements, ayant un effet négatif sur l'entité, sont survenus au cours de l'exercice ou surviendront dans un proche avenir, dans l'environnement technologique, économique ou juridique ou du marché dans lequel l'entité opère ou dans le marché auquel l'actif est dévolu ;
- les taux d'intérêt du marché ou d'autres taux de rendement du marché ont augmenté durant l'exercice et il est probable que ces augmentations affecteront le taux d'actualisation utilisé dans le calcul de la valeur d'utilité d'un actif et diminueront de façon significative la valeur actuelle de l'actif;
- la valeur comptable de l'actif net de l'entité est supérieure à sa capitalisation boursière.

Sources internes :

- il existe un indice d'obsolescence ou de dégradation physique d'un actif;
- des changements importants, ayant un effet négatif sur l'entité, sont survenus au cours de l'exercice ou sont susceptibles de survenir dans un proche avenir, dans le degré ou le mode d'utilisation d'un actif tel qu'il est utilisé ou que l'on s'attend à l'utiliser. Ces changements incluent la mise hors service de l'actif, les plans d'abandon ou de restructuration du secteur d'activité auquel un actif appartient et les plans de sortie d'un actif avant la date antérieurement prévue, et la réestimation de la durée d'utilité d'un actif comme déterminée plutôt qu'indéterminée;
- un élément probant provenant du système d'information interne montre que la performance économique d'un actif est ou sera moins bonne que celle attendue.

Les dépréciations sont inscrites distinctement à l'actif, en diminution de la valeur brute des biens correspondants pour donner leur valeur comptable nette (V.C.N.).Même en cas d'absence ou d'insuffisance de bénéfice au cours de l'exercice, il doit être procédé aux dotations nécessaires pour couvrir les dépréciations.

Subdivisions

291 DEPRECIATIONS DES IMMOBILISATIONS INCORPORELLES ET CORPORELLES
2911 Dépréciations des frais de développement
2912 Dépréciations des brevets, licences, marques concessions et droits similaires
2913 Dépréciations des logiciels et sites internet
2914 Dépréciations des marques
2915 Dépréciations du fonds commercial
2916 Dépréciations du droit au bail
2917 Dépréciations des investissements de création
2918 Dépréciations des autres droits et valeurs incorporels
2919 Dépréciations des immobilisations incorporelles en cours
292 DEPRECIATIONS DES TERRAINS
2921 Dépréciations des terrains agricoles et forestiers
2922 Dépréciations des terrains nus
2923 Dépréciations des terrains bâtis
2924 Dépréciations des travaux de mise en valeur des terrains
2925 Dépréciations des terrains de gisement
2926 Dépréciations des terrains aménagés
2927 Dépréciations des terrains mis en concession
2928 Dépréciations des autres terrains
2929 Dépréciations des aménagements de terrains en cours
293 DEPRECIATIONS DES BÂTIMENTS, INSTALLATIONS TECHNIQUES ET AGENCEMENTS
2931 Dépréciations des bâtiments industriels, agricoles, administratifs et commerciaux sur sol propre
2932 Dépréciations des bâtiments industriels, agricoles, administratifs et commerciaux sur sol d'autrui
2933 Dépréciations des ouvrages d'infrastructures
2934 Dépréciations des aménagements, agencements et installations techniques
2935 Dépréciations des aménagements de bureaux
2937 Dépréciations des bâtiments industriels, agricoles et commerciaux mis en concession
2938 Dépréciations des autres installations et agencements

2939 Dépréciations des bâtiments et installations en cours
294 DEPRECIATIONS DU MATERIEL, DU MOBILIER ET DE L'ACTIF BIOLOGIQUE
2941 Dépréciations du matériel et outillage industriel et commercial
2942 Dépréciations du matériel et outillage agricole
2943 Dépréciations du matériel d'emballage récupérable et identifiable
2944 Dépréciations du matériel et mobilier
2945 Dépréciations du matériel de transport
2946 Dépréciations des actifs biologiques
2947 Dépréciations des agencements et aménagements du matériel et des actifs biologiques
2948 Dépréciations des autres matériels
2949 Dépréciations du matériel en cours
295 DEPRECIATIONS DES AVANCES ET ACOMPTES VERSES SUR IMMOBILISATIONS
2951 Dépréciations des avances et acomptes versés sur immobilisations incorporelles
2952 Dépréciations des avances et acomptes versés sur immobilisations corporelles
296 DEPRECIATIONS DES TITRES DE PARTICIPATION
2961 Dépréciations des titres de participation dans des sociétés sous contrôle exclusif
2962 Dépréciations des titres de participation dans les sociétés sous contrôle conjoint
2963 Dépréciations des titres de participation dans les sociétés conférant une influence notable
2965 Dépréciations des participations dans des organismes professionnels
2966 Dépréciations des parts dans des G.I.E.
2968 Dépréciations des autres titres de participation
297 DEPRECIATIONS DES AUTRES IMMOBILISATIONS FINANCIERES
2971 Dépréciations des prêts et créances non commerciales
2972 Dépréciations des prêts au personnel
2973 Dépréciations des créances sur l'Etat
2974 Dépréciations des titres immobilisés
2975 Dépréciations des dépôts et cautionnements versés
2977 Dépréciations des créances rattachées à des participations et avances à des G.I.E.
2978 Dépréciations des créances financières diverses.

Commentaires
L'actif doit être déprécié lorsque sa valeur nette comptable est supérieure à sa valeur actuelle. Cette dépréciation est constatée par une dotation aux dépréciations.

Elles peuvent également concerner les dépréciations exceptionnelles subies par les immobilisations amortissables, lorsque ces dépréciations ne peuvent raisonnablement être inscrites aux comptes d'amortissement, en raison de leur caractère définitif.

A la différence des provisions pour pertes et charges, elles expriment des corrections d'actif de sens négatif.

Les dépréciations dépendent des conditions d'exploitation de chaque entité ou de circonstances économiques particulières. Les dépréciations doivent être pratiquées à la clôture de l'exercice, même en l'absence de bénéfice, aussi bien sur les immobilisations acquises que sur celles en cours de fabrication.

Classe 3 : Comptes de stocks

COMPTE 31 : Marchandises

Contenu
Les marchandises sont les objets, matières et fournitures, acquis par l'entité et destinés à être revendus en l'état.

Subdivisions
Le compte 31 ainsi que ses subdivisions permettent à l'entité de classer les marchandises selon la nomenclature des biens et services en usage dans chacun des Etats-parties.
313 ACTIFS BIOLOGIQUES
3131 Animaux
3132 Végétaux
318 MARCHANDISES HORS ACTIVITES ORDINAIRES

Commentaires
Le compte 31 est subdivisé selon les besoins de l'entité. Les marchandises hors activités ordinaires (H.A.O.) ne seront distinguées que si leur montant est supérieur à 5 % du total de l'actif circulant.

COMPTE 32 : Matières premières et fournitures liées

Contenu

Les matières premières et fournitures liées sont les objets, matières et fournitures achetés pour être incorporés aux produits fabriqués.

Subdivisions

Le compte 32 ainsi que ses subdivisions permettent à l'entité de classer les matières et fournitures selon la nomenclature des biens et services en usage dans chacun des Etats-parties.

321 MATIERES A
322 MATIERES B
323 FOURNITURES (A, B).

Commentaires

Les matières dites consommables ne font pas partie des fournitures liées et sont classées dans le compte 33 – Autres approvisionnements.

COMPTE 33 : Autres approvisionnements

Contenu

Les autres approvisionnements sont des matières, des fournitures acquises par l'entité et qui concourent à la fabrication ou à l'exploitation, sans entrer dans la composition des matières et des fournitures acquises.

Subdivisions

331 MATIERES CONSOMMABLES
33233 FOURNITURES D'ATELIER ET D'USINE
333 FOURNITURES DE MAGASIN
334 FOURNITURES DE BUREAU
335 EMBALLAGES
3351 Emballages perdus
3352 Emballages récupérables non identifiables
3353 Emballages à usage mixte
3358 Autres emballages
338 AUTRES MATIERES.

Commentaires

Le compte 33 peut comprendre des pièces de rechange, du petit outillage et, le cas échéant, du matériel mobile, dont la destination définitive (immobilisation ou entretien) n'est pas exactement connue.

COMPTE 34 : Produits en cours

Contenu

Les produits en cours sont des biens et services en voie de formation ou de transformation à la clôture de l'exercice.

Subdivisions

345 ACTIFS BIOLOGIQUES EN COURS
3451 Animaux
3452 Végétaux.

Commentaires

Les produits en cours ne sont pas inscrits à un compte de magasin. Les travaux en cours concernent des biens d'équipement lourd, immeubles, constructions, dont les délais de fabrication sont relativement longs et dont la propriété n'est pas encore transférée à l'acheteur.

COMPTE 36 : Produits finis

Contenu

Les produits finis sont les produits fabriqués par l'entité qui ont atteint le stade final de production. Ils sont destinés à être vendus, loués ou fournis. Ceux-ci concernent les animaux de boucherie, les récoltes, les vins et fruits.

Subdivisions

Le compte 36 et ses subdivisions, tels que définis par l'entité, doivent être conformes à la nomenclature des biens et services compatible avec celle en vigueur dans chacun des Etats-parties.
363 ACTIFS BILOGIQUES
3631 Animaux
3632 Végétaux
3638 Autres stocks (activités de récupération).

Commentaires

Lorsque l'entité vend concurremment et indistinctement des produits achetés à l'extérieur ou des produits fabriqués par elle-même, en tous points semblables et ne se distinguant que par leur origine, elle peut n'ouvrir qu'un seul compte pour cette marchandise et ce produit, évalués respectivement selon le coût d'achat et le coût de production. Les sorties de stocks sont créditées par le débit du compte 6031 – Variations des stocks de marchandises et du compte 736 – Variations des stocks de produits finis, selon un prorata qu'elle détermine sous sa propre responsabilité.

COMPTE 37 : Produits intermédiaires et résiduels

Contenu

Les produits intermédiaires sont des produits ayant atteint un stade déterminé de fabrication et disponibles pour des fabrications ultérieures.

Subdivisions

Le compte 37 et ses subdivisions, tels que définis par l'entité doivent être conformes à la nomenclature des biens et services compatible avec celle en vigueur dans chacun des Etats- parties.
373 ACTIFS BIOLOGIQUES
3721 Animaux
3722 Végétaux
3723 Autres stocks (activités connexes).

Commentaires

Lorsque l'entité utilise concurremment et indistinctement un produit intermédiaire fabriqué par elle et une matière ou fourniture liée achetée à l'extérieur, mais en tous points semblables et ne se distinguant que par leur origine, elle peut n'ouvrir qu'un seul compte pour cette matière et ce produit, mais, dans ce cas, elle crédite les sorties de stocks par le débit du compte 7371 – Variations des stocks de produits intermédiaires et par celui du compte 6032 – Variations des stocks de matières premières et fournitures liées, suivant un prorata qu'elle détermine sous sa propre responsabilité.

Les produits résiduels sont constitués par :

- les déchets et rebuts : résidus de toutes natures (produits ouvrés ou semi- ouvrés) impropres à une utilisation ou à un écoulement normal ;
- les produits de la récupération : matières récupérées à la suite de la mise hors service de certaines immobilisations.

Le compte 372 n'est ouvert que si les déchets et rebuts ne peuvent être normalement introduits dans la nomenclature des biens et services de l'entité.

COMPTE 39 : Dépréciations des stocks et encours de production

Contenu
Ce sont des dépréciations subies par des stocks de marchandises, de matières, et autres approvisionnements résultant de causes diverses dont les effets ne sont pas jugés irréversibles.

Subdivisions
391 DEPRECIATIONS DES STOCKS DE MARCHANDISES
392 DEPRECIATIONS DES STOCKS DE MATIERES PREMIERES ET FOURNITURES LIEES
393 DEPRECIATIONS DES STOCKS D'AUTRES APPROVISIONNEMENTS.

Commentaires
Les dépréciations des stocks obéissent aux mêmes règles de comptabilisation que les dépréciations constatées sur les autres éléments de l'actif circulant (classe 4).

La dépréciation doit être certaine quant à sa nature et l'élément d'actif en cause doit être individualisé.

La dépréciation est à constituer même si la dépréciation est d'un montant incertain.

La dépréciation traduit une baisse non définitive et non irréversible de l'évaluation des éléments d'actif par rapport à leur valeur comptable.

La dépréciation doit être constituée même en l'absence ou en cas d'insuffisance de bénéfices, conformément au principe de prudence.

Lorsqu'au jour de l'inventaire, la valeur nette de réalisation des stocks est inférieure à leur valeur comptable, déterminée conformément aux dispositions comptables en vigueur, les entités doivent constituer des dépréciations qui expriment les moins-values constatées sur ces stocks.

Les éléments en stock détériorés, défraîchis, démodés doivent faire l'objet d'une dépréciation.

Le montant de ces dépréciations provisionnées survenues est normalement déterminé par différence entre la valeur nette comptable et la valeur nette de réalisation au jour de l'inventaire. Ces dépréciations sont portées à l'actif du bilan, en déduction de la valeur des postes qu'elles concernent.

Classe 4 : Comptes de tiers

COMPTE 40 : Fournisseurs et comptes rattachés

Contenu

Les fournisseurs d'exploitation sont des tiers auxquels l'entité a recours pour ses achats de fournitures de toutes natures et de services.

Subdivisions

401 FOURNISSEURS, DETTES EN COMPTE
4011 Fournisseurs
4017 Fournisseurs, retenues de garantie
402 FOURNISSEURS, EFFETS A PAYER
4023 Fournisseurs sous-traitants, Effets à payer
408 FOURNISSEURS, FACTURES NON PARVENUES
4081 Fournisseurs
4083 Fournisseurs sous-traitants
4086 Fournisseurs, intérêts courus
409 FOURNISSEURS DEBITEURS
4091 Fournisseurs, avances et acomptes versés
4093 Fournisseurs sous-traitants, avances et acomptes versés
4094 Fournisseurs, créances pour emballages et matériels à rendre
4098 Rabais, Remises, Ristournes et autres avoirs à obtenir.

Commentaires

Figurent à ce compte dans cet exercice, les provisions pour dépréciation ne doivent être constituées que pour des dépréciations subies au cours dettes et avances liées à l'acquisition de biens ou de services.

Les dettes d'exploitation se caractérisent par le rattachement à ce compte de tiers de toutes les opérations le concernant : effets à payer, factures à recevoir à la clôture de l'exercice, les intérêts courus à la clôture de l'exercice, les avances et acomptes versés, les retenues de garantie.

Si un fournisseur d'exploitation a, en outre, avec l'entité, d'autres relations (de client par exemple), seules les opérations relatives aux achats (factures, avoirs, règlements, rabais, escomptes, etc.) doivent figurer dans le compte 401 Fournisseurs, les autres opérations étant imputées aux comptes particuliers qu'elles concernent.

Si un tiers, fournisseur d'exploitation, a, en outre, avec l'entité des relations de fournisseur d'investissements, ces dernières opérations doivent être imputées au compte qu'elles concernent (481 – Fournisseurs d'investissements).

– Répartition géographique des fournisseurs dans les Etats de la Région et hors Région

Les entités ventilent, en tant que de besoin, leurs opérations selon qu'elles sont faites :

- dans l'Etat-partie ;
- dans les autres Etats de la Région ;
- hors Région.

Dans la situation patrimoniale, aucune compensation ne pourrait s'effectuer entre les comptes fournisseurs à solde débiteur et les comptes fournisseurs à solde créditeur.

Les premiers figurent à l'actif du bilan et les seconds au passif du bilan. C'est ainsi que les avances et acomptes versés sur commandes d'exploitation, subsistant à la clôture de l'exercice, figurent en clair à l'actif du bilan.

COMPTE 41 : Clients et comptes rattachés

Contenu

Les clients d'exploitation sont des tiers auxquels l'entité vend les biens ou services, objet de son activité.

Subdivisions

411 CLIENTS
4111 Clients
4114 Clients, Etat et collectivités publiques
4115 Clients, organismes internationaux
4116 Clients ventes avec réserves de propriété
4117 Clients, retenues de garantie
4118 Clients, dégrèvements de Taxes sur la Valeur Ajoutée (T.V.A.)
412 CLIENTS, EFFETS A RECEVOIR EN PORTEFEUILLE
4121 Clients, Effets à recevoir

4122 Clients-Groupe, Effets à recevoir
4124 Etat et collectivités publiques, Effets à recevoir
4125 Organismes internationaux, Effets à recevoir
4126 clients ventes avec réserves de propriété, effets à recevoir
414 CREANCES SUR CESSIONS COURANTES D'IMMOBILISATIONS
4141 Créances en compte
4142 Effets à recevoir
415 CLIENTS, EFFETS ESCOMPTES NON ECHUS
416 CREANCES CLIENTS LITIGIEUSES OU DOUTEUSES
4161 Créances litigieuses
4162 Créances douteuses
418 CLIENTS, PRODUITS A RECEVOIR
4181 Clients, factures à établir
4186 Clients, intérêts courus
419 CLIENTS CREDITEURS
4191 Clients, avances et acomptes reçus
4192 Clients-Groupe, avances et acomptes reçus
4194 Clients, dettes pour emballages et matériels consignés
4198 Rabais, Remises, Ristournes et autres avoirs à accorder.

Commentaires

Figurent à ce compte, les créances liées à la vente de biens et de services rattachés au cycle d'exploitation de l'entité. Les créances d'exploitation se caractérisent par le rattachement à ce compte, de tiers de toutes les opérations le concernant : effets à recevoir concernant ces clients, les créances à venir se rapportant à l'exploitation de l'exercice (factures clients non encore établies), les créances sur cession d'actifs, les effets escomptés non échus, les créances litigieuses ou douteuses, les intérêts courus à la clôture de l'exercice, les avances et acomptes obtenus, les retenues de garantie dans les comptes rattachés.

1 – Répartition géographique des clients

Les entités ventilent, en tant que de besoin, leurs opérations selon qu'elles sont réalisées :

- dans l'Etat-partie;
- dans les autres Etats de la Région ;
- hors Région ;
- sur internet.

Dans la situation patrimoniale, aucune compensation ne doit être établie entre les comptes clients à solde débiteur et les comptes clients à solde créditeur. Les premiers figurent à l'actif du bilan et les seconds au passif du bilan. C'est ainsi que les avances et acomptes reçus sur commandes en cours, subsistant à la clôture de l'exercice, figurent en clair au passif du bilan.

COMPTE 42 : Personnel

Contenu

Le compte Personnel enregistre l'ensemble des opérations qui interviennent entre l'entité et les personnes qui lui sont liées par un contrat de travail. Par extension, les opérations qui concernent les représentants du personnel ou les organismes similaires lui sont rattachées.

Le personnel de l'entité comprend :

- le personnel de direction et d'encadrement, les employés, les ouvriers et les occasionnels indépendamment de leur situation ou de leurs fonctions ;
- les représentants salariés ;
- les associés et les dirigeants de société qui exercent des fonctions techniques ;
- les membres de la famille de l'exploitant exerçant un emploi salarié.

Subdivisions

421 PERSONNEL, AVANCES ET ACOMPTES
4211 Personnel, avances
4212 Personnel, acomptes
4213 Frais avancés et fournitures au personnel
422 PERSONNEL, REMUNERATIONS DUES
423 PERSONNEL, OPPOSITIONS, SAISIES-ARRÊTS
4231 Personnel, oppositions
4232 Personnel, saisies arrêts
4233 Personnel, avis à tiers détenteur
424 PERSONNEL,ŒUVRES SOCIALES INTERNES
4241 Assistance médicale
4242 Allocations familiales
4245 Organismes sociaux rattachés à l'entité
4248 Autres œuvres sociales internes
425 REPRESENTANTS DU PERSONNEL

4251 Délégués du personnel
4252 Syndicats et Comités d'entreprise, d'établissement
4258 Autres représentants du personnel
426 PERSONNEL, PARTICIPATION AUX BENEFICES ET AU CAPITAL
4261 Participation aux bénéfices
4264 Participation au capital
427 PERSONNEL-DEPÔTS
428 PERSONNEL, CHARGES A PAYER ET PRODUITS A RECEVOIR
4281 Dettes provisionnées pour congés à payer
4286 Autres charges à payer
4287 Produits à recevoir.

Commentaires
Les opérations traitées par ce compte concernent, d'une part, les rémunérations dues au personnel, les avances et acomptes consentis au personnel et, d'autre part, les versements effectués aux œuvres sociales internes et la fraction du salaire soumise à saisie, en cas d'opposition de tiers.

A la clôture de l'exercice, il ne doit pas être effectué de compensation entre les sommes dues au personnel et les montants qui seraient éventuellement dus par le personnel et qui n'auraient pas été retenus sur la dernière paie de l'exercice.

COMPTE 43 : Organismes sociaux

Contenu
Ce compte enregistre, d'une part, le montant des cotisations sociales salariales et patronales dues aux organismes sociaux et, d'autre part, les règlements de cotisations effectués à leur profit.

Subdivisions
431 SECURITE SOCIALE
4311 Prestations familiales
4312 Accidents du travail
4313 Caisse de retraite obligatoire
4314 Caisse de retraite facultative
4318 Autres cotisations sociales
432 CAISSES DE RETRAITE COMPLEMENTAIRE
433 AUTRES ORGANISMES SOCIAUX

4331 Mutuelle
4332 Assurances retraite
4333 Assurances et organismes de santé
438 ORGANISMES SOCIAUX, CHARGES A PAYER ET PRODUITS A RECEVOIR
4381 Charges sociales sur gratifications à payer
4382 Charges sociales sur congés à payer
4386 Autres charges à payer
4387 Produits à recevoir.

Commentaires
Les obligations de l'entité vis-à-vis des organismes sociaux sont remplies à partir des procédures comptables définies dans le SYSCOHADA.

COMPTE 44 : Etat et Collectivités publiques

Contenu
Les opérations à inscrire à ce compte concernent d'une manière générale les opérations qui sont faites avec l'Etat et avec les diverses collectivités publiques en tant que pouvoirs publics.

Subdivisions
441 ETAT, IMPÔT SUR LES BENEFICES
442 ETAT, AUTRES IMPÔTS ET TAXES
4421 Impôts et taxes d'Etat
4422 Impôts et taxes pour les collectivités publiques
4423 Impôts et taxes recouvrables sur des obligataires
4424 Impôts et taxes recouvrables sur des associés
4426 Droits de douane
4428 Autres impôts et taxes
443 ETAT, T.V.A. FACTUREE
4431 T.V.A. facturée sur ventes
4432 T.V.A. facturée sur prestations de services
4433 T.V.A. facturée sur travaux
4434 T.V.A. facturée sur production livrée à soi-même
4435 T.V.A. sur factures à établir
444 ETAT, T.V.A. DUE OU CREDIT DE T.V.A.
4441 Etat, T.V.A. due
4449 Etat, crédit de T.V.A. à reporter
445 ETAT, T.V.A. RECUPERABLE
4451 T.V.A. récupérable sur immobilisations

4452 T.V.A. récupérable sur achats
4453 T.V.A. récupérable sur transport
4454 T.V.A. récupérable sur services extérieurs et autres charges
4455 T.V.A. récupérable sur factures non parvenues
4456 T.V.A. transférée par d'autres entités
446 ETAT, AUTRES TAXES SUR LE CHIFFRE D'AFFAIRES
447 ETAT, IMPÔTS RETENUS A LA SOURCE
4471 Impôt général sur le revenu
4472 Impôts sur salaires
4473 Contribution nationale
448 ETAT, CHARGES A PAYER ET PRODUITS A RECEVOIR
4486 Charges à payer
4487 Produits à recevoir
449 ETAT, CREANCES ET DETTES DIVERSES
4491 Etat, obligations cautionnées
4492 Etat, avances et acomptes versés sur impôts
4493 Etat, fonds de dotation à recevoir
4494 Etat, subventions d'équipement à recevoir
4495 Etat, subventions d'exploitation à recevoir
4496 Etat, subventions d'équilibre à recevoir
4497 Etat avances sur subventions
4499 Etat, fonds réglementé provisionné.

Commentaires

Les opérations d'achats et de ventes de biens ou de services avec l'Etat et les collectivités publiques s'inscrivent aux comptes 40 – Fournisseurs et comptes rattachés et 41 – Clients et comptes rattachés, au même titre que les opérations faites avec les autres fournisseurs et les autres clients. Les dettes du compte 442 – Etat, autres impôts et taxes comprennent non seulement les impôts et taxes d'Etat proprement dits tels que les droits de douane à l'exportation, mais, aussi, les impôts et taxes perçus pour le compte des collectivités locales.

COMPTE 47 : Débiteurs et créditeurs divers

Contenu

Ce compte enregistre les opérations en instance de régularisation et relatives aux créances et dettes liées à l'acquisition de titres, des charges non consommées, des produits constatés d'avance, des écarts sur opérations libellées en monnaies étrangères, et des créances sur travaux non encore facturables.

Subdivisions

471 DEBITEURS ET CREDITEURS DIVERS
4711 Débiteurs divers
4712 Créditeurs divers
4717 Débiteurs divers- retenues de garantie
4718 Apport, compte de restructuration
4719 Bons de souscription d'actions et d'obligations
476 CHARGES CONSTATEES D'AVANCE
477 PRODUITS CONSTATES D'AVANCE
478 ECARTS DE CONVERSION-ACTIF
4781 Diminution des créances
4782 Augmentation des dettes
4788 Différences compensées par couverture de change
479 ECARTS DE CONVERSION- PASSIF
4791 Augmentation des créances
4792 Diminution des dettes
4798 Différences compensées par couverture de change.

Commentaires

Aucune compensation n'est en principe admise entre les dettes et les créances dont les soldes créditeurs et débiteurs doivent être inscrits au bilan dans les rubriques. Autres créances à l'actif et Autres dettes au passif.

Les comptes 478 – Ecarts de conversion – Actif et 479 – Ecarts de conversion – Passif (prévus pour l'enregistrement des pertes et gains latents) permettent de constater, à la clôture de l'exercice, les écarts entre créances et dettes en devises converties en unités monétaires légales du pays, telles qu'elles figurent en comptabilité.

COMPTE 48 : Créances et dettes hors activités ordinaires

Contenu

Ce sont des créances et des dettes consécutives à des opérations effectuées par l'entité mais n'ayant pas de lien direct avec l'activité ordinaire de l'entité.

Subdivisions

481 FOURNISSEURS D'INVESTISSEMENTS
4811 Immobilisations incorporelles
4812 Immobilisations corporelles
4813 Versements restant à effectuer sur titres de participation et titres

immobilisés non libérés
4817 Retenues de garantie
4818 Factures non parvenues
482 FOURNISSEURS D'INVESTISSEMENTS EFFETS A PAYER
484 AUTRES DETTES HORS ACTIVITES ORDINAIRES (H.A.O.)
485 CREANCES SUR CESSIONS D'IMMOBILISATIONS
4851 en compte
4852 Effets à recevoir
4857 Retenues de garantie
4858 Factures à établir
488 AUTRES CREANCES HORS ACTIVITES ORDINAIRES (H.A.O.).

Commentaires

La mise en évidence au bilan des créances et des dettes hors activités ordinaires par l'intermédiaire du compte 48 permet de mesurer directement le besoin ou la ressource de financement H.A.O., en parallèle avec le besoin ou la ressource de financement de l'exploitation.

Les créances sur cessions d'immobilisations sont considérées comme H.A.O. dans tous les cas où elles concernent des opérations n'entrant pas dans l'activité normale et courante de l'entité. Dans le cas contraire, elles constituent des créances rattachées au compte Client (compte 414) et sont débitées par le crédit du compte 754 – Produits des cessions courantes d'immobilisations.

COMPTE 49 : Dépréciations et provisions pour risques à court terme (Tiers)

Contenu

Ce sont des dépréciations subies par des comptes de tiers résultant de causes diverses dont les effets ne sont pas jugés irréversibles.

Subdivisions

490 DÉPRÉCIATIONS DES COMPTES FOURNISSEURS
491 DEPRECIATIONS DES COMPTES CLIENTS
4911 Créances litigieuses
4912 Créances douteuses
497 DEPRECIATIONS DES COMPTES DEBITEURS DIVERS
498 DEPRECIATIONS DES COMPTES DE CREANCES H.A.O.
4981 Créances sur cessions d'immobilisations

4982 Créances sur cessions de titres de placement
4983 Autres créances H.A.O.
499 PROVISIONS POUR RISQUES A COURT TERME
4991 sur opérations d'exploitation
4998 sur opérations H.A.O.

Commentaires
Les dépréciations des comptes de tiers obéissent aux mêmes règles de comptabilisation que les dépréciations constatées sur les stocks et les comptes de trésorerie.

La dépréciation doit être certaine quant à sa nature et l'élément d'actif en cause doit être individualisé. En l'occurrence, les entités désireuses de constituer des dépréciations doivent être en mesure :

- de préciser exactement la nature et l'objet des créances à déprécier;
- de justifier les motifs qui rendent les créances douteuses et litigieuses.

Classe 5 : Comptes de trésorerie

COMPTE 50 : Titres de placement

Contenu
Ce sont des titres cessibles, acquis en vue d'en retirer un revenu direct ou une plus-value à brève échéance.

Subdivisions
501 TITRES DU TRESOR ET BONS DE CAISSE A COURT TERME
5011 Titres du Trésor à court terme
5012 Titres d'organismes financiers
5013 Bons de caisse à court terme
5016 Frais d'acquisition des titres du trésor et bons de caisse
502 ACTIONS
5021 Actions ou parts propres
5022 Actions cotées
5023 Actions non cotées
5024 Actions démembrées (certificats d'investissement ; droits de vote)
5025 Autres actions
5026 Frais d'acquisition des actions
503 OBLIGATIONS
5031 Obligations émises par la société et rachetées par elle

5032 Obligations cotées
5033 Obligations non cotées
5035 Autres obligations
5036 Frais d'acquisition des obligations
504 BONS DE SOUSCRIPTION
5042 Bons de souscription d'actions
5043 Bons de souscription d'obligations
505 TITRES NEGOCIABLES HORS REGION
506 INTERÊTS COURUS
5061 Titres du Trésor et bons de caisse à court terme
5062 Actions
5063 Obligations
508 AUTRES TITRES DE PLACEMENT ET CREANCES ASSIMILEES.

Commentaires
Les titres de placement comprennent les actions et parts sociales, les obligations et les bons aisément négociables sur un marché réglementé. Représentatifs de créances souscrites, ils sont réalisables immédiatement, en cas de nécessité. Productifs d'intérêts, ils constituent des placements financiers.

A leur entrée les titres de placement sont comptabilisés au prix d'achat, frais d'achat inclus. Les frais d'acquisition peuvent être enregistrés dans un sous compte spécifique; à l'inventaire, ils sont évalués au cours en Bourse, ou, pour les titres non cotés, à leur valeur probable de négociation. Cette valeur est comparée à la valeur d'achat, frais d'acquisition inclus pour apprécier la perte de valeur éventuelle ou la plus-value générée.

La sortie des titres du patrimoine se fait selon la méthode du premier bien entré est le premier bien sorti (coût réel d'achat ou de production, méthode P.E.P.S., ou du coût moyen pondéré) ; d'autre part, la valeur actuelle au jour de l'inventaire (valeur probable de réalisation, pour les marchandises, les en-cours et les produits finis, coût d'achat au cours du jour de l'inventaire, pour les matières et fournitures). Les provisions pour dépréciation sont portées à l'actif En cas de cession, la différence entre le prix de cession et la valeur d'entrée des titres est enregistrée, selon le cas : – au débit du bilan, en compte 6771 – Pertes sur cessions de la valeur des postes qu'elles concernent, sous la forme prévue par les titres de placement ; – au crédit du compte 777 – Gains sur cessions de titres de placement.

COMPTE 52 : Banques

Contenu

Ce compte enregistre les opérations financières effectuées entre l'entité, les banques agréées dans un Etat-partie et les autres banques. La liste des banques agréées est tenue par l'organisme chargé de la surveillance bancaire.

Subdivisions

521 BANQUES LOCALES
5211 Banque X
5212 Banque Y
522 BANQUES AUTRES ETATS REGION
523 BANQUES AUTRES ETATS ZONE MONETAIRE
524 BANQUES HORS ZONE MONETAIRE
525 BANQUES DEPOT A TERME
526 BANQUES, INTERET COURUS
5261 Banques, intérêts courus, charges à payer
5267 Banques, intérêts courus, produits à recevoir.

Commentaires

Il y a lieu de distinguer pour les banques locales, les avoirs en unité monétaire légale du pays des avoirs en devises. Parmi les premiers, il faudra séparer les avoirs liquides des avoirs soumis à restriction.

Le solde qui ressort des livres comptables doit être rapproché du solde du compte tenu par la banque et envoyé périodiquement à l'entité. Les différences éventuelles doivent être recherchées et faire l'objet d'écritures de redressement lorsqu'elles n'ont pas pour origine un chevauchement de dates. Le dépôt bancaire à terme que l'entité peut débloquer à tout moment doit être constaté par le débit du compte 525 Banques, dépôts à terme En revanche si l'entité ne peut débloquer le dépôt sur une durée supérieure à un an le compte 2784 Banques dépôts à terme sera plus approprié.

A la clôture de l'exercice, les avoirs en monnaies étrangères sont évalués au dernier cours officiel de change connu à cette date. Les comptes bancaires dont le solde apparaît créditeur en fin de période comptable sont inscrits au passif du bilan sous le poste "banques, découverts", sans compensation possible avec ceux des comptes bancaires présentant un solde débiteur.

COMPTE 53 : Etablissements financiers et assimilés

Contenu

Ce compte enregistre les opérations entre l'entité et les Chèques postaux et le Trésor dans un Etat de la Région et les autres établissements financiers.

Subdivisions

531 CHEQUES POSTAUX
532 TRESOR
533 SOCIETES DE GESTION ET D'INTERMEDIATION (S.G.I.)
536 ETABLISSEMENTS FINANCIERS, INTERETS COURUS
5361 Etablissements financiers, intérêts courus, charges à payer
5367 Etablissements financiers, intérêts courus produits à recevoir
538 AUTRES ORGANISMES FINANCIERS.

Commentaires

Il y a lieu de distinguer, pour les opérations avec les chèques postaux, les avoirs en unité monétaire légale du pays, d'une part, des avoirs en devises, d'autre part. Parmi les premiers, il faudra séparer les avoirs liquides des avoirs soumis à restriction.

Les opérations enregistrées en comptabilité doivent correspondre, sous réserve d'un décalage dans le temps, aux extraits de comptes envoyés par le Centre de chèques postaux après chaque opération ou après chaque période. Les différences éventuelles doivent être recherchées et faire l'objet d'écritures de redressement lorsqu'elles n'ont pas pour origine un chevauchement de dates.

En fin d'exercice, les avoirs en monnaies étrangères sont évalués au dernier cours officiel de change connu à la date du bilan.

Les comptes chèques postaux dont le solde apparaît créditeur en fin de période comptable sont inscrits au passif du bilan sous le poste "banques, découverts", sans compensation possible avec ceux des comptes bancaires présentant un solde débiteur.

COMPTE 54 : Instruments de trésorerie

Contenu

Les Instruments de trésorerie appartiennent à la catégorie des "instruments financiers".

Ils comprennent :

- les options de taux ;
- les options de change ;
- les options sur actions ;
- les instruments de trésorerie à terme.

La qualification et la classification de ces différents instruments sont opérées en fonction de la motivation ou de l'intention de l'entité.

Subdivisions

541 OPTIONS DE TAUX D'INTERÊT
542 OPTIONS DE TAUX DE CHANGE
543 OPTIONS DE TAUX BOURSIERS
544 INSTRUMENTS DE MARCHES A TERME
545 AVOIRS D'OR ET AUTRES METAUX PRECIEUX(1)[21].

Commentaires

En fonction des marchés sur lesquels les opérations sont traitées, les règles et méthodes de comptabilisation diffèrent :

- sur les marchés organisés et assimilés, dotés d'une parfaite liquidité ; évaluation au prix du marché (règle dite de mark to market) ;
- sur les autres marchés, évaluation au coût historique (règle de prudence).

COMPTE 55 : Instruments de monnaie électronique

Contenu

L'instrument de monnaie électronique est constitué d'une valeur monétaire stockée sous une forme électronique, y compris magnétique, représentant une créance sur l'émetteur, qui est émise contre la remise de fonds aux fins d'opérations de paiement et qui est

[21](1) Pièces, barres, lingots, louis d'or et autres métaux précieux (argent, diamant...) acquis en vue d'une cession à court terme. Ce sont des instruments de trésorerie.

acceptée par une personne physique ou morale autre que l'émetteur de monnaie électronique.

Subdivisions
551 MONNAIE ELECTRONIQUE- CARTE CARBURANT
552 MONNAIE ELECTRONIQUE- TELEPHONE PORTABLE
553 MONNAIE ELECTRONIQUE- CARTE PEAGE
554 PORTE-MONNAIE ELECTRONIQUE
558 AUTRES INSTRUMENTS DE MONNAIE ELECTRONIQUE.

Commentaires
Il peut être ouvert autant de sous comptes en cas de besoin. L'instrument de monnaie électronique est un moyen de paiement électronique qui permet d'effectuer les opérations financières suivantes:

- dépôts et retraits d'argent ;
- transferts d'argent ;
- paiement de factures (téléphone, électricité, eau, carburant ...) ;
- achat de biens et services ;
- achat de crédits téléphoniques ;
- etc.

Les comptes instruments de monnaie électronique sont débités lors du chargement et crédités au fur et à mesure des paiements.

Le porte-monnaie électronique est un moyen de paiement qui se présente sous forme d'une carte bancaire alimentée en unités monétaires par le porteur. Le porte- monnaie électronique se retire dans les banques en général. Il n'est pas nécessaire d'avoir un compte bancaire pour pouvoir obtenir un porte-monnaie électronique. Les frais relatifs aux dépôts, retraits et paiements par instruments de monnaie électronique sont enregistrés au compte 6317 Frais sur instruments monétaires électroniques. Le solde du compte instruments monétaire électronique ne doit être que débiteur ou nul.

COMPTE 56 : Banques, crédits de trésorerie et d'escompte

Contenu
Ce compte enregistre, d'une part, le montant de crédits de trésorerie inscrit au compte courant de l'établissement dispensateur de ces concours avec lequel l'entité est en relation d'affaires et, d'autre part, le montant nominal des effets escomptés.

Subdivisions
561 CREDITS DE TRESORERIE
564 ESCOMPTE DE CREDITS DE CAMPAGNE
565 ESCOMPTE DE CREDITS ORDINAIRES
566 BANQUE, CREDITS DE TRESORERIE, INTERETS COURUS.

Commentaires
Le compte 561 – Crédits de trésorerie sert à enregistrer les concours qu'accordent les établissements de crédit sur une durée de deux ans au plus, pour financer généralement des besoins généraux.

Ils peuvent prendre la forme de prêt et être assortis de contrat indiquant la durée du remboursement, le taux d'intérêt, les garanties réelles ou personnelles y afférents.

Ils peuvent tout aussi bien revêtir la forme d'avances en compte, et être des crédits de courrier, des crédits de campagne, des facilités de caisse, voire des découverts (consentis notamment pour le règlement d'une dette, un achat massif de marchandises et autres biens, ou pour honorer des paiements importants).

Le compte 564 – Escompte de crédits de campagne sert à enregistrer les opérations d'escompte des effets représentatifs de crédits de campagne.

Par crédit de campagne, il convient d'entendre les concours consentis de façon exclusive et certaine pour la commercialisation de produits agricoles locaux lorsque :

- cette commercialisation est effectuée par l'intermédiaire ou sous la surveillance d'organismes placés directement ou indirectement sous le contrôle de l'Etat ;
- le dénouement de ces concours intervient normalement dans un délai maximum de douze mois à compter du début de la campagne.

Toutefois, le financement des stocks – reports, relatifs aux produits agricoles locaux, au-delà de douze mois – est à rattacher aux crédits de campagne.

Le compte 565 – Escompte de crédits ordinaires sert à enregistrer les opérations d'escompte des effets représentatifs de transactions commerciales. Ces effets sont créés en contrepartie :

- d'une livraison effective de biens ou services, hormis les produits de campagne ;
- d'exécution de travaux ;
- de prestations de services.

Le banquier escompteur est censé devenir propriétaire de la créance. Toutefois, la créance ne disparaît pas du bilan de l'entité en tant que telle, en raison de l'engagement de l'entité de se substituer au débiteur défaillant.

COMPTE 57 : Caisse

Contenu
Le compte Caisse retrace les opérations d'encaissement et de paiement effectuées en espèces pour les besoins de paiement effectuées en espèces pour les besoins de l'entité.

Subdivisions
571 CAISSE SIEGE SOCIAL
5711 Caisse en monnaie nationale (UML)
5712 en devises
572 CAISSE SUCCURSALE A
5721 en monnaie nationale
5722 en devises
573 CAISSE SUCCURSALE B
5731 en monnaie nationale
5732 en devises.

Commentaires
Il peut être ouvert autant de sous comptes en cas de besoin. Le solde du compte caisse doit toujours correspondre exactement à la somme disponible réellement. Le solde du compte caisse ne doit être que débiteur ou nul.

Un solde créditeur du compte caisse signifierait que l'entité serait parvenue à débourser davantage d'espèces qu'elle n'en aurait reçues en caisse et qu'elle ne serait pas à même d'indiquer la manière dont les emplois en dépassement ont été couverts.

En conséquence, un solde créditeur du compte caisse ou constitue une présomption d'irrégularité de la comptabilité.

COMPTE 59 : Dépréciations et provisions pour risques à court terme

Contenu

Ce compte enregistre l'amoindrissement de la valeur des titres et valeurs liquides, des avoirs en banque, et autres éléments financiers résultant de causes précises quant à leur nature, mais dont les effets ne sont pas jugés irréversibles ainsi que les reprises de charges provisionnées s'y rapportant.

Il enregistre également les provisions de caractère financier pour risques à moins d'un an.

Subdivisions

590 DÉPRÉCIATIONS DES TITRES DE PLACEMENT
591 DEPRECIATIONS DES TITRES ET VALEURS A ENCAISSER
592 DEPRECIATIONS DES COMPTES BANQUES
593 DEPRECIATIONS DES COMPTES ETABLISSEMENTS FINANCIERS ET ASSIMILES
594 DEPRECIATIONS DES COMPTES D'INSTRUMENTS DE TRESORERIE
599 PROVISIONS POUR RISRQUES A COURT TERME A CARACTERE FINANCIER.

Commentaires

Les provisions pour dépréciations des comptes de trésorerie obéissent aux mêmes règles que les provisions pour dépréciations constatées sur les éléments de l'actif circulant (classes 3 et 4).La dotation est à constituer même si la dépréciation est d'un montant incertain. La dépréciation traduit une baisse non définitive et non irréversible de l'évaluation des éléments d'actif par rapport à leur valeur comptable.

Les événements générateurs de dépréciations provisionnées, survenus après la clôture de l'exercice, ne sont pas pris en compte dans ledit exercice ; les dépréciations ne doivent être constituées que pour des dépréciations ne doivent être constituées que pour des dépréciations subies au cours de l'exercice, et à la clôture de l'exercice. La provision pour dépréciation doit être constituée même en l'absence ou en cas d'insuffisance de bénéfices ; de la sorte, il est donné une image fidèle du patrimoine, de la situation financière et du résultat de l'entité.

Lorsque, au jour de l'inventaire, la valeur économique réelle des titres, valeurs liquides et autres avoirs du genre sur banques est inférieure à leur valeur comptable, les entités doivent constituer des provisions pour dépréciations qui expriment les moins- values constatées sur ces éléments de la trésorerie.

Pour les titres de placement, la constitution de provisions pour dépréciation s'appuie sur une évaluation des cours à la clôture de l'exercice, basée sur la valeur de la transaction en Bourse, s'il s'agit de titres cotés, ou sur la valeur de négociation potentielle, s'il s'agit de titres non cotés.

Les provisions pour risques provisionnés à court terme à caractère financier enregistrent les pertes probables à moins d'un an ayant leur origine dans une opération de nature financière ; exemple : provisions pour pertes de change.

Classe 6 : Comptes de charges des activités ordinaires

COMPTE 60 : (sauf 603) Achats

Contenu

Ce compte enregistre, le montant des factures d'achat et la valeur des retours de matières, fournitures et marchandises aux fournisseurs ainsi que les rabais, remises et ristournes hors factures obtenus des fournisseurs de biens.

Subdivisions

604 ACHATS STOCKES DE MATIERES ET FOURNITURES CONSOMMABLES
6041 Matières consommables
6042 Matières combustibles
6043 Produits d'entretien
6044 Fournitures d'atelier et d'usine
6045 Frais sur Achats (2)
6046 Fournitures de magasin
6047 Fournitures de bureau
6049 Rabais, Remises et Ristournes obtenus (non ventilés)
605 AUTRES ACHATS
6051 Fournitures non stockables-Eau
6052 Fournitures non stockables- Electricité
6053 Fournitures non stockables-autres Autres énergies

6054 Fournitures d'entretien non stockables
6055 Fournitures de bureau non stockables
6056 Achats de petit matériel et outillage
6057 Achats d'études et prestations de service
6058 Achats de travaux, matériels et équipements
6059 Rabais, Remises et Ristournes obtenus (non ventilés)
608 ACHATS D'EMBALLAGES
6081 Emballages perdus
6082 Emballages récupérables non identifiables
6083 Emballages à usage mixte
6085 Frais sur achats (2)
6089 Rabais, Remises et Ristournes obtenus (non ventilés).

Commentaires
Les comptes 604, 605 et 608, comme les comptes de stocks correspondants, donnent lieu à l'ouverture de sous comptes de produits regroupés suivant la nomenclature des biens et services en usage dans chaque Etat-partie. Sous cette réserve, les entités peuvent choisir une nomenclature à leur convenance.

Le montant des factures d'achat à inscrire au compte 60 (sauf 603) s'entend, le cas échéant, net de taxes récupérables. Les frais accessoires d'achats peuvent être enregistrés au sous compte Achats concerné pour le montant net de taxes récupérables. Les sous comptes frais sur achats peuvent être subdivisés selon qu'il s'agit de marchandises, de matières et fournitures liées et de matières et fournitures consommables.

Les achats sont comptabilisés, déduction faite des rabais et remises, imputés directement sur le montant de la facture. Même lorsqu'ils sont déduits sur la facture d'achat, les escomptes de règlement sont portés au compte 773 – Escomptes obtenus.

A la clôture de l'exercice, les biens reçus par l'entité, avant réception de la facture correspondante, sont néanmoins inscrits dans les achats, par le crédit d'un compte divisionnaire de fournisseurs (408 – Factures non parvenues). Cette précaution a pour but de ne pas fausser les résultats. Les remises, rabais et ristournes sur achats, obtenus des fournisseurs et dont le montant, non déduit des factures d'achats, n'est connu que postérieurement à la comptabilisation de ces factures, sont enregistrés aux comptes d'achats concernés.

COMPTE 603 : Variations des stocks de biens achetés

Contenu

Ce compte enregistre les variations de stocks de biens et de marchandises achetés en retraçant les opérations relatives aux entrées en stocks, aux sorties de stocks, et aux différences constatées entre l'inventaire comptable permanent et l'inventaire physique. Les variations de stocks sont évaluées différemment selon le système d'inventaire utilisé.

Subdivisions

6033 Variations des stocks d'autres approvisionnements.

Commentaires

Les comptes de variations de stocks peuvent être de solde débiteur ou créditeur. Pour la détermination des soldes significatifs de gestion, les variations de stocks sont calculées à partir du prix d'achat des biens inscrits dans les stocks, tel qu'il est comptabilisé dans les comptes d'achats. Les soldes des sous comptes du compte :

603 – Variations des stocks de biens achetés donnent la mesure des différences entre la valeur brute des stocks de biens achetés, telle qu'elle est constatée à la clôture de l'exercice, et la valeur brute correspondante à l'ouverture de l'exercice.

COMPTE 61 : Transports

Contenu

Les frais de transport comprennent le montant des charges de port ou transports engagés par l'entité, à 611 TRANSPORTS SUR ACHATS (1) l'occasion, des achats, des ventes, des déplacements de son personnel ou de l'expédition de plis.

Subdivisions

612 TRANSPORTS SUR VENTES
613 TRANSPORTS POUR LE COMPTE DE TIERS
614 TRANSPORTS DU PERSONNEL
616 TRANSPORT DE PLIS
618 AUTRES FRAIS DE TRANSPORT
6181 Voyages et déplacements
6182 Transports entre établissements ou chantiers
6183 Transports entre établissements ou chantiers.

Commentaires
Le compte 616 – Transports de plis peut être débité soit à l'occasion du paiement d'un affranchissement, soit à l'occasion de l'achat à l'avance de figurines d'affranchissement ou de bons de courses, représentatifs de courses par coursier.

COMPTE 62 : Services extérieurs et63 : Autres services extérieurs

Contenu
Ces deux comptes enregistrent le montant des factures, paiements et rémunérations versés aux prestataires extérieurs à l'entité et les éventuels rabais, remises et ristournes obtenus hors factures sur les services extérieurs consommés.

Subdivisions
62 SERVICES EXTERIEURS
621 SOUS-TRAITANCE GENERALE
622 LOCATIONS ET CHARGES LOCATIVES
6221 Locations de terrains
6222 Locations de bâtiments
6223 Locations de matériels et outillages
6224 Malis sur emballages
6225 Locations d'emballages
6226 Fermages et loyers du foncier
6228 Locations et charges locatives diverses
623 REDEVANCES DE LOCATION ACQUISITION
6232 Crédit-bail immobilier
6233 Crédit-bail mobilier
6234 location vente
6235 Autres contrats de location acquisition
624 ENTRETIEN, REPARATIONS ET MAINTENANCE
6241 Entretien et réparations des biens immobiliers
6242 Entretien et réparations des biens mobiliers
6243 Maintenance
6248 Autres entretiens et réparations
625 PRIMES D'ASSURANCE
6251 Assurances multirisques
6252 Assurances matériel de transport
6253 Assurances risques d'exploitation
6254 Assurances responsabilité du producteur
6255 Assurances insolvabilité clients

6257 Assurances transports sur ventes
6258 Autres primes d'assurances
626 ETUDES, RECHERCHES ET DOCUMENTATION
6261 Etudes et recherches
6265 Documentation générale
6266 Documentation technique
627 PUBLICITE, PUBLICATIONS, RELATIONS PUBLIQUES
6271 Annonces, insertions
6272 Catalogues, imprimés publicitaires
6273 Echantillons
6274 Foires et expositions
6275 Publications
6276 Cadeaux à la clientèle
6277 Frais de colloques, séminaires, conférences
6278 Autres charges de publicité et relations publiques
628 FRAIS DE TELECOMMUNICATIONS
6281 Frais de téléphone
6282 Frais de télex
6283 Frais de télécopie
6288 Autres frais de télécommunications
63 AUTRES EXTERIEURS
631 FRAIS BANCAIRES
6311 Frais sur titres (achat, vente, garde)
6312 Frais sur effets
6313 Location de coffres
6314 Commissions d' affacturage
6315 Commissions sur cartes de crédit
6316 Frais d'émission d'emprunts
6317 Frais sur instruments monnaie électronique
6318 Autres frais bancaires
632 REMUNERATIONS D'INTERMEDIAIRES ET DE CONSEILS
6322 Commissions et courtages sur ventes
6324 Honoraires des professions règlementées
6325 Frais d'actes et de contentieux
6327 Rémunérations des autres prestataires de services
6328 Divers frais
633 FRAIS DE FORMATION DU PERSONNEL
634 REDEVANCES POUR BREVETS, LICENCES, MARQUES, LOGICIELS, SITES, CONCESSIONS ET DROITS ET VALEURS SIMILAIRES
6342 Redevances pour brevets, licences
6343 Redevances pour logiciels

6344 Redevances pour marques
6345 Redevances pour sites
6346 Redevances pour concessions, droits et valeurs similaires
635 COTISATIONS
6351 Cotisations
6358 Concours divers
637 REMUNERATIONS DE PERSONNEL EXTERIEUR A L'ENTITE
6371 Personnel intérimaire
6372 Personnel détaché ou prêté à l'entité
638 AUTRES CHARGES EXTERNES
6381 Frais de recrutement du personnel
6382 Frais de déménagement
6383 Réceptions
6384 Missions.

Commentaires

Les services sont classés par nature ; leur importance et leur diversité sont telles qu'il a été nécessaire d'utiliser deux comptes à deux chiffres (62 et 63), dont le fonctionnement est rigoureusement identique.

La consommation de services est rapportée à la période comptable par le jeu de comptes d'abonnements ou de régularisation. Ne sont pas considérés :

- Le personnel intérimaire, détaché ou prêté est le personnel salarié d'une entité qui le met à la disposition d'une autre entité utilisatrice des services pour une durée déterminée. La prestation est facturée comme étant des services consommés et sont en principe classés dans la même catégorie que les produits dans la fabrication desquels ils sont incorporés.
- Le service extérieur par l'entité employeur qui peut être :
- une entité de travail temporaire ;
- une autre entité industrielle ou commerciale, appartenant généralement au même groupe.

En vertu du principe de la prééminence de la réalité sur l'apparence juridique :

- en cours d'exercice, l'entité utilisatrice enregistre les factures reçues de l'entité de travail temporaire (ou des autres entités employeurs) au débit du compte 637Rémunérations de personnel extérieur à l'entité;
- à la clôture de l'exercice, le compte 637 est viré, pour solde, au débit du compte 667 Rémunération transférée de personnel extérieur.

Les rémunérations des autres prestataires de services non-salariés d'une autre entité, ou non mis à disposition par une autre entité doivent être enregistrées au compte 6327 Rémunérations des autres prestataires de services ou au compte 6324 Honoraires des professions réglementées.

COMPTE 64 : Impôts et taxes

Contenu
Ce compte enregistre le montant des charges correspondant à des versements obligatoires à l'Etat et aux collectivités publiques pour subvenir à des dépenses publiques, ou encore des versements institués par les autorités pour le financement d'actions d'intérêt général.

Subdivisions
641 IMPÔTS ET TAXES DIRECTS
6411 Impôts fonciers et taxes annexes
6412 Patentes, licences et taxes annexes
6413 Taxes sur appointements et salaires
6414 Taxes d'apprentissage
6415 Formation professionnelle continue
6418 Autres impôts et taxes directs
645 IMPÔTS ET TAXES INDIRECTS
646 DROITS D'ENREGISTREMENT
6461 Droits de mutation
6462 Droits de timbre
6463 Taxes sur les véhicules de société
6464 Vignettes
6468 Autres droits
647 PENALITES ET AMENDES FISCALES
6471 Pénalités d'assiette, impôts directs
6472 Pénalités d'assiette, impôts indirects

6473 Pénalités de recouvrement, impôts directs
6474 Pénalités de recouvrement, impôts indirects
6478 Autres amendes pénales et fiscales
648 AUTRES IMPÔTS ET TAXES.

Commentaires

Le compte 64 enregistre tous les impôts et taxes à la charge de l'entité, à l'exception de ceux dont l'assiette est établie sur les résultats qui sont inscrits au débit du compte 89 – Impôts sur le résultat.

Les impôts, qui, payés par l'entité, doivent être récupérés sur des tiers ou sur le Trésor public, sont enregistrés aux comptes de la classe 4.

Les entités comprennent dans le prix d'achat des marchandises, matières et fournitures, les droits de douane qui peuvent leur être affectés de façon certaine, pour obtenir le prix d'achat rendu frontière.

Le compte 6411 – Impôts fonciers et taxes annexes enregistre les versements obligatoires à l'Etat dont l'entité propriétaire d'un immeuble bâti ou non bâti ou d'un terrain doit s'acquitter, en application des lois en vigueur dans chacun des Etats-parties.

Le compte 6412 – Patentes, licences et taxes annexes enregistre les versements obligatoires à l'Etat dont l'entité doit s'acquitter :

- (cas de la patente) du fait de l'exercice d'un commerce, d'une industrie ou d'une profession. La patente peut, en fonction des dispositions fiscales dans les Etats-parties, comporter un droit fixe unique indépendamment du nombre de commerces, d'industries et de professions qu'il exerce dans le même établissement et, par ailleurs, un droit proportionnel généralement établi sur la valeur locative des bureaux, magasins, boutiques, usines, ateliers, hangars, remises, chantiers, terrains de dépôts et autres locaux et emplacements servant à l'exercice de la profession ;
- (cas de la licence) du fait de l'exploitation d'un brevet. C'est le cas notamment des exploitants de débits de boisson, de restaurants.

Le compte 6413 – Taxes sur appointements et salaires enregistre les versements obligatoires à l'Etat dont l'entité est redevable, en qualité d'employeur, au titre des traitements, salaires, indemnités et émoluments versés.

Le compte 646 – Droits d'enregistrement enregistre les versements obligatoires à l'Etat dont l'entité est redevable en raison :

- des perceptions requises par la recette des impôts pour l'accomplissement de certains actes juridiques, tels que des ventes, des échanges, des mutations, des donations, des successions, des baux, des constitutions de sociétés ;
- de timbres afférents à certains actes écrits : timbres de quittances, timbres de contrats de transport, timbres des affiches, timbres sur les bordereaux d'achat ou de vente en Bourse ;
- des taxes sur les véhicules de société et vignettes (autos, motos, bateaux, etc.).

Le compte 647 – Pénalités et amendes fiscales enregistre les versements obligatoires à l'Etat dont l'entité est redevable en raison de l'inobservation de dispositions fiscales telles que :

- les pénalités d'assiette consistant en intérêts ou indemnités de retard exigibles en cas d'inexactitude dans les déclarations, manœuvres frauduleuses, défaut de production ou production tardive de documents ;
- les pénalités de recouvrement sanctionnant le versement tardif des impôts et taxes qui sont déductibles.

Le compte 648 – Autres impôts et taxes enregistre les autres versements obligatoires à l'Etat et aux collectivités locales dont l'entité est redevable, en raison des activités exercées, et qui ne peuvent pas être imputées aux comptes ci- dessus définis.

COMPTE 65 : Autres charges (sauf 659)

Contenu (sauf compte 659)

Ce compte enregistre le montant des charges, de caractère souvent accessoire, qui entrent dans les consommations de l'exercice en provenance de tiers pour le calcul de la valeur ajoutée de gestion, dans le cadre des choix opérés par le SYSCOHADA.

Subdivisions

651 PERTES SUR CREANCES CLIENTS ET AUTRES DEBITEURS
6511 Clients
6515 Autres débiteurs
652 QUOTE-PART DE RESULTAT SUR OPERATIONS FAITES EN COMMUN

6521 Quote-part transférée de bénéfices (comptabilité du gérant)
6525 Pertes imputées par transfert (comptabilité des associés non gérants)
654 VALEURS COMPTABLES DES CESSIONS COURANTES D'IMMOBILISATIONS
658 CHARGES DIVERSES
6581 Indemnités de fonction et autres rémunérations d'administrateurs
6582 Dons
6583 Mécénat
6588 Autres charges diverses.

Commentaires

Les créances clients et autres débiteurs irrécouvrables sont enregistrées au débit du compte 651 pertes sur créances et autres débiteurs.

La quote-part de résultat annulée sur bénéfice revenant aux associés d'une société en participation (dont la comptabilité est tenue par un gérant, seul connu des tiers) sera enregistrée dans les livres du gérant de contrats pluri-exercices correspond à une partie de la société en participation au débit du compte 6521 Quote-part transférée de bénéfice global d'un contrat non encore achevé par le crédit du compte 463 Associés, opérations faites en commun.

La perte imputée aux associés par la société en participation sera enregistrée dans les résultats antérieurs à la comptabilité des associés par le compte débit du compte 6525 Pertes imputés par transfert au crédit du compte463 Associés, opérations faites en commun.

Lorsqu'une entité qui, du fait de l'exercice en cours et annulée en raison d'une révision à la baisse du bénéfice prévisionnel final de son activité renouvelle de manière fréquente ses immobilisations. La valeur brute et les amortissements des biens de ces entités, sont enregistrés au compte 654 Valeurs comptables des cessions courantes d'immobilisations. Les dispositions de l'Acte uniforme de l'OHADA relatif au droit des sociétés commerciales et du GIE prévoient :

- une indemnité de fonction fixée par l'assemblée générale ordinaire pour la rémunération des activités des administrateurs ;
- une rémunération exceptionnelle pour des missions et mandats confiés par le conseil d'administration.

Ces rémunérations sont enregistrées au débit du compte 6581 Indemnités de fonction et autres rémunérations d'administrateurs par le crédit du compte 4715 Rémunérations des administrateurs.

Les dons et libéralités de toute nature effectués par l'entité au profit d'une autre personne dans le cadre d'une politique de mécénat destinée à favoriser le développement d'activités humanitaires, civiques, culturelles ou sportives sont enregistrés au débit du compte 6582 Dons ou 6583 Mécénat.

COMPTE 659 : Charges pour dépréciations et provisions pour risques à court terme d'exploitation

Contenu
Ce compte enregistre les dotations pour dépréciation des éléments de l'actif circulant ainsi que les dotations aux provisions pour risques à court terme.

Subdivisions
6591 sur risques à court terme
6593 sur stocks
6594 sur créances
6598 Autres charges pour dépréciations et provisions pour risques à court terme.

Commentaires
Les charges pour dépréciations et provisions pour risques à court terme répondent à une conception nouvelle du risque. En effet, le SYSCOHADA considère ces dotations comme des décaissements probables à brève échéance. Elles figurent dans le Compte de résultat comme des charges externes.

COMPTE 66 : Charges de personnel

Contenu
Ce compte enregistre l'ensemble des rémunérations du personnel de l'entité, qu'il s'agisse d'appointements et salaires, de commissions, de congés payés, de primes, de gratifications, d'indemnités de logement ou d'indemnités diverses, et, le cas échéant, les rémunérations de l'exploitant individuel, en contrepartie du travail fourni. Il enregistre aussi les charges sociales payées par l'entité au titre des salaires, ainsi que les avantages en nature.

Par ailleurs il est débité en fin d'exercice des montants facturés à l'entité au titre du Personnel extérieur, intérimaire, détaché ou prêté.

Subdivisions

661 REMUNERATIONS DIRECTES VERSEES AU PERSONNEL NATIONAL
6611 Appointements, salaires et commissions
6612 Primes et gratifications
6613 Congés payés
6614 Indemnités de préavis, de licenciement et de recherche d'embauche
6615 Indemnités de maladie versées aux travailleurs
6616 Supplément familial
6617 Avantages en nature
6618 Autres rémunérations directes
662 REMUNERATIONS DIRECTES VERSEES AU PERSONNEL NON NATIONAL
6621 Appointements, salaires et commissions
6622 Primes et gratifications
6623 Congés payés
6624 Indemnités de préavis, de licenciement et de recherche d'embauche
6625 Indemnités de maladie versées aux travailleurs
6626 Supplément familial
6627 Avantages en nature
6628 Autres rémunérations directes
663 INDEMNITES FORFAITAIRES VERSEES AU PERSONNEL
6631 Indemnités de logement
6632 Indemnités de représentation
6633 Indemnités d'expatriation
6638 Autres indemnités et avantages divers
664 CHARGES SOCIALES
6641 Charges sociales sur rémunération du personnel national
6642 Charges sociales sur rémunération du personnel non national
666 REMUNERATIONRÉMUNÉRATION ET CHARGES SOCIALES DE L'EXPLOITANT INDIVIDUEL
6661 Rémunération du travail de l'exploitant
6662 Charges sociales
667 REMUNERATION TRANSFEREE DE PERSONNEL EXTERIEUR
6671 Personnel intérimaire
6672 Personnel détaché ou prêté à l'entité

668 AUTRES CHARGES SOCIALES
6681 Versements aux Syndicats et Comités d'entreprise, d'établissement
6682 Versements aux Comités d'hygiène et de sécurité
6683 Versements aux autres œuvres sociales
6684 Médecine du travail et pharmacie
6685 Assurances et organismes de santé
6686 Assurances retraite et fonds de pension.

Commentaires

Les charges de personnel comprennent toutes les charges supportées par l'entité, à titre obligatoire ou bénévole, qui prennent leur source dans les contrats de travail qu'elle a conclus et qui bénéficient directement ou indirectement aux salariés.

Le compte 66 (sauf 667) est débité de la rémunération brute versée au personnel, les cotisations sociales mises à la charge des salariés étant débitées au compte 42 – Personnel par le crédit du compte 43 – Organismes sociaux. Les frais de voyage, de réception, les diverses dépenses exposées par le personnel dans l'exercice de ses fonctions pour le compte de son employeur et dont le montant lui est soit remboursé, soit compris dans les rémunérations, doivent en principe être enregistrés en 62 ou 63.

Les avantages en nature dont bénéficie le personnel sont enregistrés par l'entité dans les différents comptes de charges par nature concernée. Ces avantages en nature sont ensuite transférés dans les frais de personnel. Les entités débitent le compte66 – Charges de personnel par le crédit du compte 78 – Transferts de charges.
Le compte 667 est débité, en fin d'exercice, du montant des rémunérations du personnel extérieur enregistrées au compte 637 durant l'exercice ; ce virement solde le compte 637.

COMPTE 67 : Frais financiers et charges assimilées

Contenu

Ce compte enregistre l'ensemble des charges financières dues à différents tiers intervenant dans le financement de l'entité (à l'exclusion de la rémunération des capitaux propres et à celle des services bancaires).

Subdivisions

671 INTERÊTS DES EMPRUNTS
6711 Emprunts obligataires
6712 Emprunts auprès des établissements de crédit
6713 Dettes liées à des participations
6714 Primes de remboursement des obligations
672 INTERÊTS DANS LOYERS DE CREDIT-BAIL ET CONTRATS ASSIMILESLOCATION ACQUISITION
6721 Intérêts dans loyers de location acquisition / crédit-bail immobilier
6722 Intérêts dans loyers de location acquisition / crédit-bail mobilier
6723 Intérêts dans loyers de location acquisition / location vente
6724 Intérêts dans loyers des autres contrats
673 ESCOMPTES ACCORDES
674 AUTRES INTERÊTS
6741 Avances reçues et dépôts créditeurs
6742 Comptes courants bloqués
6743 Intérêts sur obligations cautionnées
6744 Intérêts sur dettes commerciales
6745 Intérêts bancaires et sur opérations de trésorerie et d'escompte
6748 Intérêts sur dettes diverses
675 ESCOMPTES DES EFFETS DE COMMERCE
676 PERTES DE CHANGE
677 PERTES SUR CESSIONS DE TITRES DE PLACEMENT
6771 Pertes sur cessions de titres de placement
6772 Malis provenant d'attribution gratuite d'actions au personnel salarié et aux dirigeants
678 PERTES SUR RISQUES FINANCIERS
6781 sur rentes viagères
6782 sur opérations financières
6784 sur instruments de trésorerie
679 CHARGES POUR DEPRECIATIONS ET PROVISIONS POUR RISQUES A COURT TERME FINANCIERES
6791 sur risques financiers
6795 sur titres de placement
6798 Autres charges pour dépréciations et provisions pour risques à court terme financières.

Commentaires

Lorsque l'entreprise considère comme frais à immobiliser les intérêts intercalaires dus sur la période de construction d'une immobilisation, ces intérêts sont d'abord comptabilisés au débit du compte 67 – Frais financiers, puis transférés au débit du compte d'immobilisation concerné par le crédit du compte 72 – Production immobilisée.

Des nomenclatures internes à l'entité doivent permettre de raccorder les intérêts payés ou dus aux emprunts ou avances reçues auxquels ils se rapportent.

Le compte 671 – Intérêts des emprunts enregistre le montant des charges financières et assimilées que l'entité doit payer, en rémunération de l'utilisation des capitaux ou des avances de fonds qui lui ont été consentis par des tiers ou des entités liées.

Le compte 672 –Intérêts dans loyers de location acquisition enregistre la quote-part des charges financières dans les redevances versées par l'entité locataire.

Le compte 673 – Escomptes accordés enregistre le montant des réductions que l'entité consent sous forme d'escompte de règlement aux clients qui s'acquittent de leurs factures ou règlent leurs créances avant le terme normal d'exigibilité.

Le compte 674 – Autres intérêts enregistre les charges financières versées aux associés et à divers tiers.

Le compte 675 – Escomptes des effets de commerce enregistre, après la remise au banquier de l'effet à l'escompte, lors de la réception du bordereau d'escompte, le montant indiqué sur le décompte bancaire, au titre des frais prélevés pour l'opération d'escompte.

Le compte 676 – Pertes de change enregistre à son débit les pertes de change supportées par l'entité au cours de l'exercice. Les écarts de conversion négatifs constatés à la clôture de l'exercice sur les disponibilités en devises sont considérés comme étant des pertes de change supportées. Le compte 676 – Pertes de change ne doit pas être confondu avec le compte 478 – Ecarts de conversion-Actif qui n'enregistre que les pertes probables de change.

Le compte 677 – Pertes sur titres de placement enregistre les charges nettes effectivement supportées par l'entité lorsque cette dernière réalise des pertes sur titres dont le prix de cession se trouverait inférieur au coût d'acquisition.

Dans le cas d'espèce, la perte subie, à savoir la différence entre la valeur d'entrée et le prix de cession, net toutefois des frais de cession, est portée au débit du compte 677 –Pertes de titres de placement. Dans le cas où les frais de cession sont enregistrés distinctement (décalage de facturations), ils sont également portés au débit du compte 677.

Le compte 6772 Malis provenant d'attribution gratuite d'actions au personnel salarié et aux dirigeants est destiné à solder le compte 5021 actions propres lors de l'attribution des actions gratuites au personnel salarié et aux dirigeants.

Le compte 678 – Pertes sur risques financiers enregistre les pertes subies sur des opérations financières comportant un risque autre que le risque de perte de change.

Exemples : rentes viagères, instruments de trésorerie, primes, options...

Le compte 679 –Charges pour dépréciations et provisions pour risques à court terme financières enregistre le montant des charges financières potentielles évaluées à l'arrêté des comptes, nettement précisées quant à leur objet, mais dont l'échéance ou le montant est incertain.

COMPTE 68 : Dotations aux amortissements

Contenu
Ce compte enregistre, au titre de l'exercice, les dotations aux amortissements, d'exploitation et à caractère financier, dans leur conception économique et comptable (et non pas fiscale).

Subdivisions
681 DOTATIONS AUX AMORTISSEMENTS D'EXPLOITATION
6811 Dotations aux amortissements des charges immobilisées
6812 Dotations aux amortissements des immobilisations incorporelles
6813 Dotations aux amortissements des immobilisations corporelles
687 DOTATIONS AUX AMORTISSEMENTS A CARACTERE FINANCIER

6872 Dotations aux amortissements des primes de remboursement des obligations 6878 Autres dotations aux amortissements à caractère financier.

Commentaires

L'amortissement consiste pour l'entité à répartir le montant amortissable du bien sur sa durée d'utilité selon un plan prédéfini.

Le montant du bien amortissable s'entend de la différence entre le coût d'entrée d'un actif et sa valeur résiduelle prévisionnelle.

Le choix du mode de répartition (linéaire, dégressif, variable...) relève de la politique et de la gestion de l'entité, dans le respect des principes comptables retenus.

Le compte 68 est destiné à enregistrer, à la clôture de l'exercice, les charges "calculées" de la période.

Le compte 68 enregistre notamment le complément éventuel d'amortissement relatif aux amortissements des charges immobilisées, le complément éventuel d'amortissement relatif aux immobilisations cédées, mises hors service ou au rebut.

Les dotations aux amortissements des charges immobilisées sont imputées directement au crédit des comptes concernés sans transiter par un compte "Amortissements".

Lorsque les dispositions fiscales en vigueur autorisent des méthodes d'amortissements accélérés (amortissement dégressif, etc.) et imposent la comptabilisation effective des amortissements fiscaux pratiqués, il importe de faire apparaître distinctement l'amortissement technique et économique normal au compte 68. Le complément d'amortissement fiscal autorisé figure au débit du compte 85 – Dotations H.A.O., par le crédit du compte 151 – Amortissements dérogatoires.

Classe 7 : Comptes de produits des activités ordinaires

COMPTE 70 : Ventes

Contenu

Ce compte enregistre les ressources de l'entité provenant de la vente des marchandises, des travaux effectués et des services rendus à des tiers.

Subdivisions

702 VENTES DE PRODUITS FINIS
7021 dans la Région (1)
7022 hors Région (1)
7023 aux entités du groupe dans la Région
7024 aux entités du groupe hors Région
7025 sur internet
703 VENTES DE PRODUITS INTERMEDIAIRES
7031 dans la Région (1)
7032 hors Région (1)
7033 aux entités du groupe dans la Région
7034 aux entités du groupe hors Région
7035 sur internet
704 VENTES DE PRODUITS RESIDUELS
7041 dans la Région (1)
7042 hors Région (1)
7043 aux entités du groupe dans la Région
7044 aux entités du groupe hors Région
7045 sur internet
706 SERVICES VENDUS
7061 dans la Région (1)[22]
7062 hors Région (1)
7063 aux entités du groupe dans la Région
7064 aux entités du groupe hors Région
7065 sur internet
707 PRODUITS ACCESSOIRES
7071 Ports, emballages perdus et autres frais facturés
7073 Locations (2)
7074 Bonis sur reprises et cessions d'emballage
7075 Mise à disposition de personnel

[22](1) À l'exception des ventes faites à des entités du groupe

7076 Redevances pour brevets, logiciels, marques et droits similaires (2)[23]
7077 Services exploités dans l'intérêt du personnel
7078 Autres produits accessoires.

Commentaires
Les entités qui ont seulement une activité industrielle et agricole utilisent les comptes 702 à 705, voire 706 et 707.

Les ventes sont comptabilisées dans l'entité selon une nomenclature compatible avec la nomenclature de biens et services en usage dans chacun des Etats-parties.

Le prix de vente s'entend du prix facturé, le cas échéant, net de taxes collectées, déductions faites des rabais et remises lorsqu'ils sont déduits sur la facture elle- même.

Même lorsqu'ils sont déduits sur la facture de vente, les escomptes de règlement sont comptabilisés au débit du compte 673 – Escomptes accordés.

COMPTE 71 : Subventions d'exploitation

Contenu
Ce sont des aides financières accordées par l'Etat, des collectivités publiques ou des tiers, qui ne sont ni des fonds de dotation, ni des subventions d'investissement. Elles sont destinées à compenser l'insuffisance du prix de vente administré, ou à faire face à des charges d'exploitation.

Subdivisions
711 SUR PRODUITS A L'EXPORTATION
712 SUR PRODUITS A L'IMPORTATION
713 SUR PRODUITS DE PEREQUATION
718 AUTRES SUBVENTIONS D'EXPLOITATION
7181 Versées par l'Etat et les collectivités publiques
7182 Versées par les organismes internationaux
7183 Versées par des tiers.

---

[23](2) À inscrire au compte 706 si ces produits correspondent à une activité principale de l'entité

Commentaires
Les subventions d'exploitation ne doivent pas être confondues avec les subventions d'investissement ou d'équilibre. Elles peuvent être accordées sous des formes variées : primes d'embauche, primes de création d'emplois.

COMPTE 72 : Production immobilisée

Contenu
Ce compte enregistre le coût de production des travaux faits par l'entité pour elle-même.

Subdivisions
721 Immobilisations incorporelles
722 Immobilisations corporelles
7221 Immobilisations corporelles (hors actifs biologiques)
7222 Immobilisations corporelles (actifs biologiques)
724 Production autoconsommée
726 Immobilisations financières (1)[24].

Commentaires
Le compte 72 – Production immobilisée enregistre les travaux effectués par l'entité pour elle – même au coût de production déterminé par la comptabilité analytique de vente, les escomptes de règlement sont comptabilisés au débit du compte 673 – Escomptes de gestion ou à défaut par des calculs extra- comptables.

Les calculs extracomptables doivent néanmoins cerner le coût de production des biens concernés en intégrant tous les intrants, notamment:

- le coût d'acquisition des matériaux consommés pour la production des biens ;
- les autres coûts engagés sous forme de charges directes de production et des charges indirectes rattachables ;
- les frais financiers supportés sur les emprunts exclusivement affectés au financement de la fabrication des biens concernant la période de fabrication.

---

[24]Même lorsqu'ils sont déduits sur(1) En cas d'offre publique d'échange (OPE) ou d'achat (OPA) notamment

La production autoconsommée est constituée par des consommations prélevées sur la production de l'exploitation, sans contrepartie monétaire, par l'exploitant, sa famille, et les salariés.

En raison de son importance, cette autoconsommation est enregistrée au crédit du compte 724 Production immobilisée et autoconsommée par le débit :

- du compte 104 Compte de l'exploitant;
- du compte 6617 et 6627 Avantages en nature dans le cas de consommation des salariés.

COMPTE 73 : Variations des stocks de biens et services produits

Contenu

Ce sont des aides financières accordées par l'Etat enregistre les variations de stocks de biens et de services produits en retraçant les opérations relatives aux entrées en stocks, des collectivités publiques aux sorties de stocks et aux différences constatées à la clôture de l'exercice entre l'inventaire comptable permanent et l'inventaire physique et, dans le cas de l'inventaire intermittent, le stock initial et le stock final, ou des tiers, qui ne sont ni des fonds de dotation, ni des subventions d'investissement. Elles sont destinées à compenser l'insuffisance du prix de vente administré, ou à faire face à leur différence.

Subdivisions

734 VARIATIONS DES STOCKS DE PRODUITS A L'EXPORTATIONEN COURS
7341 Produits en cours
7342 Travaux en cours
735 VARIATIONS DES EN-COURS DE SERVICES
7351 Etudes en cours
7352 Prestations de services en cours
736 VARIATIONS DES STOCKS DE PRODUITS FINIS
737 VARIATIONS DES STOCKS DE PRODUITS INTERMEDIAIRES ET RESIDUELS
7371 Produits intermédiaires
7372 Produits résiduels.

Commentaires
Les subventions d'exploitation ne doivent pas être confondues avec les subventions d'investissement ou d'équilibre. Le compte 73 donne par son solde la variation des stocks de produits fabriqués, pour l'exercice considéré. Créditeur, il représente l'augmentation globale de ces stocks du début à la fin de l'exercice ; débiteur, il représente la diminution de ces stocks (déstockage) ; production de l'entité, stockée au cours de la période.

Dans ce cas, il est porté en négatif du côté des formes variées : primes d'embauche, produits dans le Compte de résultat.

Les abandons de créances à caractère commercial consentis en faveur de l'entreprise sont assimilés à des subventions d'exploitation.

COMPTE 77 : Revenus financiers et produits assimilés

Contenu
Ce sont les ressources que tire l'entité de ses activités financières.

Subdivisions
771 INTERETS DE PRÊTS ET CREANCES DIVERSES
7712 Intérêts de prêts
7713 Intérêts sur créances diverses
772 REVENUS DE PARTICIPATIONS ET AUTRES CREANCES IMMOBILISEES
7721 Revenus des titres de participation
7722 Revenus des autres titres immobilisés
773 ESCOMPTES OBTENUS
774 REVENUS DE TITRES DE PLACEMENT
7745 Revenus des obligations
7746 Revenus des titres de placement
775 INTERETS DANS LOYERS DE LOCATION ACQUISITION
776 GAINS DE CHANGE
777 GAINS SUR CESSIONS DE TITRES DE PLACEMENT
778 GAINS SUR RISQUES FINANCIERS
7781 sur rentes viagères
7782 sur opérations financières
7784 sur instruments de trésorerie
779 REPRISES DE CHARGES PROVISIONNEESPOUR DÉPRÉCIATIONS ET PROVISIONS POUR RISQUES À COURT TERME FINANCIERES

7791 sur risques financiers
7795 sur titres de placement
7798 sur Autres charges pour dépréciations et provisions pour risques à court terme financières.

Commentaires
Les intérêts et dividendes reçus de l'étranger sont comptabilisés distinctement de ceux acquis dans l'Etat. La subdivision utilisée par l'entité doit permettre de raccorder les revenus financiers et produits assimilés aux prêts ou avances et titres auxquels ils se rapportent.

COMPTE 78 : Transferts de charges

Contenu
Ce compte sert à l'imputation de charges d'exploitation ou financières qui doivent être, en raison de leur nature, affectées à un compte de bilan, à l'exception des immobilisations pour lesquelles le compte 72 Production immobilisée est utilisé. Le transfert peut concerner les charges immobilisées, les stocks, les comptes de tiers. Il sert aussi, exceptionnellement, à des transferts de charges à charges (exemple : avantages en nature).

Subdivisions
781 TRANSFERTS DE CHARGES D'EXPLOITATION
787 TRANSFERTS DE CHARGES FINANCIERES.

Commentaires
Les transferts de charges concernent les dépenses de l'entreprise mises à la charge de tiers (remboursement de débours et frais divers) et pouvant aussi le cas échéant être opérés vers d'autres comptes de charges (exemple : avantages en nature accordés au personnel).Les transferts de charges sont à mentionner dans les Notes annexes.

COMPTE 79 : Reprises de provisions, dépréciations et autres

Contenu
Ce compte enregistre les annulations et les rajustements en baisse des provisions financières pour risques et charges, ainsi que des provisions pour dépréciation des éléments de l'actif immobilisé.

Subdivisions
791 REPRISES DE PROVISIONS ET DEPRECIATIONS D'EXPLOITATION
7911 pour risques et charges
7913 pour dépréciation des immobilisations incorporelles
7914 pour dépréciation des immobilisations corporelle
7971 pour risques et charges
7972 pour dépréciation des immobilisations financières
798 REPRISES D'AMORTISSEMENTS (1)[25]
799 REPRISES DE SUBVENTIONS D'INVESTISSEMENT.

Commentaires
Les reprises de provisions constatent soit la diminution de la provision ramenée à un montant inférieur, soit l'intégration dans les résultats de l'entité de la provision existante par suite de la réalisation ou de l'annulation de la charge ou de la disparition du risque. Dans le cas exceptionnel d'une révision rétroactive du plan d'amortissement initial, la réduction du cumul des amortissements est opérée par le crédit du compte 798 – REPRISES D'AMORTISSEMENTS.

Le compte 799 – Reprises de subventions d'investissement enregistre à son crédit :

- soit un montant égal à celui de la dotation de l'exercice aux comptes d'amortissements des immobilisations amortissables acquises ou créées au moyen de ladite subvention, affecté du coefficient résultant du rapport : Montant de la subvention/Montant de l'investissement correspondant ;
- soit une somme déterminée en fonction du nombre d'années pendant lesquelles les immobilisations non amortissables créées ou acquises au moyen de ladite subvention sont inaliénables aux termes du contrat ou, à défaut de clause d'inaliénabilité dans le contrat, une somme égale au dixième du montant de la subvention.

[25](1) cas de dépréciations à caractère financier

Classe 8 : Comptes des autres charges et des autres produits

COMPTE 81 : Valeurs comptables des cessions d'immobilisations

Contenu

Ce compte sert à déterminer la valeur comptable nette des éléments de l'actif immobilisé cédés. Pour les biens non amortissables, cette valeur est la valeur d'entrée, sans déduction des éventuelles provisions pour dépréciations. Pour les biens amortissables, elle est la différence entre la valeur d'entrée brute des immobilisations cédées et le cumul des amortissements pratiqués depuis l'entrée du bien dans le patrimoine de l'entité jusqu'à la date de sa cession.

Subdivisions

811 IMMOBILISATIONS INCORPORELLES
812 IMMOBILISATIONS CORPORELLES.

Commentaires

Par cession, il faut entendre : vente, échange, mise au rebut ou destruction. La sortie d'une immobilisation du patrimoine de l'entité donne lieu à :

- constatation de l'amortissement complémentaire pour la dépréciation économique (amortissement) période écoulée entre l'ouverture de l'exercice et la période écoulée entre la date de l'exercice et la date de cession du bien ;
- enregistrement de la sortie du bien pour sa valeur nette au compte 81 sous la forme d'une double écriture :
    - au débit pour la valeur d'entrée,
    - au crédit pour le montant total des amortissements pratiqués sur ce bien ;
- comptabilisation de la valeur de sortie si celle-ci est supérieure à zéro, au compte 82 – Produits des cessions d'immobilisations.

Les cessions d'immobilisations considérées comme courantes (fréquentes et récurrentes) ne sont pas enregistrées à ce niveau H.A.O., mais dans les comptes 654 (Valeur comptable) et 754 (Prix de cession) ; exemples : transporteurs ; loueurs de matériels ...

COMPTE 82 : Produits des cessions d'immobilisations

Contenu

Ce compte enregistre le produit net de la cession : dans le cas de vente, prix résultant de l'accord entre les cocontractants et figurant sur l'acte de vente diminué des commissions et des frais de vente ; dans le cas d'apport, montant contractuel, etc.

Subdivisions

821 IMMOBILISATIONS INCORPORELLES
822 IMMOBILISATIONS CORPORELLES.

Commentaires

En cas de versement d'indemnité d'assurance pour réparation, celle-ci figurera au crédit du compte 82, même si l'entité prend la décision de ne pas effectuer de réparation et de mettre l'immobilisation au rebut ou de la céder en l'état (le prix de vente net viendrait dans ce cas en complément au crédit du compte 82).

L'indemnité d'assurance perçue au cas où le bien est détruit est assimilée au prix de cession. Le produit des cessions considérées comme "courantes" (cf. compte 81) est enregistré au crédit du compte 754 (niveau Exploitation).

COMPTE 83 : Charges hors activités ordinaires

Contenu

Ce sont les charges qui ne sont pas liées à l'activité ordinaire de l'entité et qui, de ce fait, n'ont généralement pas de caractère récurrent. Elles comprennent des charges constatées et des charges pour dépréciations et provisions pour risques à court terme.

Subdivisions

831 CHARGES H.A.O. CONSTATEES
833 CHARGES LIEES AUX OPERATIONS DE RESTRUCTURATION
834 PERTES SUR CREANCESCRÉANCES H.A.O.
835 LIBÉRALITÉS ACCORDÉS
836 ABANDONS DE CREANCES CONSENTIS
837 CHARGES LIEES AUX OPERATIONS DE LIQUIDATION
839 CHARGES POUR DEPRECIATIONS ET PROVISIONS POUR RISQUES A COURT TERME H.A.O.

Commentaires
Seules les charges liées à la restructuration de l'entité ou à des événements extraordinaires (tels les phénomènes naturels : Sécheresse, inondations tempêtes, raz-de-marée, tremblements de terre, vols de criquets ...) doivent être considérées comme relevant des activités autres que ordinaires.

Toute autre charge est ordinaire, y compris, par exemple, les amendes fiscales ou pénales. Il en est de même des charges sur exercices antérieurs liées aux activités courantes de l'entité.

Lorsque la réalisation de la charge H.A.O., bien qu'incertaine, est envisagée à court terme, elle constitue une charge provisionnée.

Lorsque, au contraire, cette charge probable est envisagée à plus d'un an, elle doit faire l'objet d'une dotation aux provisions.

COMPTE 84 : Produits hors activités ordinaires

Contenu
Ce sont des produits qui ne sont pas liés à l'activité ordinaire de l'entité et sont donc dépourvus de caractère récurrent. Ils comprennent des produits constatés, des reprises de charges provisionnées et des transferts de charges.

Subdivisions
841 PRODUITS H.A.O. CONSTATES
843 PRODUITS LIES AUX OPERATIONS DE RESTRUCTURATION
845 DONS ET LIBERALITES OBTENUS
846 ABANDONS DE CREANCES OBTENUS
847 PRODUITS LIES AUX OPERATIONS DE LIQUIDATION
848 TRANSFERTS DE CHARGES H.A.O.
849 REPRISES DE CHARGES POUR DEPRECIATIONS ET PROVISIONS POUR RISQUES A COURT TERME H.A.O.

Commentaires
Les produits sont considérés comme H.A.O. lorsqu'ils relèvent d'événements extraordinaires, liés notamment à des phénomènes naturels ou à des modifications de structure de l'entité.

COMPTE 85 : Dotations hors activités ordinaires

Contenu
Ce compte enregistre les dotations aux amortissements et aux provisions qui ne concernent pas l'activité ordinaire de l'entité.

Subdivisions
851 DOTATIONS AUX PROVISIONS REGLEMENTEES
852 DOTATIONS AUX AMORTISSEMENTS H.A.O.
853 DOTATIONS AUX DEPRECIATIONS H.A.O.
858 AUTRES DOTATIONS H.A.O.

Commentaires
La notion "hors activités ordinaires" doit être appréhendée de façon restrictive : restructurations d'entités par exemple, autres événements (telles les catastrophes naturelles) par essence non prévisibles, et dépourvus de caractère récurrent. Le compte 85 est aussi utilisé dans les Etats- parties pour enregistrer les opérations liées à l'application de dispositions fiscales (provisions réglementées ...).

COMPTE 86 : Reprises hors activités ordinaires

Contenu
Ce compte enregistre les annulations et rajustements en baisse des provisions, amortissements et subventions qui ne sont pas liés à l'activité ordinaire de l'entité.

Subdivisions
861 REPRISES DE PROVISIONS REGLEMENTEES
862 REPRISES D'AMORTISSEMENTS H.A.O.
863 DEPRECIATIONS H.A.O.
864 REPRISES DE PROVISIONS POUR RISQUES ET CHARGES H.A.O.
868 AUTRES REPRISES H.A.O.

Commentaires
Toute provision constituée par l'intermédiaire du compte 85 – Dotations hors activités ordinaires doit être reprise au cours de l'un des exercices suivants par le compte 86 – REPRISES DE DOTATIONS Reprises de dotations H.A.O. ; cette reprise se produisant l'année de survenance de la charge, ou l'année où l'appréciation en est modifiée.

Tel est le cas des Provisions réglementées (compte 15) comme des Provisions financières pour risques et charges (compte 19).

Le compte 865 – REPRISES DE SUBVENTIONS D'INVESTISSEMENT enregistre à son crédit : soit un montant égal à celui de la dotation de l'exercice aux comptes d'amortissements des immobilisations amortissables acquises ou créées au moyen de ladite subvention, affecté du coefficient résultant du rapport : Montant de la subvention/Montant de l'investissement correspondant ; soit une somme déterminée en fonction du nombre d'années pendant lesquelles les immobilisations non amortissables créées ou acquises au moyen de ladite subvention sont inaliénables aux termes du contrat ou, à défaut de clause d'inaliénabilité dans le contrat, une somme égale au dixième du montant de la subvention. Des circonstances particulières peuvent justifier des mesures dérogatoires à ces dispositions générales.

COMPTE 87 : Participation des travailleurs

Contenu

Ce compte enregistre les montants prélevés sur les bénéfices réalisés et affectés par l'entité à un fonds légal ou contractuel à l'avantage des travailleurs.

Subdivisions

871 PARTICIPATION LÉGALE AUX BÉNÉFICES
872 PARTICIPATION CONTRACTUELLE AUX BÉNÉFICES
878 AUTRES PARTICIPATIONS.

Commentaires

En raison de son assiette de calcul, la "participation" n'est pas considérée comme une "charge de personnel" mais comme un élément de répartition du résultat.

COMPTE 88 : Subventions d'équilibre

Contenu

Ce compte enregistre le montant des subventions allouées par l'Etat ou l'un de ses démembrements à l'entité, pour lui permettre de compenser, en totalité ou partiellement, des pertes survenues dans des circonstances exceptionnelles.

Subdivisions
881 ETAT
884 COLLECTIVITÉS PUBLIQUES
888 AUTRES ;

Commentaires
Il importe, avant tout enregistrement, d'analyser la subvention pour en définir la finalité : aide à l'investissement, à l'exploitation ou à l'équilibre. Les subventions d'équilibre se distinguent des subventions d'exploitation en ce qu'elles ne sont pas directement liées à une insuffisance des prix de vente imposés.

COMPTE 89 : Impôts sur le résultat

Contenu
C'est la part de bénéfice affectée obligatoirement à l'Etat au titre de l'impôt sur le résultat.

Subdivisions
891 IMPÔTS SUR LES BENEFICES DE L'EXERCICE
8911 Activités exercées dans l'Etat
8912 Activités exercées dans les autres Etats de la Région
8913 Activités exercées hors Région
892 RAPPELS D'IMPÔTS SUR RESULTATS ANTERIEURS
895 IMPÔT MINIMUM FORFAITAIRE (I.M.F.)
899 DEGREVEMENTS ET ANNULATIONS D'IMPÔTS SUR RESULTATS ANTERIEURS
8991 Dégrèvements
8994 Annulations pour pertes rétroactives.

Commentaires
Le montant de l'impôt sur le résultat doit être calculé sur la base du résultat comptable retraité selon les règles fiscales.

Le compte 891 doit correspondre au montant total de l'impôt dû de l'exercice, quelles que soient les modalités de règlement, éventuellement augmenté des rappels d'impôts et diminué des dégrèvements et des annulations sur des exercices antérieurs.

Chapitre septième : Adaptation des états financiers du SYSCOHADA aux opérations réalisées dans les exploitations agricoles

Les états financiers conçus par le SYSCOHADA permettent à la fois aux grandes entreprises, tout comme aux moyennes et aux petites, voire aux très petites entreprises de présenter les états financiers qui reflètent l'image fidèle du patrimoine, de la situation financière et du résultat de l'entité.

7.1. Notions essentielles sur les états financiers

Les états financiers sont un ensemble complet de documents comptables et financiers permettant de donner une image fidèle du patrimoine, de la situation financière, de la performance et de la trésorerie de l'entité à la fin de l'exercice. Les états financiers des entités autres que ceux des très petites entités comprennent :

- Le Bilan,
- Le Compte de résultat,
- Le Tableau des flux de trésorerie et
- Les Notes annexes.

Ils sont établis et présentés, de façon à permettre leur comparaison dans le temps, exercice par exercice, et leur comparaison avec les états financiers annuels des autres entités dressés dans les mêmes conditions de régularité, de fidélité et de comparabilité.

Les états financiers sont des documents comptables établis annuellement. C'est donc un ensemble de documents de synthèse que l'entreprise établit à la fin de chaque exercice. Dans le SYSCOHADA, l'exercice comptable coïncide avec une année civile, une exception pouvant exister pour les exploitations agricoles dont et les exercices comptables peuvent parfois prendre en compte la période allant du 1er juillet n au 30 juin N+1.

7.2. Critères de choix du modèle d'états financiers du SYSCOHADA à adopter

Les présentations des états financiers annuels et de tenue de comptes admises par l'AUDCIF sont à deux (2), à savoir : le Système normal et le Système minimal de trésorerie.

Toute entité est, sauf exception liée à sa taille, soumise au Système normal de présentation des états financiers et de tenue des comptes.

L'article 13 de l'AUDCIF stipule que sont éligibles au Système minimal de trésorerie, les entités dont le chiffre d'affaires hors taxes annuel est inférieur aux seuils suivants :

- Soixante (60) millions de F CFA ou l'équivalent dans l'unité monétaire ayant cours légal dans l'Etat partie, pour les entités de négoce ;
- Quarante (40) millions de F CFA ou l'équivalent dans l'unité monétaire ayant cours légal dans l'Etat partie, pour les entités artisanales et assimilées ;
- Trente (30) millions de F CFA ou l'équivalent dans l'unité monétaire ayant cours légal dans l'Etat partie, pour les entités de services.

7.3. Description des états financiers du SYSCOHADA

7.3.1. Les états financiers du Système normal

A. Le Bilan du système normal

Le bilan est un état financier de synthèse faisant partie des comptes annuels. Il décrit séparément les éléments actifs et les éléments passifs et fait apparaître de manière distincte les capitaux propres de l'entreprise. C'est un document qui permet d'apprécier le patrimoine économique de l'entreprise qu'il décrit, à une date donnée, dans sa « situation ». Notons que le Bilan tout comme le Compte de résultat et le Tableau de flux de trésorerie se tracent en suivant les renseignements contenus dans ***les tableaux de correspondance postes/comptes*** conçus pour cette fin, afin de faciliter les procédures informatiques, pour des entreprises qui utilisent des logiciels et/ou progiciels de gestion.

Format du Bilan 1ère Partie : Actif

Désignation de l'entité :………………….. Exercice clos le 31/12/……
Numéro d'identification :……………….. Durée (en mois) :…………

			Ex. au 31/12/N			31/12/N-1
REF	ACTIF	Note	Brut	Amort/Dép.	Net	Net
AD	IMMOBILISATIONS INCORPORELLES	3				
AE	Frais de recherche et de prospection					
AF	Brevet, licences, logiciels et droits similaires					
AG	Fonds commercial et droit au bail					
AH	Autres immobilisations incorporelles					
AI	IMMOBILISATIONS CORPORELLES	3				
AJ	Terrains (1) dont placement en net					
AK	Bâtiments (1) dont placement en net					
AL	Aménagement, agencements et installations					
AM	Matériel, mobilier et actifs biologiques					
AN	Matériel de transport					
AP	Avances et acomptes versés sur immobilisations	3				
AQ	IMMOBILISATIONS FINANCIERES	4				
AR	Titres de participation					
AS	Autres immobilisations financières					
AZ	TOTAL ACTIF IMMOBILISE					
BA	ACTIF CIRCULANT H.A.O.	5				
BB	STOCKS EN COURS	6				
BG	CREANCES ET EMPLOIS ASSIMILES					
BH	Fournisseurs, avances versées	17				
BI	Clients	7				
BJ	Autres créances	8				
BK	TOTAL ACTIF CIRCULANT					
BQ	Titres de placement	9				
BR	Valeurs à encaisser	10				
BS	Banques, chèques postaux, caisse	11				
BT	TOTAL TRESORERIE-ACTIF					
BU	Ecarts de conversion-actif	12				
BZ	TOTAL GENERAL					

Format du Bilan 2ème Partie : Passif

Désignation de l'entité : …………………….. Exercice clos le 31/12/……
Numéro d'identification : ………………….. Durée (en mois) : …………

REF	PASSIF	Note	31/12/N	31/12/N-1
			Net	Net
CA	Capital	13		
CB	Apporteurs capital non appelé	13		
CD	Primes liées au capital social	14		
CE	Ecarts de réévaluation	3E		
CF	Réserves indisponibles	14		
CG	Réserves libres	14		
CH	Report à nouveau (+ ou -)	14		
CJ	Résultat net de l'exercice (+ ou -)			
CL	Subventions d'investissement	15		
CM	Provisions réglementées	15		
CP	TOTAL CAPITAUX PROPRES ET RESS. ASSIMILEES			
DA	Emprunts et dettes financières diverses	16		
DB	Dettes de location acquisition	16		
DC	Provisions pour risques et charges	16		
DD	TOTAL DETTES FINANCIERS ET RESS. ASSIMILEES			
DF	TOTAL RESSOURCES STABLES			
DH	Dettes circulantes H.A.O.	5		
DI	Clients, avances reçues	7		
DJ	Fournisseurs d'exploitation	17		
DK	Dettes fiscales et sociales	18		
DM	Autres dettes	19		
DN	Provisions pour risques et charges	19		
DP	TOTAL PASSIF CIRCULANT			
DQ	Banques, crédits d'escompte	20		
DR	Banques, établissements financiers et crédits de trésorerie	20		
DT	TOTAL TRESORERIE-PASSIF			
DV	Ecarts de conversion-passif	12		
DZ	TOTAL GENERAL			

Tableau de correspondances postes/comptes d'actif du Bilan

Désignation de l'entité :…………………….. Exercice clos le 31/12/……

Numéro d'identification :………………… Durée (en mois) :…………

REF	ACTIF	NUMERO DE COMPTE A INCORPORER DANS LES POSTES	
		Brut	Amortissements / dépréciations
AD	IMMOBILISATIONS INCORPORELLES		
AE	Frais de recherche et de prospection	211, 2181, 2191	1811, 2818 p, 2918, 1919 p
AF	Brevet, licences, logiciels et droits similaires	212, 213, 214, 2193	2812, 2813, 2814, 2912, 2913, 2914, 2919 p
AG	Fonds commercial et droit au bail	215, 216	2815, 2816, 2915, 2916
AH	Autres immobilisations incorporelles	217, 218 (sauf 2181), 2198	2817, 2818 p, 2917, 2918p, 2919 p
AI	IMMOBILISATIONS CORPORELLES		
AJ	Terrains (1) dont placement en net /*...(2881-2928p)*	22	282, 292
AK	Bâtiments (1) dont placement en net/*...(2315+2325-2831p-2832p)*	231, 232, 233, 237, 2391	2831, 2832, 2833, 2837, 2931, 2932, 2933, 2937, 2939p
AL	Aménagement, agencements et installations	234, 235, 238, 2392, 2393	2824, 2835, 2838, 2934, 2935, 2938, 2939 p
AM	Matériel, mobilier et actifs biologiques	24 (sauf 245 et 2495)	284 (sauf 2845), 294 (sauf 2945, 2949), 2949 p
AN	Matériel de transport	245, 2495	2845, 2945, 2949 p
AP	Avances et acomptes versés sur immobilisations	251, 252	2951, 2952
AQ	IMMOBILISATIONS FINANCIERES		
AR	Titres de participation	26	296
AS	Autres immobilisations financières	27	297
AZ	TOTAL ACTIF IMMOBILISE		
BA	ACTIF CIRCULANT H.A.O.	485, 488	498
BB	STOCKS EN COURS	31, 32, 33, 34, 35, 36, 37, 38	39
BG	CREANCES ET EMPLOIS ASSIMILES		
BH	Fournisseurs, avances versées	409	490
BI	Clients	41 (sauf 419)	491
BJ	Autres créances	Soldes débiteurs: 185, 42, 43, 44, 45, 46, 47 (sauf478)	492, 493, 494, 495, 496, 497
BK	TOTAL ACTIF CIRCULANT		
BQ	Titres de placement	50	590
BR	Valeurs à encaisser	51	591
BS	Banques, chèques postaux, caisse	Soldes débiteurs: 52, 53, 54, 55, 57, 581, 582	592, 593, 594
BT	TOTAL TRESORERIE-ACTIF		
BU	Ecarts de conversion-actif	478	
BZ	TOTAL GENERAL		

Tableau de correspondances postes/comptes de passif du Bilan

Désignation de l'entité :…………………….. Exercice clos le 31/12/……
Numéro d'identification :………….………….Durée (en mois) :…………

REF	PASSIF		NUMERO DE COMPTE A INCORPORER DANS LES POSTES
CA	Capital		101 à 104
CB	Apporteurs capital non appelé	(-)	109
CD	Primes liées au capital social		105
CE	Ecarts de réévaluation		106
CF	Réserves indisponibles		111, 112, 113
CG	Réserves libres		118
CH	Report à nouveau	(+ ou -)	12 (121 ou 129)
CJ	Résultat net de l'exercice	(bénéfice ou perte)	13 (131 ou 139)
CL	Subventions d'investissement		14
CM	Provisions réglementées		15
CP	TOTAL CAPITAUX PROPRES ET RESSOURCES ASSIMILEES		
DA	Emprunts et dettes financières diverses		16, 181, 182? 183, 184
DB	Dettes de location acquisition		17
DC	Provisions pour risques et charges		19
DD	TOTAL DETTES FINANCIERS ET RESSOURCES ASSIMILEES		
DF	TOTAL RESSOURCES STABLES		
DH	Dettes circulantes H.A.O.		481, 482, 484, 4998
DI	Clients, avances reçues		419
DJ	Fournisseurs d'exploitation		40 (sauf 409)
DK	Dettes fiscales et sociales		Soldes créditeurs : 42, 43, 44
DM	Autres dettes		soldes créditeurs : 185, 45, 46, 47 (sauf 479)
DN	Provisions pour risques et charges		499 (sauf 4998), 599
DP	TOTAL PASSIF CIRCULANT		
DQ	Banques, crédits d'escompte		564, 565
DR	Banques, établissements financiers et crédits de trésorerie		Soldes créditeurs : 52, 53, 561, 566
DT	TOTAL TRESORERIE-PASSIF		
DV	Ecarts de conversion-passif		479
DZ	TOTAL GENERAL		

B. Le Compte de résultat du Système normal

Le Compte de résultat est un tableau conçu par le législateur du SYSCOHADA, afin de recenser, pour une période donnée toutes les ressources produites par l'activité de l'entité et les charges consommées ou occasionnées par les moyens mis en œuvre et en fonction de deux grandes rubriques :

- Activité ordinaire (exploitation, financier) ;
- Activité Hors Activité Ordinaire.

La différence entre ces produits et ces charges donne le résultat de l'exercice (bénéfice ou perte) qui traduit l'enrichissement ou l'appauvrissement de l'entité. L'activité ordinaire est composée des opérations d'exploitation et financière.
L'activité d'exploitation regroupe les opérations liées à l'activité de l'entité, entre autres : l'achat et la vente des marchandises, tandis que l'activité financière correspond aux opérations financières de l'entité : les charges induites par les intérêts d'un emprunt (charges financières), les placements ou l'encaissement d'un dividende versé par une filiale (produits financiers), etc. Les charges et produits HAO correspondent à des flux non récurrents, ayant un caractère accidentel ou extraordinaire.

Pour faciliter la lecture du compte de résultat et une analyse de la performance de l'entité, le Plan Comptable OHADA (en abrégé PCGO) préconise la présentation d'un compte de résultat en liste. Cette présentation à l'avantage de mettre en évidence en cascade, de façon claire, les soldes intermédiaires de gestion retenus par le Plan comptable général OHADA qui sont :

- La Marge commerciale,
- La Valeur ajoutée,
- L'Excédent brut d'exploitation,
- Le Résultat d'exploitation,
- Le Résultat financier,
- Le Résultat HAO et
- Le Résultat net.

Les tableaux ci-après dont le premier présente le Compte de résultat avec ses différents postes, précédés des références alphabétiques, et le second indique les différents numéros de comptes correspondants aux différentes rubriques qui le composent.

Compte de résultat

Désignation de l'entité : ………………….. Exercice clos le 31/12/……
Numéro d'identification : ……………….. Durée (en mois) : …………

REF	LIBELLES		NOTE	EXER AU 31/12/N	EXER AU 31/12/N-1
				NET	NET
TA	Ventes de marchandises A	+	21		
RA	Achat de marchandises	-	22		
RB	Variation de stocks de marchandises	-/+	6		
XA	MARGE COMMERCIALE (Somme TA à RB)				
TB	Vente de produits fabriqués B	+	21		
TC	Travaux, services vendus C	+	21		
TD	Produits accessoires	+	21		
XB	CHIFFRES D'AFFAIRES (A+B+C+D)				
TE	Productions stockées (ou déstockage)	-/+	6		
TF	Production immobilisée	+	21		
TG	Subvention d'exploitation	+	21		
TH	Autres produits	+	21		
TI	Transferts de charges d'exploitation	+	12		
RC	Achats de MP et fournitures liées	-	22		
RD	Variation de stocks de MP et fournitures liées	-/+	6		
RE	Autres achats	-	22		
RF	Variations des autres approvisionnements	-/+	6		
RG	Transport	-	23		
RH	Services extérieurs	-	24		
RI	Impôts et taxes	-	25		
RJ	Autres charges	-	26		
XC	VALEUR AJOUTEE (XB+RA+RB) + (Somme TE à RJ)				
RC	Charges de personnel	-	27		
XD	EXCEDENT BRUT D'EXPLOIT. (XC + RK)				
TJ	Reprise d'amort., provisions et dépréciations	+	28		
RL	Dotations aux amort. et aux dépréciations	-	3C&28		
XE	RESULTATD'EXPLOITATION (XD + TJ + RL)				
TK	Revenus financiers et assimilés	+	29		
TL	Reprises de prov. et de dépréciations financières	-	28		
TM	Transferts de charges financières	-	12		
RM	Frais financiers et charges assimilées	-	29		
RN	Dot. aux provisions et aux dépréciat. financières	-	3C&28		
XF	RESULTAT FINANCIER (Somme TK à RN)				
XG	RESULTAT DES ACTIVITES ORDINAIRES (XE + XF)				
TN	Produits des cessions d'immobilisations	+	3D		
TO	Autres produits H.A.O	+	3D		
RO	Valeurs comptables des cessions d'immobilisations	-	3D		
RP	Autres charges H.A.O.	-	3D		
XH	RESULTAT HORS ACTIVITE ORDINAIRE (TN à RP)				
RQ	Participations des travailleurs	-	3D		
RS	Impôts sur le résultat	-	18		
XI	RESULTAT NET (XG + XH + RQ + RS)				

Tableau de correspondances postes/comptes du compte de résultat

Désignation de l'entité :…………………….. Exercice clos le 31/12/……
Numéro d'identification :………………… Durée (en mois) :…………

REF	LIBELLES		Numéro de comptes à incorporer dans les comptes
TA	Ventes de marchandises A	+	701
RA	Achat de marchandises	-	601
RB	Variation de stocks de marchandises	-/+	6031
XA	MARGE COMMERCIALE (Somme TA à RB)		
TB	Vente de produits fabriqués B	+	702, 703, 704
TC	Travaux, services vendus C	+	705, 706
TD	Produits accessoires	+	707
XB	CHIFFRES D'AFFAIRES (A+B+C+D)		
TE	Productions stockées (ou déstockage)	-/+	73
TF	Production immobilisée	+	72
TG	Subvention d'exploitation	+	71
TH	Autres produits	+	75
TI	Transferts de charges d'exploitation	+	781
RC	Achats de matières premières et fournitures liées	-	602
RD	Variation de stocks de MP et fournitures liées	-/+	6032
RE	Autres achats	-	604, 605, 608
RF	Variations des autres approvisionnements	-/+	6033
RG	Transport	-	61
RH	Services extérieurs	-	62, 63
RI	Impôts et taxes	-	64
RJ	Autres charges	-	65
XC	VALEUR AJOUTEE (XB+RA+RB) + (Somme TE à RJ)		
RC	Charges de personnel	-	66
XD	EXCEDENT BRUT D'EXPLOIT (XC + RK)		
TJ	Reprise d'amort., provisions et dépréciations	+	791, 798, 799
RL	Dotations aux amort. et aux dépréciations	-	681, 691
XE	RESULTATD'EXPLOIT. (XD + TJ + RL)		
TK	Revenus financiers et assimilés	+	77
TL	Reprises de provisions et de dépr. financières	-	797
TM	Transferts de charges financières	-	787
RM	Frais financiers et charges assimilées	-	67
RN	Dotations aux provisions et aux dépr. financières	-	697
XF	RESULTAT FINANCIER (Somme TK à RN)		
XG	RES. DES ACT. ORDINAIRES (XE + XF)		
TN	Produits des cessions d'immobilisations	+	82
TO	Autres produits H.A.O	+	84, 86, 88
RO	Valeurs comptables des cessions d'immobilisations	-	81
RP	Autres charges H.A.O.	-	83, 85
XH	RES. HORS ACT. ORDINAIRES (TN à RP)		
RQ	Participations des travailleurs	-	87
RS	Impôts sur le résultat	-	89
XI	RESULTAT NET (XG + XH + RQ + RS)		

C. Le tableau de flux de trésorerie

Le Tableau des flux de trésorerie doit présenter les entrées et les sorties de trésorerie et d'équivalents de trésorerie classées en trois catégories :

- Les flux de trésorerie des activités opérationnelles ;
- Les flux de trésorerie des activités d'investissement ;
- Les flux de trésorerie des activités de financement.

Les flux des activités opérationnelles sont les flux des principales activités génératrices de produits de l'entité ainsi que toutes les autres activités qui ne sont pas des activités d'investissement ou de financement.

Le tableau de flux de trésorerie est constitué de plusieurs rubriques qui permettent de déterminer les trois sortes de flux ci-haut cités.

Tableau flux de trésorerie

Désignation de l'entité :…………………….. Exercice clos le 31/12/……
Numéro d'identification :…………………. Durée (en mois) :…………

Réf	Libellés		Note	Exercice N	Exercice N-1
ZA	Trésorerie nette au 1er janvier (Trésorerie actif N-1 - Trésorerie-passif N-1)	A			
	Flux de trésorerie provenant des activités opérationnelles				
FA	Capacité d'Autofinancement Globale (CAFG)				
FB	-Actif circulant HAO				
FC	-Variation des stocks				
FD	-Variation des créances				
FE	-Variation du passif circulant				
	-Variation du BF lié aux activités opérationnelles (FB+FC+FD+FE)				
ZB	Flux de trésorerie provenant des activités opérationnelles (Somme FA à FE)	B			
	Flux de trésorerie provenant des activités d'investissements				
FF	-Décaissements liés aux acquisitions d'immobilisations incorporelles				
FG	-Décaissements liés aux acquisitions d'immobilisations corporelles				
FH	-Décaissements liés aux acquisitions d'immobilisations financières				
FI	-Encaissements liés aux cessions d'immobilisations incorporelles et corporelles				
FJ	-Encaissements liés aux cessions d'immobilisations financières				
ZC	Flux de trésorerie provenant des activités d'investissements (FF à FJ)	C			
	Flux de trésorerie provenant du financement des capitaux propres				
FK	Augmentation de capital par apports nouveaux				
FL	Subventions d'investissements reçues				
FM	-Prélèvement sur le capital				
FN	-Dividendes versés				
ZD	**Flux de trésorerie provenant du financement des capitaux propres (Somme FK à FN)**	**D**			
	Trésorerie provenant des capitaux étrangers				
FO	Emprunts				
FP	Autres dettes financières				
FQ	-Remboursements des emprunts et autres dettes financières				
ZE	**Flux de trésorerie provenant des capitaux étrangers (Somme FO à FQ)**	**E**			
ZF	**Flux de trésorerie provenant des activités de financement (D+E)**	**F**			
ZG	VARIATION DE LA TRESORERIE NETTE DE LA PERIODE (B+C+F)	G			
ZH	Trésorerie nette au 31 décembre (G + A): Contrôle: Trésorerie-actif - Trésorerie-passif	H			

D. Les Notes annexes

L'AUDCIF prévoit 46 tableaux des Notes annexes du Système normal, et 4 tableaux des Notes annexes du Système minimal de trésorerie.

Les notes annexes contiennent des informations complémentaires à celles qui sont présentées dans le Bilan, le Compte de résultat et le Tableau des flux de trésorerie. Les Notes annexes fournissent des descriptions narratives ou des décompositions d'éléments présentées dans les autres états financiers, ainsi que des informations relatives aux éléments qui ne répondent pas aux critères de comptabilisation dans les autres états financiers.

7.3.2. Les états financiers du Système minimal de trésorerie

Le Système minimal de trésorerie (SMT) repose sur l'établissement d'un état des recettes et des dépenses dégageant le résultat de l'exercice (recette nette ou perte nette), dressé à partir d'une comptabilité de trésorerie que doivent tenir les entités relevant de ce système. La fiabilité de la comptabilisation des opérations de trésorerie au cours de l'exercice est basée sur :

- L'existence d'un journal unique de trésorerie (Note 4) ;
- L'existence d'un journal de suivi des créances impayées et un journal de suivi des dettes à payer ;
- La conservation des pièces justificatives des enregistrements au journal.

En fin d'exercice, le responsable de l'entité doit procéder à un inventaire extracomptable de chacun des quatre éléments suivants :

- Le montant des créances et des dettes d'exploitation, dans le cas où les ventes et les achats ne sont pas totalement réglés ;
- Le montant des stocks (produits finis, matières premières, consommables...) et des travaux en cours ;
- Le montant des immobilisations acquises ou cédées au cours de l'exercice ;
- Le montant des emprunts souscrits ou remboursés au cours de l'exercice.

Les états récapitulatifs de ces inventaires doivent être conservés en tant que pièce justificative de la comptabilité de l'entité. Les entités possédant des immobilisations doivent tenir un registre des immobilisations (Note 1).

Chaque immobilisation doit faire l'objet d'un tableau d'amortissement basé sur le mode linéaire, sans prorata temporis.

Les états financiers annuels du S.M.T doivent être établis par les entités soumises à une comptabilité de trésorerie. Ces états financiers sont constitués du Bilan, du Compte de résultat et des Notes annexes composées d'un Tableau de suivi du matériel, du mobilier et des cautions, d'un Etat des stocks et d'un Etat des créances et des dettes non échues.

Format du bilan du Système minimal de trésorerie

Désignation entité :.........................Exercice clos le 31-12-............
Numéro d'identification :....................Durée (en mois) :.............................

ACTIF		NOTE	MONTANT		PASSIF	NOTE	MONTANT	
			EX. N	EX. N-1			EX. N	EX . N-1
Immobilisations (1)		1			Compte exploitant			
Stocks		2			Résultat exercice			
Clients et débiteurs divers		3			Emprunt			
Caisse					Fournisseurs et créditeurs divers	3		
Banque (en + ou en -								
Total actif					**Total passif**			

(1) A faire figurer à l'actif du bilan si elles correspondent à des montants significatifs.

Format du compte de résultat du Système minimal de trésorerie

RUBRIQUES		**NOTE**	**MONTANT**	
			EXERCICE N	**EXERCICE N-1**
Recettes sur ventes ou prestations de services		4		
Autres recettes sur activités		4		
TOTL DES RECETTES SUR PRODUITS		A		
Dépenses sur achats		4		
Dépenses sur loyers		4		
Dépenses sur salaires		4		
Dépenses sur impôts et taxes		4		
Charges diverses				
Autres dépenses sur activités		4		
TOTAL DEPENSES SUR CHARGES		B		
SOLDE : Excédent (+) ou insuffisance (-) de recettes (C = A - B)		C		
- Variations des stocks N/N-1		2		
- Variations des créances N/N-1		3		
+ Variations des dettes d'exploitation N/N-1		3		
DOTATIONS AMORTISSEMENTS		F		
RESULTAT EXERCICE (G = C- D + E – F)		G		

Exercices d'application sur les états financiers

1) La Société agropastorale Lemera SARLU souhaite établir ses états financiers de l'exercice N, à partir des éléments contenus dans les balances générales à six colonnes de N et N-1 suivantes :

a) Balance des opérations de la Sté agropastorale Lemera SARLU, exercice N-1

Désignation entité : Sté Agropastorale Lemera SARLU Exercice clos, le 31/12/N
Numéro d'identification : Durée (en mois) : 12

Comptes	Intitulés	Soldes d'ouverture		Mouvements		Soldes à la clôture	
		Débiteur	Créditeur	Débit	Crédit	Débiteur	Créditeur
101300	Cap. souscrit, appelé, versé, non amorti	-	14 285 714	-	-	-	14 285 714
111000	Réserve légale	-	2 857 143	-	-	-	2 857 143
121000	Report à nouveau	-	2 974 114	-	3 804 503	-	6 778 617
131000	Résultat net	-	9 518 788	9 518 788	-	-	-
165200	Cautionnements reçus	-	314 286	-	-	-	314 286
196000	Prov. pour pensions et oblig.Similaires	-	6 793 419	538 843	1 583 237	-	7 837 814
213000	Logiciels	150 000	-	-	-	150 000	-
215000	Fonds commercial	228 571	-	-	-	228 571	-
223900	Terrains bâtis	1 785 714	-	-	-	1 785 714	-
229000	Aménagements de terrain en cours	3 239 136	-	-	-	3 239 136	-

231100	Bâtiments industriels sur sol propre	7 857 143	-	-	-	7 857 143	-
232100	Bâtiments industriels sur sol d'autrui	33 058 729	-	-	-	33 058 729	-
235100	Installations générales	8 609 093	-	-	-	8 609 093	-
238000	Autres installations et agencements	1 580 660	-	-	-	1 580 660	-
241100	Matériel industriel	10 643 899	-	2 450 445	50 000	13 044 343	-
244100	Matériel de bureau	189 286	-	-	-	189 286	-
244200	Matériel informatique	981 100	-	-	-	981 100	-
244400	Mobilier de bureau	709 843	-	-	-	709 843	-
245100	Matériel automobile	7 721 429	-	-	-	7 721 429	-
272800	Autres prêts au personnel	177 857	-	97 429	-	275 286	-
275000	Dépôts et cautionnements	360 735	-	39 483	25 695	374 523	-
276200	Prêt amicale personnel	142 857	-	-	142 857	-	-
283000	Amort. des bâtiments&instal.Générales	-	30 269 935	-	1 393 240	-	31 663 175
284000	Amort. du matériel et mobilier	-	9 192 427	8 333	1 156 759	-	10 340 853
284510	Amort. du matériel automobile	-	6 772 500	-	922 143	-	7 694 643
321100	Stock de matières premières	1 507 434	-	1 103 063	1 507 434	1 103 063	-
335100	Stock d'emballages	894 621	-	1 163 856	894 621	1 163 856	-

401100	Fournisseurs	-	10 935 711	80 345 861	75 207 850	-	5 797 700
408100	Fourn., factures non parvenues		1 880 579	10 486 748	10 793 355	-	2 187 187
409100	Fourn., avances et acomptes	-	-	204 821	104 821	100 000	-
411100	Clients	16 299 838	-	272 407 906	268 610 053	20 097 690	-
416200	Créances douteuses	4 525 360	-	-	-	4 525 360	-
419800	R.R. R et avoirs à accorder	135 492	-	-	135 492	-	-
420000	Personnel	262 508	535 711	1 657 065	1 790 334	182 898	589 370
422000	Personnel, rémun. dues	-	-	18 643 250	18 783 715	-	140 464
431000	Caisse de sécurité sociale	-	305 777	2 949 221	2 932 832	-	289 388
433110	Mutuelle de santé	-	83 961	522 532	505 715	-	67 143
438200	Charges sociales/congés	-	72 292	72 292	72 655	-	72 655
441100	Etat, impôts sur les sociétés	-	1 299 714	1 299 714	3 344 488	-	3 344 488
442100	Etat, impôts et taxes	-	393 171	16 293	82 142	-	459 021
443200	Etat, TVA fact./Prestation de services	-	7 721	36 007	41 112	-	12 826
447000	Etat, impôts retenus à la source/Personnel	-	98 197	1 899 272	1 970 050	-	168 974
462000	Compte courant, associés	-	1 476 594	5 806 281	5 749 539	-	1 419 851
465000	Associés, dividendes à payer	-	-	5714 286	5714 286	-	-

471100	Débiteurs divers	-	1 428 571	1 521 429	28 571	64 286	-
471300	Créditeurs divers	-	75 714	588 571	614 286	-	101 429
476000	Charges constatées d'avance	322 232	-	758 640	881 143	199 728	-
477000	Produits constatés d'avance	-	-	150 857	150 857	-	-
481820	Fournisseurs d'investissements	-	-	-	57 135	-	57 135
482200	Fourn. d'invest., effets à payer	-	174 048	174 048	-	-	-
485100	Créances sur cessions d'immob.	88 571	-	-	34 286	54 286	-
491000	Dépréciations des comptes clients	-	4 525 360	-	-	-	4 525 360
521400	Banques	2 640 794	-	266 378 755	259 144 695	9 874 854	-
571100	Caisse	2 158 549	-	23567 415	24 945 938	780 026	-
585000	Virements de fonds	-	-	22 239 090	22 239 090	-	-
602100	Achats MP dans la région	-	-	136 523 552	154 199	136 369 353	-
603201	Variations de stocks de Mat. Prem.	-	-	1 507 434	1 103 063	404 371	-
603302	Variation de stocks d'emballages	-	-	894 621	1 163 856	-	269 235
604200	Achats carbu ; et produits d'entretien	-	-	12 847 005	-	12 847 005	-
605100	Eau	-	-	875 141	209 534	665 607	-
605200	Electricité	-	-	5 272 536	2 163 876	3 108 660	-

605300	Autres énergies gaz	-	-	945 539	945 539	-	-
605400	Fournitures d'entr ; non stockables	-	-	321 318	9 943	311 375	-
605500	Fournitures de bureau	-	-	721 064	1 786	719 279	-
605600	Achats de petit matériel et outil.	-	-	1 634 482	-	1 634 482	-
605700	Achat d'études, presta. de services	-	-	72 143	-	72 143	-
605800	Petits équipements	-	-	60 004	-	60 004	-
608100	Emballages perdus	-	-	14 473 014	2 714	14 470 299	-
612000	Transports sur ventes	-	-	49 482 401	2 626 064	46 856 337	-
616000	Transports de plis	-	-	12 410	-	12 410	-
618100	Voyages et déplacements	-	-	43 786	-	43 786	-
618300	Transports administratifs	-	-	97 975	-	97 975	-
622200	Locations et charges locatives	-	-	3 567 947	263 124	3 304 823	-
624000	Entretiens et réparations	-	-	1 428 813	42 221	1 386 592	-
625100	Assurances multirisques	-	-	208 462	-	208 462	-
625200	Assurances matériel de transport	-	-	140 178	-	140 178	-
626500	Documentation générale	-	-	4 286	-	4 286	-

627100	Annonces et insertion	-	-	28 571	-	28 571	-
628100	Frais de téléphone	-	-	886 250	262 557	623 693	-
628800	Autres frais de télécommunication	-	-	144 629	22 143	122 486	-
631800	Frais bancaires	-	-	445 289	-	445 289	-
631810	Frais virement/règlement du client	-	-	1 373 003	-	1 373 003	-
632400	Honoraires	-	-	428 571	142 857	285 714	-
632410	Honoraires d'analyses	-	-	578 700	128 497	450 203	-
632800	Certificat de salubrité	-	-	246 469	-	246 469	-
632801	Droits d'entrée port	-	-	20 141	-	20 141	-
635100	Cotisations	-	-	12 857	-	12 857	-
635101	Cotisations syndicat patronal	-	-	28 571	-	28 571	-
638300	Réceptions	-	-	2 571	-	2 571	-
647800	Autres droits	-	-	5 000	-	5 000	-
647800	Autres amendes pénales et fiscales	-	-	10 714	-	10 714	-
658800	Autres charges diverses	-	-	9 667	-	9 667	-

661100	Salaires bruts nationaux	-	-	12 251 119	-	12 251 119	-
661300	Congés payés au personnel national	-	-	1 467 642	329 127	1 138 515	-
661800	Autres rémun. Directes	-	-	6 712 719	-	6 712 719	-
662100	Salaires bruts aux non nationaux	-	-	4 059 282	193 012	3 866 270	-
663100	Indemnités de logement	-	-	459 429	-	459 429	-
663400	Primes de transport	-	-	765 758	-	765 758	-
663800	Autres indemnités et avantages divers	-	-	682 348	-	682 348	-
664000	Charges sociales	-	-	3 393 636	72 292	3 321 344	-
668400	Médecine de travail et pharmacie	-	-	94 676	-	94 676	-
668500	Equipements du personnel	-	-	543 859	-	543 859	-
681300	Dot. aux amort. de biens corporels	-	-	6 795 649	3 323 507	3 472 142	-
691100	Dot. aux provisions pour risques	-	-	1 583 237	538 843	1 044 395	-
702200	Ventes de produits finis	-	-	-	267 556 307	-	267 556 307
702201	Avoirs/ventes de produits finis	-	-	2 045 208	-	2 045 208	-
702901	RRR sur ventes des produits finis	-	-	164 798	-	164 798	-

706100	Location de la villa	-	-	301 714	2 130 857	-	1 829 143
707800	Autres produits	-	-	-	228 397	-	228 397
758800	Autres produits divers	-	-	49 590	1 690 524	-	1 640 934
781000	Transferts de charges	-	-	-	831 126	-	831 126
812400	Val. comptables des cessions d'immob.	-	-	50 000	8 333	41 667	-
822400	Prod. des cessions d'immob. Corporelles	-	-	-	50 000	-	50 000
891000	Impôts sur le résultat	-	-	3 344 488	-	3 344 488	-
	TOTAL GENERAL	106 271 449	106 271 449	1 001 609 224	1 001 609 224	373 410 375	373 410 375

b) Balance des opérations de la Sté agropastorale Lemera SARLU, exercice N

Désignation entité : Sté Agropastorale Lemera SARLU   Exercice clos, le 31/12/N

Comptes	Intitulés	Soldes à l'ouverture		Mouvements		Soldes à la clôture	
		Débiteur	Créditeur	Débit	Crédit	Débiteur	Créditeur
101100	Capital souscrit, non appelé	-	-	28 571 429	42 857 143	-	14 285 714
101200	Capital souscrit, appelé, non versé	-	-	28 571 429	28 571 429	-	-
101300	Capital souscrit, appelé, versé, non amorti	-	14 285 714	-	28 571 429	-	42 857 143
106211	Ecarts de réévaluation	-	-	-	500 000	-	500 000
109000	Apporteurs, capital souscrit, non appelé	-	-	42 857 143	28 571 429	14 285 714	-
111000	Réserve légale	-	2 857 143	-	-	-	2 857 143
121000	Report à nouveau	-	6 778 617	12 857 143	16 945 668	-	10 867 142
131000	Résultat net	-	16 945 668	16 945 668	-	-	-
141600	Subvention d'investissement	-	-	-	285 714	-	285 714
154200	Provisions de réévaluation de l'actif immobilisé	-	-	-	5 714 286	-	5 714 286
162000	Emprunt bancaire	-	-	-	27 857 143	-	27 857 143

165200	Cautionnements reçus	-	314 286	-	-	-	314 286
178100	Autres locations acquisitions	-	-	-	357 275	-	357 275
196000	Provisions pour pensions et obligations similaires	-	7 837 814	957 361	1 993 314	-	8 873 767
213000	Logiciels	150 000	-	285 714	-	435 714	-
215000	Fonds commercial	228 571	-	-	-	228 571	-
223900	Terrains bâtis	1 785 714	-	500 000	-	2 285 714	-
229000	Aménagements de terrain en cours	3 239 136	-	-	-	3 239 136	-
230000	Bâtiments et installations générales	51 105 624	-	79 928 704	-	131 034 327	-
241100	Matériel industriel	13 044 343	-	2 527 714	5 717 611	9 854 447	-
244000	Matériel et mobilier de bureau	899 129	-	796 429	20 000	1 675 557	-
244200	Matériel informatique	981 100	-	171 286	832 815	319 571	-
245100	Matériel automobile	7 721 429	-	3 142 857	-	10 864 286	-
252000	Avance et acompte sur immobilisation	-	-	3 571 429	714 286	2 857 143	-

272800	Autres prêts au personnel	275 286	-	-	-	275 286	-
275000	Dépôts et cautionnements	374 523	-	85 882	104 292	356 113	-
283000	Amortissement des bâtiments &Installations générales	-	31 663 175	-	1 390 669	-	33 053 844
284110	Amortissements du matériel industriel	-	8 614 845	5 717 611	1 197 890	-	4 095 124
284400	Amortissements du matériel et mobilier	-	1 726 008	852 815	108 890	-	982 083
284510	Amortissements du matériel automobile	-	7 694 643	-	53 929	-	7 748 571
311000	Stock de marchandises	-	-	714 286	-	714 286	-
321100	Stock de matières premières	1 103 063	-	8 268 779	8 253 576	1 118 265	-
335100	Stock d'emballages	1 163 856	-	10 982 036	11 326 995	818 897	-
401100	Fournisseurs	-	5 797 700	82 758 328	80 774 201	-	3 813 574
408100	Fournisseurs, factures non parvenues	-	2 187 187	16 830 081	16 287 924	-	1 645 030
409100	Fournisseurs, avances et acomptes	100 000	-	572 516	550 000	122 516	-
411100	Clients	20 097 690	-	295 540 362	296 172 153	19 465 900	-
416200	Créances douteuses	4 525 360	-	-	-	4 525 360	-

421000	Personnel, avances et acomptes	98 929	-	2 962 946	904 325	2 157 550	-
421300	Personnel, frais avances	83 969	-	408 065	232 204	259 830	-
422000	Personnel, rémunérations dues	-	140 464	15 275 222	15 154 034	-	19 277
423200	Personnel, saisie-arrêt	-	5 714	74 286	68 571	-	-
424200	Allocations familiales	-	-	8 100	8 100	-	-
427000	Personnel, dépôts	-	10 357	28 143	26 643	-	8 857
428101	Personnel local, congés à payer	-	436 780	436 780	384 300	-	384 300
428102	Personnel non national, congés à payer	-	136 519	136 519	136 649	-	136 649
431000	Caisse de sécurité sociale	-	110 843	1 043 051	1 021 150	-	88 942
431300	Caisse de retraite	-	178 544	1 952 248	1 988 745	-	215 041
433110	Mutuelle de santé	-	67 143	529 277	505 706	-	43 571
438200	Charges sociales/congés	-	72 655	72 655	68 512	-	68 512
441100	Etat, impôts sur les sociétés	-	3 344 488	3 344 488	4 443 171	-	4 443 171

442100	Etat, impôts et taxes	-	459 021	-	65 170	-	524 191
443200	Etat, TVA facturée	-	12 826	45 152	32 326	-	-
444100	Etat, TVA due	-	-	32 326	32 326	-	-
447000	Etat, impôts retenus à la source	-	168 974	2 166 098	2 160 077	-	162 953
462000	Compte courant, associés	-	1 419 851	4 857 137	580 143	2 857 143	-
465000	Associés, dividendes à payer	-	-	12 857 143	12 857 143	-	-
467000	Apporteurs, restant dû sur capital appelé	-	-	28 571 429	28 571 429	-	-
471100	Débiteurs divers	64 286	-	1 864	66 150	-	-
471300	Créditeurs divers	-	101 429	475 714	462 857	-	88 571
476000	Charges constatées d'avance	199 728	-	973 870	993 046	180 552	-
477000	Produits constatés d'avance	-	-	1 508 571	1 508 571	-	-
478100	Ecarts de conversion, créances clients	-	-	2 142 857	-	2 142 857	-
479400	Ecart de conversion, emprunts	-	-	-	357 275	-	357 275
481200	Fournisseurs d'immobilisation corporelle	-	-	1 000 000	23 321 429	-	22 321 429

481820	Fournisseurs d'investissements	-	57 135	-	-	-	57 135
488000	Autres créances HAO	-	-	285 714	-	285 714	-
485100	Créances sur cessions d'immobilisations	54 286	-	-	34 286	20 000	-
491000	Dépréciations des comptes clients	-	4 525 360	-	-	-	4 525 360
521400	Banques	9 874 854	-	321 436 204	313 646 212	17 664 845	-
571100	Caisse	780 026	-	20 200 491	20 702 783	277 734	-
585000	Virements de fonds	-	-	20 643 150	20 643 150	-	-
601100	Achats marchandises	-	-	10 714 286	-	10 714 286	-
602100	Achats matières premières dans la région	-	-	132 136 785	252 950	131 883 835	-
602210	Achats fournitures	-	-	730 979	-	730 979	-
603100	Variations de stocks de marchandises	-	-	-	714 286	-	714 286
603201	Variations de stocks de matières premières	-	-	8 253 576	8 268 779	-	15 202
603302	Variation de stocks d'emballages	-	-	11 326 995	10 982 036	344 959	-

604200	Achats carburants	-	-	3 098 775	1 490 278	1 608 497	-
605100	Eau	-	-	1 556 531	769 699	786 831	-
605200	Electricité	-	-	8 100 994	4 680 086	3 420 907	-
605400	Fournitures d'entretien non stockables	-	-	609 729	40 714	569 015	-
605500	Fournitures de bureau	-	-	640 071	29 571	610 500	-
605600	Achats de petit matériel et outillage	-	-	1 959 722	-	1 959 722	-
605700	Achat d'études, prestations de services	-	-	1 714	-	1 714	-
608100	Emballages perdus	-	-	18 938 717	5 286 338	13 652 380	-
612000	Transports sur ventes	-	-	49 073 413	2 855 403	46 218 010	-
618100	Voyages et déplacements	-	-	565 447	-	565 447	-
618300	Transports administratifs	-	-	237 496	-	237 496	-
622000	Location et charges locatives	-	-	3 501 757	529 200	2 972 557	-
624100	Entretiens et réparations de biens immobilisés	-	-	278 759	-	278 759	-
624200	Entretiens et réparations de biens mobiliers	-	-	627 472	102 865	524 607	-

624300	Maintenance, hygiène et services assimilés	-	-	1 006 429	92 857	913 571	-
625100	Assurances multirisques	-	-	399 553	196 881	202 672	-
625200	Assurances matériel de transport	-	-	380 042	231 031	149 011	-
628100	Frais de téléphone	-	-	1 527 621	598 157	929 464	-
628800	Autres frais de télécommunication	-	-	172 486	56 714	115 771	-
631800	Frais bancaires	-	-	1 204 295	-	1 204 295	-
632400	Honoraires	-	-	3 721 297	1 035 366	2 685 931	-
632500	Frais d'actes et de contentieux	-	-	6 669	-	6 669	-
632800	Certificat de salubrité et droits d'entrée	-	-	343 768	-	343 768	-
634800	Autres redevances	-	-	6 857	-	6 857	-
635101	Cotisation syndicale patronale	-	-	57 143	28 571	28 571	-
638300	Réceptions	-	-	4 500	-	4 500	-
638900	Prestations diverses	-	-	4 329	-	4 329	-
646100	Droits d'enregistr/augmentation du capital	-	-	428 571	-	428 571	-
646200	Droits de timbres	-	-	1 457	-	1 457	-

646400	Vignettes	-	-	5 000	-	5 000	-
647200	Pénalités TVA	-	-	12 857	-	12 857	-
651100	Pertes sur créances clients	-	-	592 994	-	592 994	-
658200	Dons	-	-	14 286	-	14 286	-
658800	Autres charges diverses	-	-	1 853	-	1 853	-
661100	Salaires bruts nationaux	-	-	14 514 541	-	14 514 541	-
661300	Congés payés au personnel national	-	-	1 098 586	436 780	661 806	-
661800	Autres rémunérations directes	-	-	6 479 083	-	6 479 083	-
662100	Salaires bruts aux non nationaux	-	-	3 852 018	-	3 852 018	-
662300	Congés payés au personnel non national	-	-	136 649	136 519	130	-
663100	Indemnités de logement	-	-	459 429	-	459 429	-
663400	Primes de transport	-	-	772 571	-	772 571	-
663800	Autres indemnités et avantages divers	-	-	664 455	-	664 455	-
664120	Charges de sécurité sociale-permanents	-	-	369 787	24 554	345 233	-
664121	Charges de sécurité sociale-journaliers	-	-	675 550	-	675 550	-

664130	Charges sociales-Caisse de retraite	-	-	1 237 568	48 101	1 189 467	-
664140	Charges sociales-Mutuelle	-	-	248 563	-	248 563	-
664200	Charges sociales-Caisse de retraite complémentaire	-	-	1 309 285	413 327	895 957	-
664800	Autres charges sociales	-	-	114 286	-	114 286	-
668400	Médecine de travail et pharmacie	-	-	418 540	177 357	241 183	-
668500	Equipements du personnel	-	-	59 601	-	59 601	-
671200	Intérêts d'emprunts	-	-	500 000	-	500 000	-
681300	Dotations aux amortissements de biens corporels	-	-	5 936 531	3 185 154	2 751 378	-
691100	Dotations aux provisions pour risques	-	-	1 993 314	957 361	1 035 953	-
701100	Ventes marchandises	-	-	-	15 714 286	-	15 714 286
702200	Ventes de produits finis	-	-	-	277 293 303	-	277 293 303
702600	Retour de produits finis	-	-	158 941	-	158 941	-
702901	Remises et ristournes sur ventes des produits finis	-	-	3 113 684	-	3 113 684	-
706100	Location de la villa	-	-	-	1 810 286	-	1 810 286
707800	Location du groupe électrogène	-	-	-	161 429	-	161 429

722100	Production immobilisée	-	-	-	642 857	-	642 857
756000	Gains de change sur créances commerciales	-	-	-	154 433	-	154 433
758000	Indemnités d'assurances	-	-	-	336 564	-	336 564
773000	Escomptes obtenus	-	-	-	1 071 429	-	1 071 429
781000	Transferts de charges	-	-	-	461 936	-	461 936
812400	Valeurs comptable des cessions d'immobilisés	-	-	6 570 426	6 570 426	-	-
822400	Produits des cessions d'immob corporelles	-	-	-	18 160	-	18 160
845000	Dons et libéralités obtenus	-	-	-	285 714	-	285 714
891000	Impôts sur le résultat	-	-	4 443 171	-	4 443 171	-
	TOTAL GENERAL	**117 950 901**	**117 950 901**	**1 404 848 298**	**1 404 848 298**	**498 232 955**	**498 232 955**

Résolution

Bilan 1ère partie : Actif

Désignation de l'entité :Lemera SARLU Exercice clos le 31/12/N
Numéro d'identification :.................. Durée (en mois) : 12

REF	ACTIF	Note	Exercice au 31/12/N			Ex. au 31/12/N-1
			Brut	Amort/Dépréciation	Net	Net
AD	IMMOBIL. INCORPORELLES	3	664 286	-	664 286	378 571
AE	Frais de recherche et de prospection		-	-	-	-
AF	Brevet, licences, logiciels et droits similaires		435 714	-	435 714	150 000
AG	Fonds commercial et droit au bail		228 571	-	228 571	228 571
AH	Autres immobilisations incorporelles		-	-	-	-
AI	IMMOBIL. CORPORELLES	3	159 273 038	879 623	113 393 415	29 077 804
AJ	Terrains (1) dont placement en net		5 524 850	-	5 524 850	5 024 850
AK	Bâtiments (1) dont placement en net		120 558 861	22 864 092	97 694 769	19 442 449
AL	Aménagement, agencements et installations		10 475 467	10 189 752	285 714	-
AM	Matériel, mobilier et actifs biologiques		11 849 575	5 077 208	6 772 368	4 583 719
AN	Matériel de transport		10 864 286	7 748 571	3 115 714	26 786
AP	Avances et acomptes versés sur immobil.	3	2 857 143	-	2 857 143	-
AQ	IMMOBIL. FINANCIERES	4	631 399	-	631 399	649 808
AR	Titres de participation		-	-	-	-
AS	Autres immobilisations financières		631 399	-	631 399	649 808
AZ	TOTAL ACTIF IMMOBILISE		162 856 478	45 879 623	117 546 243	30 106 184
BA	ACTIF CIRCULANT H.A.O.	5	305 714	-	305 714	54 286
BB	STOCKS EN COURS	6	2 651 448	-	2 651 448	2 266 919
BG	CREANCES ET EMPLOIS ASSIMILES		29 568 851	4 525 360	25 043 491	20 644 603
BH	Fournisseurs, avances versées	17	122 516	-	122 516	100 000
BI	Clients	7	23 991 260	4 525 360	19 465 900	20 097 690
BJ	Autres créances	8	5 455 075	-	5 455 075	446 912
BK	TOTAL ACTIF CIRCULANT		32 526 014	4 525 360	28 000 654	22 965 807
BQ	Titres de placement	9	-	-	-	-
BR	Valeurs à encaisser	10	-	-	-	-
BS	Banques, chèques postaux, caisse	11	17 942 579	-	17 942 579	10 654 880
BT	TOTAL TRESORERIE-ACTIF		17 942 579	-	17 942 579	10 654 880
BU	Ecarts de conversion-actif	12	2 142 857	-	2 142 857	-
BZ	**TOTAL GENERAL**		**215 467 928**	**50 404 983**	**165 632 333**	**63 726 870**

Bilan 2ème partie : Passif

Désignation de l'entité :Lemera SARLU   Exercice clos le 31/12/N
Numéro d'identification :…………………   Durée (en mois) : 12

REF	PASSIF	Note	Ex. au 31/12/N Net	Ex. au 31/12/N-1 Net
CA	Capital de l'exploitant	13	14 285 714	14 285 714
CB	Apporteurs capital non appelé	13	14 285 714	
CD	Primes liées au capital social	14	-	-
CE	Ecarts de réévaluation	3E	500 000	-
CF	Réserves indisponibles	14	2 857 143	2 857 143
CG	Réserves libres	14	-	-
CH	Report à nouveau (+ ou -)	14	10 867 142	6 778 617
CJ	Résultat net de l'exercice (+ ou -)		30 769 959	16 945 668
CL	Subventions d'investissement	15	285 714	-
CM	Provisions réglementées	15	5 714 286	-
CP	TOT/ CAPIT. PROPRES ET RESSOURCES ASSIMILEES		93 851 386	40 867 142
DA	Empr. et dettes financ. divers	16	28 171 429	314 286
DB	Dettes de location acquisition	16	357 275	-
DC	Prov. pour risques et charges	16	8 873 767	7 837 814
DD	TOT. DETTES FINANC. ET RESS ASSIMILEES		37 402 470	8 152 100
DF	TOTAL RESSOURCES STABLES		131 253 856	49 019 241
DH	Dettes circulantes H.A.O.	5	22 378 563	57 135
DI	Clients, avances reçues	7	-	-
DJ	Fournisseurs d'exploitation	17	5 458 603	7 984 887
DK	Dettes fiscales et sociales	18	6 095 464	5 144 328
DM	Autres dettes	19	88 571	1 521 280
DN	Prov. pr risques et charges	19	-	-
DP	TOT. PASSIF CIRCULANT		34 021 202	14 707 629
DQ	Banques, crédits d'escompte	20	-	-
DR	Banques, établis. financiers et crédits de trésorerie	20	-	-
DT	TOT. TRESORERIE-PASSIF		-	-
DV	Ecarts de conversion-passif	12	357 275	-
DZ	**TOTAL GENERAL**		**165 632 333**	**63 726 870**

Compte de résultat

Désignation de l'entité :Lemera SARLU   Exercice clos le 31/12/N
Numéro d'identification :…………………   Durée (en mois) : 12

REF	LIBELLES		NOTE	EX. AU 31/12/N NET	EX. AU 31/12/N-1 NET
TA	Ventes de marchandises A	+	21	15 714 286	-
RA	Achat de marchandises	-	22	-10 714 286	-
RB	Variation de stocks de marchandises	-/+	6	714 286	-
XA	MARGE COMMERC. (Somme TA à RB)			5 714 286	-
TB	Vente de produits fabriqués B	+	21	274 020 678	265 346 301
TC	Travaux, services vendus C	+	21	1 810 286	1 829 143
TD	Produits accessoires	+	21	161 429	228 397
XB	CHIFFRES D'AFFAIRES (A+B+C+D)			291 706 678	267 403 841
TE	Productions stockées (ou déstockage)	-/+	6	-	-419 574
TF	Production immobilisée	+	21	642 857	-
TG	Subvention d'exploitation	+	21	15 202	-
TH	Autres produits	+	21	490 997	1 640 934
TI	Transferts de charges d'exploitation	+	12	461 936	831 126
RC	Achats de MP et fournitures liées	-	22	-132 614 813	-136 369 353
RD	Var. de stocks de MP et fournitures liées	-/+	6	-	15 202
RE	Autres achats	-	22	-22 609 566	-23 017 217
RF	Var. des stocks des autres approvisionnements	-/+	6	-344 959	269 235
RG	Transport	-	23	- 47 020 953	- 47 010 508
RH	Services extérieurs	-	24	-10 371 333	- 8 683 911
RI	Impôts et taxes	-	25	-447 886	-15 714
RJ	Autres charges	-	26	- 609 133	-9 667
XC	V.A. (XB+RA+RB) + (Somme TE à RJ)			69 299 028	54 634 394
RC	Charges de personnel	-	27	-31 173 870	-29 836 036
XD	EXCEDENT BRUT D'EXPL. (XC + RK)			38 125 158	24 798 358
TJ	Reprise d'amor., provisions et dépréciations	+	28	-	-
RL	Dot. aux amort. et aux dépréciations	-	3C&28	- 3 787 330	-3 787 330
XE	RES/ D'EXPLOITATION (XD + TJ + RL)			34 337 827	21 011 028
TK	Revenus financiers et assimilés	+	29	1 071 429	-
TL	Repr. de prov. et de dépr. financières	-	28	-	-
TM	Transferts de charges financières	-	12	-	-
RM	Frais financiers et charges assimilées	-	29	-500 000	-
RN	Dot. aux prov. et aux dépr. financières	-	3C&28	-	-
XF	RES. FINANCIER (Somme TK à RN)			571 429	-
XG	RES. DES ACTIVITES ORD. (XE + XF)			34 909 256	21 011 028
TN	Produits des cessions d'immobilisations	+	3D	18 160	50 000
TO	Autres produits H.A.O	+	3D	285 714	-
RO	Val. comptables des cessions d'immo.	-	3D	-	-41 667
RP	Autres charges H.A.O.	-	3D	-	-
XH	RESULTAT HAO (TN à RP)			303 874	8 333
RQ	Participations des travailleurs	-	3D	-	-
RS	Impôts sur le résultat	-	18	-4 443 171	- 3 344 488
XI	RESULTAT NET (XG + XH + RQ + RS)			30 769 959	17 674 874

Tableau de flux de trésorerie

Désignation de l'entité :Lemera SARLU Exercice clos le 31/12/N
Numéro d'identification :…………….…. Durée (en mois) : 12

REF	LIBELLES		NOTE	EXERCICE N	EXERCICE N-1
ZA	Trésorerie nette au 1er janvier (Trésorerie actif N-1 - Trésorerie-passif N-1)	A			33 595 404
	Flux de trésorerie provenant des activités opérationnelles				
FA	Capacité d'Autofinancement Globale (CAFG)			241 773 904	150 177 096
FB	-Actif circulant HAO			-2 000 000	
FC	-Variation des stocks			-2 691 705	945 953
FD	-Variation des créances			-45 792 222	-25 371 738
FE	-Variation du passif circulant			-21 054 994	-27 602 541
	-Variation du BF lié aux activités opérationnelles (FB+FC+FD+FE)			-71 538 921	-52 028 326
ZB	Flux de trésorerie provenant des activités opérationnelles (Somme FA à FE)	B		170 234 983	98 148 770
	Flux de trésorerie provenant des activités d'investissements				
FF	-Décaissements liés aux acquisit° d'immob. Incorporelles			-2 000 000	
FG	-Décaissements liés aux acquisit° d'immob. Corporelles			-327 218 000	-17 971 503
FH	-Décaissements liés aux acquisit° d'immob. Financières			-601 175	-958 379
FI	-Encaissements liés aux cessions d'immobilisations incorporelles et corporelles			367 119	590 000
FJ	-Encaissements liés aux cessions d'immob. Financières			730 043	1 179 865
ZC	Flux de trésorerie provenant des activités d'investissements (FF à FJ)	C		-328 722 013	-17 160 017
	Flux de trésorerie provenant du financement des capitaux propres				
FK	Augmentation de capital par apports nouveaux			200 000 000	
FL	Subventions d'investissements reçues			2 000 000	
FM	-Prélèvement sur le capital			- 100 000 000	
FN	-Dividendes versés			- 90 000 000	- 40 000 000
ZD	**Flux de trésorerie provenant du financement des capitaux propres (Somme FK à FN)**	**D**		**12 000 000**	**- 40 000 000**
	Trésorerie provenant des capitaux étrangers				
FO	Emprunts			195 000 000	
FP	Autres dettes financières			2 500 925	
FQ	-Remboursements des emprunts et autres dettes financières				
ZE	**Flux de trésorerie provenant des capitaux étrangers (Somme FO à FQ)**	**E**		**197 500 925**	
ZF	**Flux de trésorerie provenant des activités de financement (D+E)**	**F**		**209 500 925**	**-40 000 000**
ZG	VARIATION DE LA TRESORERIUE NETTE DE LA PERIODE (B+C+F)	G		51 013 895	40 988 753
ZH	Trésorerie nette au 31 décembre (G + A): Contrôle: Trésorerie-actif - Trésorerie-passif	H		125 598 052	74 584 157

Exercice 2.

La balance générale de la Société agropastorale Y pour l'exercice n se présente comme suit

Cptes	Intitulés des comptes	Soldes à l'ouverture		Mouvements de la période		Soldes à la clôture	
		Débit	Crédit	Débit	Crédit	Débit	Crédit
101	Capital social		22 500 000				22 500 000
112	Rés.statutai&contractuelles						4 936 284
131	Résultat net		3 189 528				
245	Matériel de transport	9 290 695		2 274 305		11 565 000	
2441	Matériel de bureau	3 928 710		616 290		4 545 000	
2444	Mobiliers de bureau	1 477 640		265 660		1 743 300	
284	Amortissements du materiel				6 111 468		6 111 468
311	Marchandises	4 770 000				4 770 000	
4011	Fournisseurs			14 862 591	14 868 891		6 300
411	Client	8 910		2 127 322 278	2 153 002 770	9 036	
420	Personnel			9 818 019	9 818 019		
421	Personnel, avances et acomptes			8 514 000	6 120 000	2 394 000	
422	Rémunérations dues			50 000 400	50 000 400		
441	Etat/impôt sur le bénéfice		5 795 613	3 290 850	3 290 850		
4472	Etta/import sur salaires			13 844 250	14 454 090		609 840
4492	Etat – Avances et acomptes versés	4 194 000		1 577 007		1 577 007	
4313	Caisse de retraite obligat/CNSS		826 020	3 810 717	4 247 217		436 500
471	Cpte d'attente/Déb divers SONAS			2 734 200		2 734 200	
521	Banque /B.I.C, en devises	7 124 751		423 729 441	412 322 004	11 407 437	
5712	Caisse principale	1 516 455		2 550 709 125	2 545 563 933	5 145 192	
5722	Caisse secondaire			16 234 983	16 234 983		
585	Virements de fonds			16 234 983	16 234 983		
6058	Ach de trav/Man. Employés	1 511 100 765		1 578 483 297		1 578 483 297	
6047	Fournitures de bureau	1 943 154		1 405 710		1 405 710	
6043	Produits d'entretien	68 400		107 640		107 640	
6042	matières combustibles	1 486 359		1 815 462		1 815 462	
605	Autres achats/ eau& électr	-		98 100		98 100	
6056	Achats de petit matériel et outillage	142 302 600		426 476 700		426 476 700	
616	Transports de pli	7 353 000		202 500		202 500	

618	Autres frais de transports	1 308 150		13 500		13 500	
6222	Locations de bâtiments	7 776 000		2 853 000		2 853 000	
6242	Entretien et réparation des biens mob.	489 600		2 265 120		2 265 120	
6384	Missions	1 320 000		747 000		747 000	
631	Services bancaires	129 249		16 250 589		16 250 589	
6281	Téléphones	2 556 882		430 236		430 236	
6383	Réceptions	949 995		1 859 931		1 859 931	
6328	Divers frais	2 044 200		983 772		983 772	
658	Charges diverses	310 500		61 200		61 200	
6253	Primes d'assur/Ass. risques d'exploit	82 800		3 170 700		3 170 700	
661	Rémunérations des agents	38 893 131		38 169 000		38 169 000	
6612	Primes, collations et gratifications	-		21 420 000		21 420 000	
6682	Vers. comités d'hyg. et sécur/CNSS	-		2 984 697		2 984 697	
6684	Médecine du trav et pharm	9 347 526		25 223 166		25 223 166	
6413	Taxes sur appoint et sal/IPR	5 254 101		13 696 083		13 696 083	
6418	Autres imp& taxes diverses (BIC)	694 000		21 747 393		21 747 393	
681	Dotat° aux amort. d'exploitation	3 115 755		2 995 713		2 995 713	
705	Travaux facturés		1 746 754 110		2 174 750 289		2 174 750 289
Total des comptes de Bilan		**32 311 161**	**32 311 161**	**5 290 995 672**	**5 279 705 892**	**11 289 780**	
Total des comptes de Résultat		**1 738 526 167**	**1 746 754 110**	**2 163 460 509**	**2 174 750 289**		**11 289 780**
131	**Benefice**	**8 227 943**					
Totaux généraux		**1 779 065 271**	**1 779 065 271**	**7 454 456 181**	**7 454 456 181**	**2 220 640 461**	**2 220 640 461**

Question

Se servant de la résolution de l'exercice précédent, présenter les états financiers du Système normal de cette société au 31 décembre N.

Glossaire des termes couramment employés en agriculture

A

AAEXA : Assurance accident des exploitants agricoles.
AB : Agriculture biologique.
Actif biologique : Animal vivant ou plante vivante.
Actif circulant : Ensemble des actifs n'ayant pas vocation à rester durablement dans l'entreprise (ex : stock, créances clients).
Actif immobilisé : Ensemble des immobilisations incorporelles, corporelles et financières.
Actifs : Élément appartenant à l'entreprise et ayant une valeur économique.
Actifs biologiques adultes : Ceux ayant atteint le stade récoltable (pour des actifs biologiques consommables) ou pouvant supporter des récoltes successives (pour des actifs biologiques reproducteurs).
Actifs biologiques consommables : Récoltés comme produits agricoles ou vendus comme actifs biologiques. Exemples : cheptels destinés à la production de viande ou en vue de la vente, poissons dans les piscicultures, récoltes de blé ou de maïs, arbres cultivés pour le bois.
Actifs biologiques immatures : Ceux qui n'ont pas atteint le stade de la récolte.
Actifs biologiques producteurs : Autres que les actifs biologiques consommables. Ne sont pas des produits agricoles mais plutôt des produits auto-régénérant. Exemples : cheptels producteurs de lait, vignes, arbres fruitiers.
Activité agricole : Gestion par une entité de la transformation biologique d'actifs biologiques en vue de la vente en produits agricoles ou en d'autres actifs biologiques. Gestion signifie qu'une intervention humaine apporte une valeur ajoutée à la transformation biologique ou permet au processus de se réaliser par une action sur l'actif biologique ou son environnement. Exemples d'activités agricoles : élevage de cheptels, exploitation forestière, récolte de
AGRIDIFF : Agriculteurs en difficulté.
AMEXA : Assurance maladie des exploitants agricoles.
Am : Amortissement économique du capital fixe.
Amortissement : Affectation en charges d'une quote-part de la valeur de l'actif immobilisé détenu par l'entreprise.
AOP : Appellation d'origine protégée.
APE : Activité principales exercée.
Associé : Personne membre d'une société (de personne ou de capitaux) ayant reçu des droits en contrepartie d'un apport.

ATE : Aide à la transmission d'exploitation.
Autofinancement : Financement des investissements sans recours aux financements externes.
Avances aux cultures : ce sont des produits végétaux en terre à la clôture de l'exercice qui n'ont pas atteint un stade biologique de développement rendant leur commercialisation techniquement possible.

B
b1 : L'âge de début de ce cycle (5mois pour la poule pondeuse, 22 à 26 mois pour la vache laitière).
b2 : L'âge correspondant à V2.
b3 : L'âge de réforme (13 mois pour la poule pondeuse et 5 à 8 ans pour la vache laitière).
BA : Bénéfice agricole.
BCAE : Bonnes conditions agricoles et environnementales.
Bilan : Ensemble des actifs et des passifs possédés par l'entreprise.
BPA : Bonnes pratiques agricoles.
Budget : Prévision chiffrée découlant d'une ou plusieurs hypothèses retenues.

C
Capacité d'autofinancement : Flux de trésorerie potentiel généré par l'activité normale de l'entreprise.
Capitaux propres: Différence entre ce que l'entreprise détient (Actifs) et ce qu'elle doit (passifs).
CAR : Conseil de l'agriculture régionale.
CF : Cahier de fertilisation.
Charge: Dépense assortie d'une contrepartie financière (achat, consommation d'un service) ou non (amortissement ou provision).
Charge constatée d'avance: Charge comptabilisée au cours d'un exercice et correspondant à un achat ou un service qui ne se réalisera qu'ultérieurement.
Charge à payer: Dette découlant d'une situation intervenue au cours de l'exercice comptable. Exemple : indemnité de licenciement d'un salarié licencié au cours du dernier mois de l'exercice.
Charges de personnel: Ensemble des dépenses concernant les salariés (rémunérations brutes, charges patronales, congés payés etc.) ou le dirigeant non salarié (prélèvements, cotisations obligatoires, cotisations facultatives).
Chiffre d'affaires: Volume d'activité réalisé par l'entreprise dans le cadre de son activité normale.

CI : Consommations intermédiaires
CNIPT : Comité national interprofessionnel de la pomme de terre.
Compte : Unité retenue pour la comptabilisation des charges, produits, actifs et passifs concernant l'entreprise.
Comptabilité analytique: La comptabilité analytique permet de suivre précisément les produits et les charges rattachés à chaque activité de l'entreprise, à chaque chantier réalisé au cours de l'exercice, ou à chaque typologie de produit fabriquée.
Compte de résultat: État qui récapitule les charges consommées et les produits générés par l'entreprise au cours d'un exercice comptable. La différence entre les produits et les charges est le résultat.
COS : Coefficient d'occupation des sols.
Créance : Droit qu'une entreprise détient à l'égard d'un tiers (ex : créance client), d'un organisme (ex : trop versé) ou de l'administration fiscale (ex : crédit de TVA).
CUMA : Coopérative d'utilisation de matériel agricole.
CVAE : Cotisation sur la valeur ajoutée des entreprises.

D
DAP : Déclaration d'activités polluantes.
DDAF : Direction départementale de l'agriculture et de la forêt.
Dépôt et cautionnement: Somme versée à un tiers au titre de garantie d'exécution d'un contrat.
Dépréciation : Diminution de la valeur d'un actif matérialisée par un amortissement ou une provision.
Dettes d'exploitation: Somme due à un tiers (ex : fournisseur), un organisme. Exemple : URSSAF, ou l'administration fiscale. Exemple: TVA et découlant de l'activité normale de l'entreprise.
Dette provisionnée: Dette concernant un évènement intervenu au cours de l'exercice dont le montant et l'échéance ne sont pas connus mais estimés.
DEXEL : Diagnostic environnemental de l'exploitation d'élevage.
DGFIP : Direction générale des finances publiques.
DJA : Dotation jeunes agriculteurs.
DMJ : Droits de mise en jachère.
DPB : Droit au paiement de base.
Disponibilités: Somme d'argent à la disposition de l'entreprise sur un compte bancaire, un livret ou placée sur des produits de placement monétaire.
DSV : Direction des services vétérinaires.

E

EARL : Entreprise agricole à responsabilité limitée.

Emprunt : Matérialisation comptable de la dette résultant de l'octroi d'un prêt remboursable.

Excédent brut d'exploitation: Bénéfice avant amortissement dégagé par l'activité normale de l'entreprise.

Echange de données informatisé (EDI) : Mode de transmission électronique des déclarations fiscales à l'administration fiscale, aux organismes sociaux, et aux tiers. Pour effectuer un envoi EDI, vous devez être habilité « partenaire EDI ». Les experts comptables le sont.

Echange de formulaires informatisé (EFI) : Mode de transmission électronique des déclarations fiscales à l'administration fiscale, aux organismes sociaux, et aux tiers. Lorsque vous déclarez vous-mêmes votre TVA ou votre IS sur le portail impôts.gouv.fr, vous télétransmettez au format EFI.

ETAF : Entrepreneur de travaux agricoles et forestiers.

ETP : Emploi à temps plein.

Etat de rapprochement bancaire (ETR) : État permettant de rapprocher à une même date, soit à chaque fin de mois, soit à la date de clôture comptable, le solde bancaire mentionné sur votre relevé bancaire et celui figurant en comptabilité.

EUACI : Établissement d'utilité agricole à compétence interdépartementale.

F

FAFSEA : Fonds d'assurance formation des salariés des exploitations agricoles.

Fonds commercial: Ensemble des éléments incorporels permettant à une entreprise de réaliser son activité et qui ne font pas l'objet d'une comptabilisation individuelle au bilan (clientèle, droit au bail, nom commercial etc.).

Frais d'établissement: Frais découlant de la création de l'entreprise, inscrits à l'actif, et amortis sur une durée n'excédant pas 5 ans. Tant que ces frais ne sont pas totalement amortis, une société ne peut pas distribuer de dividendes. Une exception demeure : si la société a constitué des réserves facultatives et que leur montant est égal ou supérieur à la valeur nette comptable des frais d'établissement.

G

GAEC : Groupement agricole d'exploitation en commun.

GDS : Groupement de défense sanitaire.

GEDAF : Groupe d'études et de développement agricole féminin.

GEVR : Groupement d'employeurs à vocation de remplacement.
GFA : Groupement foncier agricole.
GIE : Groupement d'intérêt économique.
Groupe d'actifs biologiques : Regroupement d'animaux vivants ou de plantes vivantes similaires.

I
ICHN : Indemnité compensatoire de handicap naturel.
ICPE : Installations classées pour l'environnement.
Imp : impôt
Int : Intérêts des emprunts
Immobilisation: Actif détenu par l'entreprise et utilisé pour les besoins de son activité pendant plus d'un cycle d'exploitation. Une immobilisation peut être incorporelle, corporelle ou financière.
Impôts et taxes: Sommes versées par l'entreprise à l'Etat et aux collectivités locales. L'impôt sur les bénéfices dont une entreprise peut être redevable ne figure pas dans cette catégorie.
INAO : Institut national des appellations d'origine.
Inventaire physique des stocks : Inventaire des stocks de l'entreprise est un état détaillé listant, à une date donnée, l'ensemble des quantités de chaque référence achetée ou produite par l'entreprise.
IPAPEL : Inspection provinciale d'agriculture, pêche et élevage
IPG : Identification pérenne généralisée.
IR : Impôt sur le revenu.
IS : Impôt sur les sociétés.
ISF : Impôt de solidarité sur la fortune.
ITEPSA : Inspection du travail, de l'emploi et de la politique sociale agricole.

J
JA : Jeune agriculteur.
JEI : Jeunes entreprises innovantes.

L
LOA : Loi d'orientation agricole.

M
MAET : Mesures agro-environnementales territorialisées.
Marchandises: Ensemble des éléments achetés par une entreprise en vue d'être revendus en l'état.
Marge commerciale: Différence entre un prix de vente et le coût d'achat.
MSA : Mutualisé Sociale Agricole.

N

Notes annexes : Élément constitutif des états financiers d'une entreprise. Elle permet d'apporter des informations complémentaires nécessaires à la compréhension des comptes.

O

OGM : Organisme génétiquement modifié. C'est un organisme vivant dont le patrimoine génétique a été modifié par l'intervention humaine.

P

p : Productivité par travailleur : p = VAN/T
p´ : Productivité par journée de travail : p´ = VAN/HJ (homme-jour)
p´´ : Productivité par hectare utilisé : p´´ = VAN/SAU (Surface agricole utilisée).
PAC : Politique agricole commune.
PAM : Plan d'amélioration matérielle.
PB : Produit brut annuel
PCO : Prime compensatoire ovine.
Pépinières : ce sont des produits végétaux en terre à la clôture de l'exercice, ayant atteint un stade biologique de développement rendant leur commercialisation techniquement possible.
PF : Plan de fumure.
PHAE : Prime herbagère agroenvironnementale.
PIDA : Programme intégré de développement agricole.
PLU : Plan local d'urbanisme
PMBE : Plan de modernisation des bâtiments d'élevage.
PMPOA : Programme de maîtrise des pollutions d'origine animale.
PMTVA : Prime au maintien du troupeau de vaches allaitantes.
PPF : Plan prévisionnel de fumure.
Prévisionnel : Estimation des produits et des charges nécessaires à la réalisation d'une activité.
Produit agricole : Produit récolté des actifs biologiques de l'entité.
Produit brut annuel : Valeur de production finale à l'exception de toutes les productions intermédiaires dans l'exploitation agricole.

R

r : R/Tf (travail actif d'un membre de la famille).
R : Revenu agricole.
R/HTf : Revenu agricole par heure de travail de chaque membre de la famille.
R/SAU = Revenu agricole à l'hectare ou par surface agricole utilisée.
R/Tf : Revenu agricole par travail actif d'un membre de la famille.
r´ : Revenu agricole journalier.

r′′ : R/SAU = Revenu agricole à l'hectare.
Rapprochement bancaire : Contrôle permettant d'identifier les écarts entre le solde bancaire mentionné sur le relevé bancaire et le solde comptable du compte bancaire. Un état de rapprochement bancaire (ERB) est généré à l'issu du contrôle.
RDI : Répertoire départemental de l'installation.
Récolte : Détachement de produits d'un actif biologique ou l'arrêt des processus vitaux d'un actif biologique.
Réserves : Bénéfices antérieurs non distribués mais affectés durablement à l'entreprise. Une réserve peut être légale, règlementaire, statutaire ou contractuelle.
Résultat : Différence entre les produits et les charges rattachés à un même exercice comptable.
RF : Registre phytosanitaire.
RF : Rente foncière
RGA : Recensement général de l'agriculture.
RSD : Règlement sanitaire départemental.

S
Sal : Salaire.
SAU : Surface agricole utile.
SCEA : Société civile d'exploitation agricole.
SCL : Société civile laitière.
SCOP : Surface en céréales et oléo protéagineux.
Seuil de rentabilité : Seuil de rentabilité, également appelé point mort, correspond au niveau de chiffre d'affaires à atteindre pour couvrir les charges de l'entreprise.
SENASEM : Service national des semences
SFP : Surface fourragère principale.
SHON : Surface hors œuvre nette.
SICA : Société d'intérêt collectif agricole.
SIRET : Système d'identification du répertoire des établissements.
SMIC : Salaire minimum interprofessionnel de croissance.
SPI : Stage préparatoire à l'installation.
Sub : Subventions.

T
TESA : Titre emploi simplifié agricole.
TESE : Titre emploi-service entreprise.
TFNB : Taxe foncière sur le non bâti.
TGAP : Taxe généralisée sur les activités polluantes
Titres de participation : Actions ou parts sociales détenues durablement par une entreprise et lui permettant d'exercer un contrôle

des sociétés en question. Pour être considérés comme titres de participation, une entreprise doit détenir entre 10 et 50% des actions ou des parts sociales d'une autre société.
Titres immobilisés : Titres représentatifs de parts de capital ou de placement à long terme que l'entreprise a l'intention de conserver durablement.
Transformation biologique : Processus de croissance, d'appauvrissement, de production et de procréation engendrant des changements qualitatifs ou quantitatifs dans l'actif biologique (plantes annuelles ou vivaces, culture de vergers ou de plantations, horticulture, aquaculture (y compris la pisciculture).

U
UGB : Unité gros bovins.
URSSAF : Union de recouvrement des cotisations de Sécurité sociale et d'allocations familiales.
UTAH : Unité de travail agricole familial.
UTH : Unité travailleur homme.

V
V1 : Valeur de l'animal au début du cycle de production.
V2 :Valeur recherchée comprise entre le début et la fin du cycle de production.
V3 :Valeur de l'animal à l'âge de la réforme.
Valeur ajoutée : Valeur créée par l'entreprise dans le cadre de son activité normale. Elle est la différence entre le chiffre d'affaires réalisé sur une période et les services et biens consommés au cours de cette même période.
Valeurs mobilières de placement : Titres achetés afin de réaliser des gains à court terme.
VAN : Valeur ajoutée nette.
VAN/HJ : Valeur ajoutée (homme-jour).
VBF : Viande bovine française.

Z
ZAC : Zone d'aménagement concerné.
ZAP : Zone agricole prioritaire.
ZES : Zones d'excédents structures
ZFU : Zone franche urbaine.
ZPS : Zones de protection spéciales.
ZRR : Zone de revitalisation rurale.
ZV : Zones vulnérables.

Références bibliographiques

- Altukhova, Y., (2013), *Comptabilité agricole et développement durable : étude comparative de la Russie et de la France.* Gestion et management, Université Paris Dauphine.
- Banque mondiale, (1996), *Conseil en gestion pour les exploitations agricoles d'Afrique et d'Amérique Latine,* Rédaction coordonnée par Denis Pesche (Inter-Réseaux).
- Barbe, O. et al., (2010), *Comptabilité approfondie 2010/2011, Manuel et applications*, Paris, Éd. Nathan.
- Bonsergent, D. et al., (2009), *Les 100 mots de la comptabilité*, Paris, Éd. Que sais-je ?
- Cegid-Expert, (2018), *Comptabilité-Spécificités agricoles*, Paris.
- Cirad-Gret, (2002), *Memento de l'Agronome,* Paris, Ed. Quae.
- Colasse, B. et al., (2010), *Introduction à la comptabilité*, Paris, 11^{ème}Éd. Economica.
- Conseil national de la comptabilité du Maroc, (2016), *Projet de plan comptable agricole, - PCA*, Rabat.
- Coulombel, A. et al, (2008), *La place du travail salarié dans la gestion des exploitations agricoles*, Paris.
- Devillers, C., (2012), *La gestion de la trésorerie dans les exploitations agricoles,* Wallonie Elevages.
- Dicko Saidatou, H., (2006), *L'impact du nouveau SYSCOHADA sur les jugements et décisions des agents de prêt : le cas du Cameroun,* Mémoire en sciences comptables, Université du Québec.
- Dufumier, M.,(2001), *Les projets de développement agricole*, Paris, ED. Karthala.
- Engel, F. et Kletz, F., (2005), *Cours de comptabilité générale*, Paris, Ecole des mines.
- FAO, (2010), *Programme Mondial du Recensement de l'Agriculture*, Rome.
- Fioleau B., (2009), Comptabilité agricole. In *Encyclopédie de Comptabilité, contrôle de gestion et audit,* Paris, Ed. Colasse.
- Fotso, D., (2010), *OHADA, Comptabilité générale, Cours et applications*, 2è éd. Douala.
- François, C., (2013), *Gestion des entreprises agricoles. Entre terroirs et filières*, Gestion et management, Université de Versailles-Saint Quentin en Yvelines.
- Hangi, B., (2018), *L'image fidèle dans les Sociétés commerciales de la République démocratique du Congo : Vérifications empiriques au regard du Système comptable OHADA*, Thèse de doctorat défendue à l'UPC/Kinshasa.

- Hangi, B.,(2017), L'Acte uniforme relatif au droit comptable et à l'information financière : Quid de son appropriation par les professionnels du chiffre de la RDC ?, *in Bulletin ÉRSUMA de pratique professionnelle,* Porto-Novo, n° 001_Septembre.
- Hangi, B., (2013), Essai de mise en application du Système comptable OHADA par les entreprises de sous-traitance de Bukavu. Cas des sociétés CINAMULA SPRL, DIPHIL SPRL et ZUKI SPRL, Mémoire de DEA, UPN/Kinshasa.
- Issa-Sayegh, J., et al., (2014), *Traité et Actes uniformes commentés et annotés*, Paris, Ed. Juriscope.
- Journal Officiel de l'OHADA, (2017), *Acte uniforme relatif au droit comptable et à l'information financière*, Brazzaville.
- Tchidi, Kokou, C., (2010), *Comptabilité générale OHADA*, Abidjan, Ed. TKC.
- Lejet, G. et Arnold, P., (1998), *Comptabilité agricole*, Paris, 3è Ed. Technique et Documentation.
- Levallois, R. et al., (2014), *Guide de gestion de l'entreprise agricole, une approche économique, financière et humaine,* Paris, Ed. France agricole.
- Mapapa Mbangala, A., (2016), *OHADA, Analyse des états financiers*, Paris, Ed. Droit-Afrique.com.
- Minaud, G., (2006), « Comparaison des comptabilités agricoles », *in Les Cahiers du Centre de Recherches Historiques*[En ligne], 37, Université Paul Cézanne/Aix-Marseille-III.
- Mirabel, M.-H., (2008), *Comptabilité agricole, T1*, Paris, CNPR.
- Mirabel, M.-H., (2008), *Comptabilité agricole, T2*, Paris, CNPR.
- Mutabazi, A et al., (2014), Système comptable OHADA, Tome 1-Comptabilité générale, Bukavu, 1ère éd. Université catholique de Bukavu.
- Njampiep, J., (2008), *Maîtriser le droit et la pratique du système comptable OHADA*, Coll. Economie et gestion, Douala, Ed. Publibook.
- Pintaux, P., (2002), *« Le système comptable ouest-africain (SYSCOA), l'intégration économique par la comptabilité* », Tertiaire comptabilité et gestion, n° 104, Paris, Compta-online.
- Siruguet, J.- L et Kpokou, D. K., (2015), *Comprendre la comptabilité SYSCOHADA, Manuel & Exercices corrigés*, Paris, éd. Dunod,
- Steev, L., (2017), *Gagner de l'argent en gérant une exploitation agricole*, Washington DC.

Table des matières

Structures éditoriales du groupe L'Harmattan

L'Harmattan Italie
Via degli Artisti, 15
10124 Torino
harmattan.italia@gmail.com

L'Harmattan Hongrie
Kossuth l. u. 14-16.
1053 Budapest
harmattan@harmattan.hu

L'Harmattan Sénégal
10 VDN en face Mermoz
BP 45034 Dakar-Fann
senharmattan@gmail.com

L'Harmattan Cameroun
TSINGA/FECAFOOT
BP 11486 Yaoundé
inkoukam@gmail.com

L'Harmattan Burkina Faso
Achille Somé – tengnule@hotmail.fr

L'Harmattan Guinée
Almamya, rue KA 028 OKB Agency
BP 3470 Conakry
harmattanguinee@yahoo.fr

L'Harmattan RDC
185, avenue Nyangwe
Commune de Lingwala – Kinshasa
matangilamusadila@yahoo.fr

L'Harmattan Congo
67, boulevard Denis-Sassou-N'Guesso
BP 2874 Brazzaville
harmattan.congo@yahoo.fr

L'Harmattan Mali
Sirakoro-Meguetana V31
Bamako
syllaka@yahoo.fr

L'Harmattan Togo
Djidjole – Lomé
Maison Amela
face EPP BATOME
ddamela@aol.com

L'Harmattan Côte d'Ivoire
Résidence Karl – Cité des Arts
Abidjan-Cocody
03 BP 1588 Abidjan
espace_harmattan.ci@hotmail.fr

L'Harmattan Algérie
22, rue Moulay-Mohamed
31000 Oran
info2@harmattan-algerie.com

L'Harmattan Maroc
5, rue Ferrane-Kouicha, Talaâ-Elkbira
Chrableyine, Fès-Médine
30000 Fès
harmattan.maroc@gmail.com

Nos librairies en France

Librairie internationale
16, rue des Écoles – 75005 Paris
librairie.internationale@harmattan.fr
01 40 46 79 11
www.librairieharmattan.com

Lib. sciences humaines & histoire
21, rue des Écoles – 75005 paris
librairie.sh@harmattan.fr
01 46 34 13 71
www.librairieharmattansh.com

Librairie l'Espace Harmattan
21 bis, rue des Écoles – 75005 paris
librairie.espace@harmattan.fr
01 43 29 49 42

Lib. Méditerranée & Moyen-Orient
7, rue des Carmes – 75005 Paris
librairie.mediterranee@harmattan.fr
01 43 29 71 15

Librairie Le Lucernaire
53, rue Notre-Dame-des-Champs – 75006 Paris
librairie@lucernaire.fr
01 42 22 67 13

www.ingramcontent.com/pod-product-compliance
Lightning Source LLC
LaVergne TN
LVHW011436061026
849535LV00004BA/826